KB269361

한 국
기독교윤리
쟁 점

한국 기독교윤리 쟁점

2010년 8월 26일 초판 1쇄 인쇄
2010년 8월 30일 초판 1쇄 발행
2011년 6월 10일 초판 2쇄 발행

지은이 이혁배
펴낸이 김영호
펴낸곳 도서출판 동연
편 집 조영균 디자인 이선희 관 리 이영주
등 록 제1-1383호(1992. 6. 12)
주 소 서울시 마포구 망원2동 472-11 2층
전 화 (02)335-2630
전 송 (02)335-2640
이메일 ymedia@paran.com
홈페이지 www.y-media.co.kr

ISBN 978-89-6447-118-0 93200

한국

기독교윤리

쟁 점

이혁배 지음

동연

기독교신학의 분과들 가운데 관심의 폭이 가장 넓은 것은 기독교윤리이다. 기독교윤리는 기독교인들이 살아가는 다양한 사회부문들을 학문적 대상으로 삼고 있다. 기독교윤리가 다루는 영역은 정치, 경제, 대중문화, 여성, 스포츠, 교회, 가정 등 실로 다양하다. 이로 인해 기독교윤리는 인문·사회과학에 관한 폭넓은 지식을 필요로 한다. 예를 들어 기독교윤리는 정치문제를 다룰 때는 정치학으로부터, 여성문제에 접근할 때는 여성학으로부터 도움을 받아야 한다.

이런 학문적 운명으로 인해 기독교윤리의 연구 성과는 자칫 어설프기 쉽다. 기독교윤리학자가 기독교신학의 다른 분과들에 속한 학자보다 인문·사회과학에 더 많은 관심을 쏟고 있는 것은 분명하지만 각 방면에서 전개되는 인문·사회과학의 흐름을 모조리 따라잡는다는 것은 불가능하다. 따라서 대부분의 기독교윤리학자들은 자신이 상대적으로 많이 접한 분야들에 관심을 집중시킬 수밖에 없다.

필자의 경우도 예외는 아니다. 이 책은 필자에게 비교적 익숙한 기독교윤리 테마 여덟 가지에 대해 성찰을 진행하고 있다. 교회, NGO, 대중매체, 환경, 분배, 경제위기, 재산, 이자가 그것이다. 물론 이것들은 대개의 기독교윤리학자들에 의해 중심적으로 다루어지는 주제는 아니다. 그럼에도 한국의 사회 현실에 관심을 갖는 기독교윤리학자들이 가벼이 지나칠 수 있는 주제는 아니다.

현재 한국 교회가 위기에 처해 있다는 세간의 주장을 고려하면 교회 자체는 중요한 윤리적 주제이다. 1987년 민주화운동 이후 한국 사회에 미치는 NGO의 영향력을 생각해보면 기독교 NGO도 간과될 수 없는 테마이다. 대중문화 시대로서의 현대를 구성하는 중심 요소가 대중매체라는 점을 염두에 두면 대중매체도 주요한 윤리적 논제이다. 다양한 학문적 관점에서 이미 상당한 정도의 연구 성과가 축적된 환경문제는 말할 것도 없다.

또한 한국 사회의 가장 큰 사회경제적 문제가 사회양극화라는 사실을 고려해보면 분배도 중요한 윤리적 관심사가 아닐 수 없다. 2008년 발발한 국제경제위기가 2년이 지난 지금까지 수많은 사회구성원들의 경제적 삶을 불안정한 상태로 몰아가고 있다는 점을 염두에 두면 경제 위기도 무시하지 못할 윤리 문제이다. 배금주의가 팽배한 한국 사회를 살아가는 기독교인들에게 올바른 재물관을 정립해주는 것도 주요한 윤리적 과제이다. 현대 경제의 중심이 실문 부문에서 금융 부문으로 옮겨가고 있는 시점에 중앙은행의 금리 정책도 중요한 이슈임에 분명하다.

필자가 선정한 윤리 문제들 가운데는 특히 경제적인 것이 많은 비중을 차지하고 있다. 이는 물론 필자의 주된 관심이 경제문제를 윤리적으로 성찰하는 데 있음을 드러낸다. 그런데 필자가 경제윤리에 집중하면서 이런 선택을 하게 된 데에는 경제가 전체 사회를 좌우하는 오늘의 시대적 분위기가 지대한 영향을 미쳤기 때문일 것이다.

조금이라도 비판적인 시각으로 주위를 둘러보면 우리는 오늘의 사회가 시장의 힘에 포획되어 있음을 어렵지 않게 확인할 수 있다. 그런데 이는 신자유주의가 세계 사회에 뿌리내린 결과이다. 신자유주의의 특성은 두 가지 주장으로 요약될 수 있다. 정부가 경제영역에 간섭하지 말라는 주장과 경제영역뿐만 아니라 다른 모든 사회영역들에도 시장의 원리를 적용하라는 주장이 그것이다. 이런 신자유주의적 흐름 아래서 시장이 사회를 압도하게 되는 것은 너무도 자연스런 현상이다.

책에 수록된 글을 쓰는 과정에서 필자의 학위논문 지도교수인 요릭 슈피겔과 스위스 기독교윤리학자인 아르투어 리히의 견해가 큰 도움이 되었다. 두 학자의 견해를 통해 필자의 좁고 얕은 시각이 조금이나마 넓어지고 깊어졌음을 고백한다. 감사한 일이 아닐 수 없다.

글쓰기에 전념할 수 있도록 도와주고 단행본의 출간을 독려해준 아내 안선희는 필자의 가장 든든한 서포터이다. 이 자리를 빌어 고마운 마음을 전한다. 그리고 책의 출판을 흔쾌히 허락해주신 도서출판 동연 김영호 대표와 공들여 책을 만들어 주신 편집부 조영균 선생께 깊은 감사를 드린다.

2010년 8월

이 혁 배

■ 차 례

1장

한국 교회의 행태

1. 들어가는 말

한국 교회가 위기에 처해 있음을 지적하는 담론이 증가하고 있다. 2007년 한국 사회를 떠들썩하게 했던 아프가니스탄 피랍사태 이후 더욱 그러하다. 우선 위기의 징후는 교인 수의 감소에서 쉽게 확인될 수 있다. 최근 통계청이 발표한 〈2005년 인구주택 총조사〉에 따르면 천주교 신자 수는 1995년 291만 1천명에서 2005년 514만 6천 명으로 74.4% 증가한 반면 개신교 신자 수는 같은 기간 876만 명에서 861만 6천 명으로 1.6% 감소한 것으로 나타났다.[1]

---

1 오경환, "가톨릭 신자의 괄목할 만한 증가와 그 요인", 조성돈·정재영 편, 『그들은 왜 가톨릭

한편 각종 대중매체에서 한국 교회는 그야말로 천덕꾸러기다. 인터넷, TV, 신문상에서 우리 교회들은 온갖 미움과 조롱을 한 몸에 받고 있다. 이런 사실은 한국 교회를 '개독교', 곧 '개만도 못한 기독교'라고 칭하는 데서 명백히 드러난다. 이런 안티 개신교적인 사회 분위기로 인해 아프가니스탄에서 피랍된 개신교인들에 대한 여론은 심각할 정도로 부정적이었다.

이런 비관적 상황에 대해 한국 교회는 어떻게 대처할 것인가? 우리가 이런 물음에 제대로 답변할 수 있기 위해서는 무엇보다도 먼저 현재의 교회 상황을 객관적으로 분석해낼 필요가 있다. 이런 객관적 분석 없이 성서의 입장이나 종교개혁의 정신을 내세우면서 당위적 진술만을 되풀이하는 것은 의식 있는 기독교인들의 카타르시스에는 기여할 수 있을는지 모르지만 위기 상황을 실제적으로 돌파하는 데 그리 큰 도움이 되지는 않을 것이다.

필자가 판단하기에 현재 한국 교회가 보여주고 있는 행태는 네 가지, 곧 친미반공주의, 배타주의, 권위주의, 물량주의로 요약할 수 있다. 한국 교회가 정치적으로는 친미반공주의, 종교적으로는 배타주의, 교회 조직적으로는 권위주의, 신앙적으로는 물량주의를 드러내고 있다는 것이다. 1장에서는 한국 교회가 처한 현 상황을 이 네 가지 행태를 중심으로 분석하고자 한다. 나아가 이런 분석의 결과에 근거해서 한국 교회의 미래를 전망하고 그에 따른 과제들을 설정해보고자 한다.

교회로 갔을까?』(서울: 예영커뮤니케이션, 2007), 26-27.

2. 한국 교회의 행태

1) 친미반공주의

한국 교회의 반공주의는 1920년대 국내에 유입된 사회주의와 충돌하면서 성립되었다.[2] 그 당시 사회주의자들은 반기독교운동을 전개하였는데 대부분의 개신교인들은 이런 움직임을 교회에 대한 중대한 도전행위로 간주하였다. 그 결과 한국 개신교는 사회주의에 대해 적대적인 입장을 취하게 되었다.

해방 공간과 한국전쟁을 거치면서 개신교의 반공주의는 더욱 확고하게 되었다.[3] 해방 직후 북한의 개신교인들은 우익정치운동을 주도하면서 사회주의자들과 자주 갈등을 일으켰다. 그 당시 북한에서 반공투쟁의 주도 세력은 서북지역 개신교인들이었다. 한국전쟁을 거치면서 서북지역 개신교인들을 비롯한 상당수의 북한 개신교인들이 남한으로 이주하였다. 그런데 이들이 남한의 거대 교단인 장로교와 감리교에서 권력을 장악하며 개신교 내부의 여론을 주도하였다. 반공투쟁을 경험한 북한 출신 개신교인들이 한국 교회의 주류 세력이 되면서 반공주의는 개신교인들의 주도적인 이념으로 뿌리를 내려갔다.[4]

반공주의와 마찬가지로 친미주의도 한국 교회에 의해 보편적으로 수용된 이념이다. 미국은 우리에게 기독교의 복음을 전해주고, 일제의 압제로부터 우리를 해방시켜주고, 북한 공산주의 집단의 침략으로부터

---

2 류대영, "2천 년대 한국 개신교 보수주의자들의 친미·반공주의 이해", 『경제와사회』 62호 (2004), 67.

3 같은 글, 67-69; 김지방, 『정치교회』(서울: 교양인, 2007), 32-33.

4 김지방, 『정치교회』, 31-32.

우리를 지켜주고, 한국전쟁 이후 우리의 굶주린 난민들을 도와준 은혜의 나라로 한국 개신교인의 의식 속에 깊이 각인되었다.[5] 미국에 대한 이런 긍정적인 이미지를 통해 자연스럽게 한국 교회 내에 친미주의적 분위기가 조성된 것이다.

그런데 남한의 개신교인들 사이에서 미국에 대한 기존의 우호적 이미지가 결정적으로 깨어지게 된 사건이 발생하게 되었다. 1980년 광주민주화운동이 그것이다.[6] 광주민주화운동을 계기로 우리 사회가 겪고 있는 대부분의 사회경제적 문제들이 분단 상황과 연관되어 있다는 사실과 미국이 이런 분단 상황을 유지하면서 자신의 정치적 이해관계를 관철시키고 있다는 사실에 대한 인식이 확산되었다. 이런 인식을 토대로 해서 진보적 교회는 지금까지 견지해왔던 친미반공주의를 포기하게 되었다.

반면 보수적 교회는 미국에 대한 이와 같은 재평가를 수용하지 않았다. 보수적 교회는 이전과 마찬가지로 친미반공주의를 계속 견지하였다. 그럼에도 보수적 교회는 세속 사회와 일정한 거리를 두어온 자신들의 신앙적 전통에 충실하면서 최근까지 친미반공주의를 정치적 행동으로 표출하지는 않았다. 그러나 민주화가 진행되면서 이전까지 누리던 정치적인 특혜들이 사라지자 노무현 정부가 출범하기 직전인 2003년 1월부터 자신들의 친미반공주의적 입장을 공개적으로 천명해오고 있다.

그런데 한국 사회에서 반공주의는 정치적 진보와 보수를 가르는 가

---

5 이진구, "한국 개신교와 친미반공 이데올로기", 『아웃사이더』 12호 (2003), 30.
6 류대영, "2천 년대 한국 개신교 보수주의자들의 친미·반공주의 이해", 69.

장 결정적인 기준이 되어 왔다.[7] 따라서 보수적 교회가 친미반공주의를 주창하고 있다는 것은 보수적 교회가 기존의 사회경제적 질서를 유지하려는 정치적 보수주의를 표방하고 있다는 사실을 의미한다. 이를 종합해보면 한국 교회 내에서는 다음의 등식이 성립가능하다. '반공주의 = 친미주의 = 정치적 보수주의'가 그것이다.

민주화가 본격화되면서 보수적 교회는 현실정치에 더 가까이 다가서고 있고 보수 정치세력도 보수적 교회를 활용하려는 의도를 노골적으로 드러내고 있다.[8] 2000년 남북정상회담으로 시작된 변화의 물결을 거스르려는 보수 정치세력에게 보수적 교회는 최고의 정치적 파트너로 간주되고 있다. 이런 분위기 속에서 2007년 대선에서 이명박 후보 진영과 보수적 교회는 자연스럽게 공조하였다. 보수적 교회의 이런 정치적 움직임으로 인해 1970년대부터 1980년대까지 민주화운동을 이끌면서 진보세력의 상징으로 여겨졌던 한국 교회는 근자에 들어와 보수세력의 상징으로 부각되고 있는 것이다.[9]

2) 배타주의

친미반공주의라는 정치적 지향을 지닌 한국 교회는 종교적으로 배타주의적인 행태를 보이고 있다. 이런 배타주의는 우리에게 개신교를 전래해준 미국 선교사들에게서 유래하였다. 미국 선교사들은 대부분 근본주의 신학에 세례를 받은 인물이었다. 이들을 통해 근본주의 신학이 유입되었는데 이것과 내적 논리가 유사한 성리학, 곧 유교적 근본주의

---

7 강인철, 『한국의 개신교와 반공주의』(서울: 도서출판 중심, 2007), 49.
8 김지방, 『정치교회』, 44, 48.
9 강인철, 『한국의 개신교와 반공주의』, 47.

를 배경으로 해서 한국 개신교 내에서 근본주의는 선교 초기부터 오늘
날까지 신학적 헤게모니를 유지해왔다.

근본주의 신학은 자유주의 신학과 진화론에 반대하는 대항신학으로
성서의 무오류성을 내세우면서 기독교의 정통교리를 수호하려는 신학
적 흐름을 지칭한다.[10] 이런 단호함으로 인해 근본주의 신학은 기독교
이외의 다른 종교적 전통을 전혀 인정할 수 없는 본질적 한계를 지닌다.
이에 따라 근본주의 신학을 체화한 한국 교회는 타 종교에 대해 상당한
정도의 배타성을 보이고 있다.

한 통계조사에 따르면 개신교인들 가운데 기독교만이 종교적 진리를
보유하고 있다고 여기는 응답자비율은 44.3%에 이르고 있다. 특히 성
결교나 예장 합동의 경우 그 비율은 각각 68.3%와 58.5%로 집계되고
있다.[11] 또 다른 통계조사에 의하면 개신교 목사들 가운데 타 종교를
철저하게 배척해야 할 대상으로 간주하는 비율이 30.5%(가톨릭 신부
0.0%, 불교 승려 3.0%), 타 종교를 기독교와 공존해야 할 대상으로 보는
비율은 29.9%(가톨릭 신부 85.7%, 불교 승려 81.7%)로 나타났다.[12]

한국의 종교 상황은 여러 종교들이 공존하고 있는 다종교 상황이다.
이런 상황에서 개신교가 다른 종교들에 대해 배타주의적인 태도로 일관
하면서 적지 않은 물의를 빚고 있다. 1990년대에 일어난 군부대 내의
불상 파괴 사건, 1998년 제주도 원명서원에서 발생한 수백 개의 불상
훼손 사건, 2000년 동국대 캠퍼스에서 일어난 석가여래입상 수난 사건

---

10 백찬홍, "미국제 복음주의와 한국 교회", 최형묵·백찬홍·김진호, 『무례한 자들의 크리스마
   스』(서울: 평사리, 2007), 110.
11 이원규, 『기독교의 위기와 희망』(서울: 대한기독교서회, 2003), 206.
12 같은 책, 206.

등으로 인해 개신교의 배타주의가 사회적으로 문제가 되고 있다.

사회학자 피터 버거Peter L. Berger는 여러 종교들이 공존하고 있을 때 종교 상황은 시장 상황market situation으로 변한다고 주장한다.[13] 다양한 종교들이 존재할 때 사람들은 백화점에서 상품을 고르듯이 종교를 선택할 수 있게 된다는 것이다. 이에 각 종교는 기업과 마찬가지로 대중들로 하여금 다른 종교들의 종교적 서비스가 아닌 자신의 종교적 서비스를 선택할 수 있도록 설득해야만 하는 처지에 놓이게 된다. 그 결과 신도 확보를 둘러싸고 종교들끼리 경쟁이 심화된다는 것이다.

버거의 이런 논지는 다종교 상황에 처해 있는 우리 사회에도 그대로 적용될 수 있다. 따라서 우리 사회에서 종교 간의 경쟁이 심화된다는 사실 자체를 비판하는 것은 그리 적절하지 않다. 정작 문제는 각 종교가 다른 종교들과 경쟁할 때 어떤 전략을 채택하느냐에 있다. 경쟁적인 종교 상황에서 다른 종교들을 이기기 위한 전략에는 크게 두 가지가 있다.[14] 정정당당하게 자기 종교의 장점을 대중들에게 설득하는 적극적인 전략과 다른 종교들을 비난하면서 자기 종교의 우월성을 간접적으로 드러내는 소극적인 전략이 그것이다.

전자의 전략을 취하는 것은 문제가 되지 않지만 후자의 전략을 채택하는 것은 정당화되기 힘들다. 어떤 종교가 신도 확보를 둘러싼 경쟁과정에서 다른 종교를 비방한다면 그것은 공정성이란 경쟁의 룰을 어기는 것이 된다. 그런데 배타주의를 체화하고 있는 한국 교회는 이 룰을 위반하고 있다. 한국 교회는 다른 종교들을 적대시하고 비방하면서 신도

---

13 피터 버거, 이양구 역, 『종교와 사회』(서울: 종로서적, 1981), 156.
14 이원규, 『한국 교회 어디로 가고 있나』(서울: 대한기독교서회, 2000), 246.

수를 늘리는 불공정한 경쟁 전략을 구사하고 있는 것이다.

한국 교회의 배타주의는 주로 타 종교를 향해 노골적으로 드러나고 있는데 그렇다고 해서 타 종교의 경우에만 한정되는 것은 아니다. 한국 교회의 배타주의는 지성계에 대해서도 관철되고 있다. 한국 개신교 내에서는 세속 사회에서 상식이 되고 있는 합리적 사고방식이나 이성적 성찰 방식이 신앙의 이름으로 거부되는 경우가 빈번하다.[15] 성서에 대한 학문적 연구 성과를 거부한다든가 한국 개신교에 대한 학자들의 사심 없는 비판이나 충고를 무시하는 태도가 그 예가 될 것이다. 이렇듯 배타주의적인 사고방식은 반지성주의와 결합하면서 한국 개신교를 대화하기 어려운 집단으로 게토화하고 있는 것이다.

3) 권위주의

교회 조직적인 측면에서 한국 교회는 권위주의를 드러내고 있다. 한국 교회는 담임목사 제도를 채택하고 있는데 이 제도는 1인 지배의 권력 편제 방식이라고 할 수 있다.[16] 담임목사 밑에는 여러 명의 부목사들이 배치되어 있다. 일반적으로 부목사직은 1년 임기의 임시직이기 때문에 부목사들은 신분상 불안정한 위치에 놓여 있다. 이런 상황에서 부목사들은 실질적 임명권자인 담임목사에게 종속될 수밖에 없다. 따라서 부목사들이 담임목사의 결정이나 제안에 대해 반대 의견을 제시하는 것은 거의 불가능하다. 대부분의 경우 담임목사 한 명이 해당 교회의 모든 정책을 결정하고 부목사들은 그 지시를 기계적으로 시행하는 하수인이

---

15 윤평중, "종교의 권력화와 종교성의 망실", 『철학과 현실』 75호(2007), 62.
16 이진구, "개신교와 성장주의 이데올로기", 『당대비평』 12호(2000), 236.

되기 쉽다. 특히 대형 교회에서는 더욱 그러하다.

팀 목회team ministry는 점차 분권화되고 전문화되어가는 현대 사회에서 추구되어야 할 이상적인 목회 모델로 평가받고 있다. 한국 대형 교회의 경우 다수의 목회자들이 존재하고 있기에 팀 목회를 구현할 수 있는 기본 요건이 갖추어져 있음에도 불구하고 이런 목회 방식이 뿌리를 내리지 못하고 있다.[17] 담임목사와 부목사 사이에 위계질서가 엄격한 상태에서 같은 교회에 속해 있는 모든 목회자들이 동등한 위상을 지니기 어렵고 부목사의 이직률도 상당히 높기 때문이다.

대형 교회에서 이렇게 담임목사에게 권력이 집중되고 있는 까닭은 개척 교회 제도와 밀접한 연관이 있다.[18] 대형 교회의 담임목사들은 대부분 개척 교회에서 출발해서 오늘의 빛나는 성공을 거둔 종교 지도자이다. 그들은 자신의 피나는 노력으로 지금과 같은 거대한 교회를 일구었다는 자부심을 갖고 있다. 따라서 자신이 교회의 실질적인 오너라고 생각하면서 교회를 개인 소유물로 간주하려는 경향이 강하다.

담임목사의 이런 권위주의적 교회 운영 방식을 고려해보면 담임목사들끼리 교회 건물과 신도들을 팔고 사는 행태는 자연스러운 현상일 수 있다. 그리고 담임목사가 자기 아들에게 교회를 세습해주는 논리도 어렵지 않게 이해될 수 있다. 오너의 소유물이라는 점에서 재벌 기업과 대형 교회는 차이가 없다. 재벌 총수가 자기 아들에게 기업을 물려주듯이 담임목사는 자기 후사에게 교회를 세습할 수 있는 것이다.

한국 교회에서는 이와 같은 담임목사 중심제와 더불어 당회 중심의

---

17 노치준, 『한국 개신교사회학』(서울: 도서출판 한울, 1998), 98.
18 이진구, "개신교와 성장주의 이데올로기", 236.

과두제도 채택되고 있다.[19] 한국 교회, 특히 장로교회는 당회 중심으로 운영된다. 장로와 목사로 구성된 당회에 교회 운영에 관한 모든 결정권이 집중되어 있는 것이다. 당회는 모든 신도들 위에 군림하는 최고의 조직이다. 장로를 포함한 모든 직분자들로 구성된 제직회도 당회에 종속되어 있다. 전 교인이 참여하는 공동의회도 당회의 결의 사항을 단순히 통과시키는 형식적인 의결기구에 불과하다. 이런 위계 구조로 인해 당회원 이외의 다른 교회 구성원들이 느끼는 소외감은 심각한 수준에 이르고 있다.

교회 구성원들 가운데 특히 여성의 지위는 지극히 열악한 상태에 머물러 있다. 한국 교회 신도의 70% 이상이 여성이다.[20] 그럼에도 불구하고 대부분의 교단에서 여성에 대한 목사 안수를 허용하고 있지 않다. 설령 허용하고 있는 교단의 경우라고 하더라도 여성 목회자는 부수적인 사역만을 담당할 뿐 중요한 의사 결정 과정에 참여하지 못하고 있다. 여성 평신도의 경우도 마찬가지이다. 여신도들은 남신도들보다 훨씬 더 헌신적임에도 불구하고 여전히 주변적인 존재로 남아 있다. 그들은 교회 운영에 참여하기보다는 식사 준비나 설거지와 같은 허드렛일을 도맡아하는 존재로 인식되고 있다.

4) 물량주의

신앙적인 측면에서 한국 교회는 물량주의를 드러내고 있다. 물량주의란 교회가 외적으로 드러나는 것〔物〕과 수치로 측정될 수 있는 것〔量〕을

---

19 노치준, 『한국 개신교사회학』, 207-208.
20 이진구, "개신교와 성장주의 이데올로기", 237.

중요시하면서 그것을 확장하는 데 집중하는 태도를 의미한다.[21] 그런데 물량주의 문제와 관련해서 한국 교회는 세속 문화에 대해 양면성을 보인다. 개신교인들은 한편으로 성聖과 속俗의 이분법적 사고에 근거해서 세속적 세계관을 거부하고 종교적인 영역 안에 갇혀 있기를 원하면서도 다른 한편으로 세속적 가치인 물량주의를 추구하고 있는 것이다.[22]

한국 교회 내에 존재하는 물량주의는 무속 종교적인 기복 신앙과 시장경제적인 물신주의의 결합체 외에 다름이 아니다. 한국인의 종교적 심성 밑바닥에 깔려 있는 무속 종교가 개신교에 끼친 영향력은 지대하다. 외래 종교로서의 개신교는 우리 사회에 뿌리를 내리는 과정에서 무속 종교와 접맥되어 기복적 특성을 지니게 되었다. 그런데 오늘에 와서 이런 기복주의가 시장의 물신주의적 논리와 연결되어 물량주의로 형상화되고 있는 것이다.[23]

한국 교회 목회자들은 목회의 성공 여부를 예산 규모, 교인 수, 교회 건물 크기와 관련짓는다. 신도들도 신앙의 정도를 부유함과 세속적 성공으로 평가한다. 교단 정치도 수억 원의 선거 자금이 살포되면서 금권 타락 선거로 얼룩져 있다. 또한 더 많은 사람들을 교회 안으로 인도한다는 명목 아래 교회의 실내 장식이 화려해지고 소비 규모도 도를 넘었다.

한국 교회에서 이런 물량주의를 신학적으로 정당화하고 촉진시킨 것은 교회성장론이다. 미국 교회에서 만들어진 교회성장론은 1970년대에 한국 교회로 유입되었다.[24] 교회성장론에서 교회의 성장은 하나님

---

21 노치준, 『한국 개신교사회학』, 99.
22 이원규, 『기독교의 위기와 희망』, 209.
23 윤평중, "종교의 권력화와 종교성의 망실", 61.
24 이원규, 『한국 교회의 현실과 전망』(서울: 성서연구사, 1994), 185-189.

에 대한 충성의 표시로 이해된다. 또한 기독교인은 잃은 자를 찾고 구원하기 위해 보내졌기 때문에 교회의 성장이 하나님의 뜻이라고 주장된다.

이런 기본적인 주장 아래 교회성장론은 몇 가지 성장의 원리를 제시한다. 첫째, 목회자는 교회 성장을 원하고 이를 위해 대가를 지불할 자세를 갖추어야 한다. 둘째, 평신도들은 교회 성장을 위해 동원되고 활용되어야 한다. 셋째, 많은 일을 할 수 있을 만큼 교회의 규모가 커야 한다. 넷째, 교회는 동질성을 지닌 사람들로 구성되어야 한다. 다섯째, 능률적인 복음주의적 방법을 사용해야 한다. 여섯째, 우선순위가 사회 봉사보다는 복음 전도에 있어야 한다. 일곱째, 분명한 목표를 세우고 이를 실현하기 위해 프로그램을 지속적으로 운영해야 한다. 여덟째, 복음을 잘 받아들이는 수용적인 집단을 우선적으로 공략해야 한다. 아홉째, 기존의 신도들을 보다 나은 기독교인으로 양육하기 위해 영적인 훈련을 실시해야 한다.

아홉 번째 성장의 원리가 함축하고 있는 바와 같이 교회성장론은 교회의 양적인 성장만을 추구하는 것은 아니다. 양적인 성장뿐만 아니라 질적인 성장, 곧 신도들의 내적 성숙도 이야기하고 있다. 그런데 문제는 교회성장론에서 교인의 질적 성숙이 교회의 양적 성장을 이루기 위한 수단에 불과하다는 데 있다. 이렇게 최종적으로 교회의 질적 성장이 아닌 양적 성장을 지향하는 교회성장론은 물량주의의 신학적 기초로 이용되고 있는 것이다.

한편 한국 개신교의 목회자임용원리와 재정운영원리가 물량주의를 촉진하고 있다.[25] 한국 개신교에서 목회자의 임용은 대부분의 경우 개별 교회의 결정에 맡겨져 있다. 따라서 한 교회에 초빙된 목회자는 단기간 안에 자신의 능력을 발휘해야만 안정된 지위를 유지할 수 있다. 이때 능력 발휘의 결정적 기준은 교회의 외형적인 성장이기 때문에 물량주의 는 목회자들이 자신의 위치를 안정화하는 가장 중요한 전략이 될 수밖 에 없다.

한국 개신교에서 교단의 중앙 기구가 산하 교회들에 행사하는 구속 력은 미미하다. 왜냐하면 한국 교회는 중앙 교단의 통제에서 벗어나 개교회주의를 운영원리로 채택하고 있기 때문이다. 여기서 개교회주의 란 교회가 그 목표를 설정하고 활동을 전개하며 교회 내의 인적 자원과 물적 자원을 사용하는 과정에서 개별 교회 내부의 문제, 특별히 개별 교회의 유지와 확장에 최우선권을 부여하는 태도 또는 방침을 의미한 다.[26]

재정적인 측면에서 개교회주의는 개별 교회가 독자적인 재정 구조를 갖추고 있다는 특징을 보인다. 경제적으로 중앙 교단에 의존할 수 없는 재정 구조 속에서 개별 교회들이 자신들의 생존과 운용을 독자적으로 책임져야만 하는 것이 우리의 교회들이 처한 엄연한 현실이다. 이런 현실에 직면해서 교회들이 생존을 위해 물량주의를 수용하는 것은 어찌 보면 자연스런 현상일 수 있다.

그런데 물량주의가 심화되는 교회석 상황에서 만들어지는 신앙적 콘텐츠는 세속적이고 프로그램 의존적인 것이 되기 쉽다. 많은 대형 교회들이 일 년에 한두 번 총동원주일을 선포한다. 그런데 이런 총동원 주일에는 막대한 예산이 집행된다.[27] 1천만 원 정도를 주고 연예인을

---

25 조현범, "핍박받는 대형종교, 작은 것이 아름답다",『사회비평』33호(2002), 203-204.
26 노치준,『한국의 교회조직』(서울: 민영사, 1995), 32.
27 박종신,『한국 교회를 향해 통곡하시는 예수』(서울: 도서출판 기드온, 2007), 48-49.

초청하고 압력밥솥, 그릇세트, TV, 냉장고 등을 경품으로 내놓고 있다. 이렇게 다양한 상품들을 내걸면서 연예인이 자신의 신앙 경험을 간증하고 선발된 교회 신도들은 화려한 공연을 펼치고 있다. 이런 물량주의적 이벤트를 통해서 형성되는 신앙적 콘텐츠는 내면적이고 성찰적인 것이기보다는 과시적이고 성장지향적인 것이 될 가능성이 높다.

3. 한국 교회의 전망

한국 개신교에는 세 부류의 교회가 존재한다고 볼 수 있다. 곧 친미반공주의 · 배타주의 · 권위주의 · 물량주의를 표방하면서 성장에 성공한 중대형 교회들, 이런 이념들을 수용하고 있음에도 불구하고 성장에 성공하지 못한 소형 교회들, 그리고 이런 가치들에 맞서는 대안 교회들이 그것이다.

교회 밖의 대중에게 첫 번째와 두 번째 부류의 교회, 곧 주류 개신교가 내세우는 친미반공주의, 배타주의, 권위주의, 물량주의는 부정적으로 비쳐지고 있다. 이런 사실은 이와 같은 행태를 보이지 않기 때문에 대사회적 이미지가 향상되고, 그래서 신도 수가 증가하고 있는 한국 가톨릭교의 경우와 비교해보면 분명히 확인된다. 한국 가톨릭교는 개신교의 네 가지 행태 가운데 권위주의 하나를 제외하고 나머지 세 가지를 모두 극복한 상태이다. 전문가의 분석에 따르면 대중이 가톨릭교를 선호하게 된 요인으로 꼽히는 것은 민주화와 인권 증진에의 기여, 활발한 사회봉사 및 사회 복지 분야에서의 헌신, 타 종교에 대한 개방적이고 관용적인 태도, 성직자들의 청렴성에 기반한 높은 신뢰도 등이다.[28]

이렇게 보면 개신교가 친미반공주의, 배타주의, 권위주의, 물량주의
를 계속 고집하는 한 신도 수의 감소 추세는 가속화될 것으로 전망된다.
특히 젊은 계층의 유입은 거의 불가능해질 것으로 보인다. 한국 사회의
민주화가 진행된 이후 친미반공주의는 그 대중적 설득력을 상실해가고
있다. 이제 우리 사회의 많은 구성원들은 전쟁 발생의 가장 결정적인
요인이 미국의 대외 정책이라고 인식하고 있기 때문에 북한에 대해 그
리 큰 두려움을 갖고 있지 않다. 그런데 교회는 아직도 친미반공주의에
사로잡혀 북한을 증오하고 있다.

한국 교회의 친미반공주의가 내포하고 있는 보수적인 정치 성향은
사회를 새롭게 개혁하고 보다 나은 세상을 꿈꾸는 젊은이들에게 거부감
을 불러일으키고 있다. 우리 사회가 민주화되었다고는 하지만 아직도
정치, 경제, 언론 부문 등에 포진해 있는 기득권 계층은 강고하다. 미국
산 쇠고기 수입을 반대하는 촛불집회에서 확인된 바와 같이 젊은이들,
특히 네티즌들은 기존의 사회질서에 대해 비판의식을 갖고 있기 때문에
이런 사회정치적 상황을 갑갑하게 생각한다. 따라서 한국 교회의 정치
적 보수성은 젊은 세대로 하여금 교회에 대해 부정적인 시각을 갖도록
만드는 중요한 원인으로 작용하고 있다고 할 수 있다.

사회의 각 부문이 다원화되고 있는 흐름 속에서, 그리고 하나의 주도
적 종교가 존재하지 않으면서 여러 종교들이 공존하는 다종교 상황에서
개신교가 배타주의적 행태를 보이는 것도 교회와 대중 간의 유리를 강
화시키고 있다. 교회 밖의 대중은 소수 종교가 아닌 다수 종교로서의
기독교가 다른 종교들에 대해 성숙하고 관용적인 태도를 보이길 기대한

---

28 오경환, "가톨릭 신자의 괄목할 만한 증가와 그 요인", 30-33.

다. 그럼에도 한국 교회가 지금처럼 다른 종교들에 대해 무례하고 공격적인 태도로 일관한다면 기독교의 대중적 설득력은 상당 정도 저하될 것이다.

신도들의 교육 수준과 의식 수준이 높아지고 사회 전반적으로 참여를 강조하는 시점에서 한국 교회가 권위주의를 지속하고 있다는 것은 시대정신을 거스르는 행태가 아닐 수 없다. 특히 교회 내에서의 여성 차별 현상은 여성의 인권이 신장되는 사회적 분위기에서 더 이상 용인되기 어려울 것이다. 최근에 이루어진 한 심층면접조사 결과에 따르면 학력이 높고 의식 있는 여신도의 경우 교회 식당 봉사를 가장 힘들어하는 것으로 나타났다.[29] 이런 조사 결과는 현재 한국 교회의 여성 억압적인 문화가 여신도들의 의식 안에서 더 이상 수용되고 있지 않음을 보여준다.

한국 교회의 물량주의에 대한 세간의 비판은 이미 절정에 다다른 상태이다. 우리 사회에 신자유주의적인 원리가 확산되면서 거의 모든 구성원들은 경쟁에 지쳐 있다. 이런 정황에서 양적 확대를 위해 경쟁 일변도의 분위기를 조성하는 물량주의적 신앙 콘텐츠가 호소력을 지니기는 어려울 것이다. 교회를 향해 대중이 기대하는 가치는 경쟁과 제압보다는 연대와 배려일 것이다. 따라서 우리 개신교가 물량주의를 지양하지 않는 한 신도들의 이탈 행렬은 계속될 것으로 판단된다.

여기서 주의해야 할 사항은 한국 교회가 친미반공주의, 배타주의, 권위주의, 물량주의를 지속하게 될 경우에도 첫 번째 부류의 교회, 곧

---

29 목회사회학연구소, "개종자 심층 면접 조사 1", 조성돈·정재영 편, 『그들은 왜 가톨릭교회로 갔을까?』(서울: 예영커뮤니케이션, 2007), 105-107.

중대형 교회들은 그리 심한 타격을 받지 않을 것이라는 사실이다. 중대형 교회들의 경우 이미 풍부한 인적 자원, 물적 자원, 시설 자원 등을 보유하고 있는 상태여서 개신교의 대사회적 이미지 악화란 불리한 여건을 어렵지 않게 뚫고 나갈 수 있기 때문이다. 또한 이들 중대형 교회는 유리한 조건들을 선점해오면서 지역사회 혹은 전체 사회의 개신교 신자들에게 자체 이미지를 브랜드화하는 데 성공하였기 때문이다.

두 번째 부류의 교회, 곧 친미반공주의, 배타주의, 권위주의, 물량주의를 표방하는 소형 교회들은 한국 개신교 내에서 수적으로 가장 큰 비중을 차지한다. 이러한 소형 교회들이 개신교의 대사회적 이미지 악화로 인해 가장 많은 피해를 입을 것으로 전망된다. 이들 교회에 속해 있는 신도들은 목회자가 예고하고 추구하는 교회 성장이 실현되지 않아 교회 생활에서 경제적이고 심리적인 부담이 가중될 경우 중대형 교회로 수평 이동할 가능성이 높다. 실제로 이런 현상은 이미 현실화되고 있다. 요즘 중대형 교회에 새로 등록하는 이들의 절대다수가 비신자들이 아니라 교회를 다닌 경험이 있는 신자들이라는 것은 주지의 사실이다.

세 번째 부류의 교회, 곧 한국 교회의 주류적인 분위기에 반대하는 대안 교회들은 친미반공주의, 배타주의, 권위주의, 물량주의를 거부하는 대항 문화를 형성하기 위해 노력하고 있다. 이런 대안 교회들도 두 번째 부류에 속한 소형 교회들과 마찬가지로 한국 개신교의 대사회적 이미지 악화로 인한 피해를 떠안을 수밖에 없다. 물론 후자보다는 그 피해를 덜 입을 것이다. 그럼에도 대부분의 대안 교회들은 열악한 여건으로 인해 주류 개신교와 차별화된 자체 이미지를 적극적으로 홍보하기 어렵다는 점에서 부정적인 사회적 분위기를 뚫고 나가기는 쉽지 않을 것으로 전망된다.

한편 1990년대 이후 우리 사회가 소비 사회로 진입하면서 사회구성원들은 소비 문화에 더 많이 노출되고 있다. 교회 구성원들의 경우도 여기서 예외일 수 없다. 소비 문화에 의해 포획된 신도들은 과거보다 더 소비적이고 물질 지향적으로 변하기 쉽다. 그런 가운데 반대급부로 이들은 교회 안에서는 의식적으로나마 절제되고 금욕적인 생활을 동경하게 될 것이다.

이런 존재와 의식의 불일치로 인해 신도들은 목회자들의 차별적이고 거룩한 이미지를 이전보다 더 많이 희구하게 될 가능성이 높다. 신도들은 스스로 거룩해지려고 노력하기보다는 목회자의 성스러운 삶에 만족하려는 성향이 강해질 것이다. 소비 사회에서 상품의 기호나 이미지를 소비하듯이 목회자의 구별된 삶도 소비의 대상이 되고 있는 것이다.[30] 앞으로 소비 문화의 강화는 독신으로 지내는 가톨릭교의 신부나 불교의 스님보다 덜 거룩하게 보이는 개신교의 목회자에게 더 모범적이고 성스럽게 살아가도록 강제하는 압력으로 작용할 가능성이 높다.

이런 상황에서 '목회자도 연약한 인간'이라는 식의 방어논리를 내세우면서 거룩한 삶에 대한 신도들의 기대나 욕구에 부응하지 못할 경우 목회자의 리더십은 지금보다 더 약화될 것이라고 판단된다. 반대로 목회자가 경건하고 청빈한 삶을 살아가면서 이런 기대나 욕구를 충족시킬 경우 보다 강력한 목회적 리더십을 갖출 수 있게 될 것이다.

소비 사회로의 전이가 초래하는 또 하나의 변화는 여가 산업이 발전하면서 이를 통해 교회가 수행해왔던 기능을 대체할 가능성이 높다는

---

30 정재영·이승훈, "개종자를 통해 본 한국인의 종교성", 조성돈·정재영 편, 『그들은 왜 가톨릭교회로 갔을까?』(서울: 예영커뮤니케이션, 2007), 93-94.

것이다.[31] 우리 사회가 소비 사회로 빠르게 전환되면서 대중들은 각종 편의를 누리고 여가를 즐기는 생활양식을 지니게 되었다. 그런데 여가에 대한 이런 대중들의 관심은 교회 성장을 둔화시킬 것으로 전망된다. 왜냐하면 여가는 종교의 기능적 대체물functional alternatives이 되기 때문이다. 사회 안에서 구성원들의 긴장 처리를 담당하는 주요한 제도는 종교와 여가이다. 이런 맥락에서 종교와 여가는 경쟁관계에 놓여 있다고 할 수 있다.

우리 사회의 경우 1980년대 후반부터 여가산업이 발달하기 시작하였다.[32] 관광지와 휴양지가 본격적으로 개발되고 골프장, 스키장, 수영장, 볼링장, 테니스장 등과 같이 건강을 유지하고 오락을 즐길 수 있는 공간들이 급격하게 증가하였다. 그리고 이런 여가산업의 발달이 승용차의 증가 추세와 맞물리면서 주말에 멀리 떨어져 있는 지역에서의 여가 활동을 확산시키고 있다. 그 결과 주일예배의 참석률이나 교회 활동의 참여율이 떨어지고 있다. 더욱이 2004년부터 도입된 주5일근무제가 확대되면서 앞으로 여가 활동에 의한 신앙생활의 대체 현상은 더 강화될 가능성이 높다.

다른 한편 한국 개신교에 대한 시민사회의 기대 수준은 여전히 높을 것으로 전망된다. 한국 사회에서 종교 영역의 헤게모니를 잡은 종교는 개신교이다.[33] 개신교 신자가 전 인구의 20% 정도를 차지한 1980년대부터 개신교는 종교 부문의 헤게모니를 장악하면서 다른 종교들에 커다란 영향력을 행사하고 있다. 개신교를 믿건 믿지 않건 간에 개신교적인

---

31 노치준, 『한국 개신교사회학』, 25.
32 이원규, 『한국 교회 무엇이 문제인가』(서울: 감리교신학대학교출판부, 1998), 187.
33 장석만, "한국 종교, 열광과 침묵 사이에서", 『당대비평』 12호(2000), 217-218.

사고방식은 대부분의 사회구성원들의 무의식에 침투해 있다. 다른 종교의 신도들도 예외는 아니다.

후진국이 선진국을 따라가듯이 거의 모든 한국 종교들은 선진국에서 수입된 개신교를 모방해왔다.[34] 개신교는 교단 조직 운영, 신도 동원, 의례 구성 등에서 다른 종교들의 기준이 되고 있다. 더구나 개신교는 이승만 정부 시절부터 정부와 우호적 관계를 유지해왔기 때문에 막강한 정치적 관철 능력을 보유하고 있다. 따라서 개신교는 비록 근자에 들어 그 교세가 약화되고 있다고 하더라도 여전히 한국 종교들 가운데 가장 영향력 있는 집단이라고 할 수 있다.

'종교자유정책연구원'은 2007년 종교 지도자들을 대상으로 개별 종교들과 정치권력의 관련성에 관한 통계조사를 실시하였다. 이 조사에서 정치권력에 가장 큰 영향력을 행사하는 종교로 개신교를 지목한 이들이 전체 응답자의 47.0%인데 반해 가톨릭교와 불교를 꼽은 이들은 각각 30.9%와 20.4%로 집계되었다. 또한 선거 때 실제 득표에 가장 크게 영향을 미치는 종교로 개신교를 지목한 이들이 전체 응답자의 54.1%를 기록한 반면 가톨릭교와 불교를 꼽은 이들은 각각 13.9%와 28.6%에 불과한 것으로 드러났다.[35]

개신교의 이런 막강한 종교적, 사회적, 정치적 영향력으로 인해 개신교에 대한 시민사회의 기대 수준은 높을 수밖에 없는 것이다. 한국 교회를 개독교로 비판하는 것도 거꾸로 생각해보면 한국 교회에 대해 시민사회가 큰 기대를 가지고 있음을 방증한다. 한국 사회에서 개신교는

---

34 장석만, "우리의 종교가 이 모양인 까닭", 『인물과 사상』 51호(2002), 93.
35 김지방, 『정치교회』, 236.

국가 및 기업과 상호적으로 작용하는 제3의 부문으로서의 시민사회를 구성하는 비중 있는 주체이다.[36] 이런 사실로 인해 개신교가 국가의 강제력과 시장의 논리로부터 비판적 거리를 유지하면서 성찰적이고 인간적인 시민사회를 형성하는 데 기여할 것을 요구하는 압력이 지속될 전망이다.

4. 한국 교회의 과제

현재 한국 교회 주류에 깊이 각인된 보수적 친미반공주의가 근본적으로 제거되기는 불가능해 보인다. 이런 제한된 조건 아래서 한국 교회가 할 수 있고 해야 할 일은 보수 교회건 진보 교회건 간에 개신교 전체가 수행하고 있는 현실 참여의 정도를 제한하는 것이다. 보다 구체적으로 개신교의 현실 참여를 제도정치의 영역이 아닌 시민사회의 영역에 한정시키는 것이다.

한국 교회는 "기독교인들은 정치에서 손을 떼야 한다"는 세간의 주장에 귀를 기울여야 한다.[37] 지금처럼 진보 교회와 보수 교회가 특정한 정치적 이슈를 둘러싸고 공개적으로 첨예하게 대립하는 것은 한국 교회의 이미지를 더욱 악화시킬 가능성이 높다. 이렇게 정치적 대립이 빈번하게 표출되게 되면 보수 교회건 진보 교회건 간에 한국 교회 전체는 사회구성원들에게 건강한 종교단체가 아닌 정치적 이익단체로 비쳐지

---

36 윤평중, "종교의 권력화와 종교성의 망실", 63.
37 김지방, 『정치교회』, 37.

게 되기 때문이다.

'국교는 인정되지 아니하며, 종교와 정치는 분리된다'는 헌법 20조 2항은 정치가 종교의 자유를 침해해서는 안 된다는 의미뿐만 아니라 종교가 정치를 지배하려 해서는 안 된다는 의미까지도 함축한다.[38] 따라서 한국 교회는 후자의 의미를 진지하게 고려하면서 정교분리의 원칙에 대한 입장을 재정립해야 한다. 이런 작업을 통해 교회의 현실 참여를 '정치 참여'가 아닌 '사회 참여'로 한정할 필요가 있다.

권위주의의 문제를 해결하기 위해서는 교회의 조직을 보다 민주화하고 분권화해야 한다. 이를 위해서는 한국 교회 일각에서 일어나고 있는 '민주적 정관 갖기 운동'에 주목할 필요가 있다.[39] 이 운동은 목사나 장로에게 권한이 지나치게 집중되어 있는 현행 제도를 지양하고 교회 활동의 모든 분야에서 신도들의 의견이 민주적으로 수렴될 수 있도록 보장해주는 정관을 개별 교회의 상황에 맞게 만들어가는 움직임을 가리킨다. 그 핵심 내용으로는 목사와 장로의 임기제나 신임투표제를 도입하는 제안과 당회의 권한을 축소하면서 제직회와 공동의회의 권한을 강화하는 제안을 들 수 있다.

민주적 정관 갖기 운동은 한국 교회 안에 민주주의를 뿌리내리게 하는 데 긍정적인 역할을 할 것임에 분명하다. 그럼에도 필자가 보기에 아쉬운 점은 이 운동이 교회 내에 여성들의 지위 문제에 적극적이지 못하다는 사실이다. 앞으로 교회 안에서 여신도들의 위상을 제고하기 위해서는 무엇보다도 제직을 선출할 때 여성할당제를 적용하는 방안을

---

38 같은 책, 18-19.
39 박득훈, "교회의 암 덩어리, 리더십 세습", 『아웃사이더』 12호(2003), 72.

진지하게 고려할 필요가 있다.

한국 교회 내의 물량주의를 극복하는 일은 그야말로 지난한 과제이다. 물량주의 문제는 한국 교회가 운영원리로 채택하고 있는 개교회주의가 지양되지 않는 한 근본적으로 해결될 수 없다. 따라서 현재로서는 개교회주의의 경제적 부작용을 최소화하면서 교회들끼리 일정 정도 재정을 공유할 수 있는 시스템을 구축할 필요가 있다. 이를 위해 무엇보다도 교단 단위로 목회자를 위한 최저생활보장제도를 실시해야 한다. 또한 부업을 가지면서 교회 사역을 하는 목회자에 대한 부정 일변도의 시선도 교정될 필요가 있다.

많은 교회들이 실시하고 있는 노방 전도는 물량주의를 실현하는 대표적인 수단이다. 따라서 한국 교회는 노방 전도의 자제에 합의할 필요가 있다. 한국 개신교인들은 지하철에서 소란스럽게 '사영리'를 설명하면서 전도지를 돌리거나 공공장소에서 확성기를 통해 '예수천국 불신지옥'을 외치는 전도 방식이 '모든 국민은 종교의 자유를 가진다'는 헌법 20조 1항에 저촉된다는 사실을 명확히 인식해야 한다. 왜냐하면 여기서 종교의 자유란 선교의 자유뿐만 아니라 선교 받지 않을 자유도 포함되어 있기 때문이다.

한국 교회는 비기독교인들의 신교 받지 않을 자유를 고려하면서 무례하고 소란하고 일방적인 전도 방식을 지양해야 한다. 비기독교인들의 입장을 염두에 두면서 겸손하고 조용하고 쌍방적인 전도 방식을 채택해야 한다. 특히 개신교인들은 오늘의 전도가 단순히 기독교의 교리를 전파하는 바른 가르침orthodoxy을 통해 이루어지는 것이 아니라 그리스도의 복음을 자신의 몸으로 체현해내는 바른 실천orthopraxis를 통해 실현되는 것이라는 점을 인지할 필요가 있다.[40]

한국 교회는 교회당 건축을 최대한 자제해야 한다. 지금처럼 교회의 물량주의가 사회적 비판의 대상이 되고 있는 상황에서 교회 건물을 소유하지 않고 임대하는 교회들이 많이 나와야 한다. 또한 신학교 정원을 축소하여 교회 수가 증가하는 흐름을 저지해야 한다. 이전처럼 목회자의 공급이 자동적으로 신도의 수를 늘려주는 시대는 지나갔다. 이런 조건 아래서 목회자가 과잉 공급될 경우 신도 확보를 둘러싼 교회 간의 경쟁이 더욱 심화될 것이고, 그렇게 되는 한 물량주의적 이념은 계속해서 한국 교회를 지배하게 될 것이다.

필자가 판단하기에 한국 교회의 이미지 훼손에는 배타주의가 물량주의보다 더 결정적인 역할을 하고 있다. 왜냐하면 개신교를 비판하는 대중도 대부분 세속적 형태의 물량주의 내지 물신주의에 의해 포획되어 있고, 그래서 의식이나 행동의 측면에서 물량주의로부터 완전히 자유로울 수는 없기 때문이다. 이렇게 보면 교회 밖의 대중은 한국 교회의 물량적인 비윤리성보다는 배타적인 인식론에 더 큰 불만을 갖고 있다고 할 수 있다.

이런 인식론적 배타성을 돌파하기 위해 교회 안에 인문학이나 사회과학을 공부하는 소모임을 만들어볼 필요가 있다. 또한 목회자가 성서를 가르칠 때 문자주의적 성서해석을 지양하고 성서비평적 연구 성과를 적극적으로 수용할 필요가 있다. 이런 과정들을 통해 한국 교회는 이성과 신앙의 관계를 올바로 재정립해야 한다.

특히 한국 개신교는 개별 교회들이 다종교 상황 아래 놓여 있음을

---

40 김경재, "'철저 유일신관'에서 본 한국 교회의 선교신앙비판", 김경재 · 김창락 · 김진호 외, 『무례한 복음』(서울: 산책자, 2007), 280.

지속적으로 강조하면서 이들 교회로 하여금 타 종교에 대한 이해를 증진하고 종교적 관용성을 구비하도록 유도해야 한다. 타 종교에 대한 이런 이해와 관용에 도달하기 위해서는 이론적인 차원과 실천적인 차원에서 타 종교와의 대화를 시도하는 것이 요구된다. 그러나 개별 교회의 사정상 이론적인 차원의 대화가 어려울 경우 실천적인 차원에서 종교 간의 연합활동을 추구하는 일부터 시작해볼 필요가 있다.

앞으로 목회자의 윤리적이고 거룩한 이미지를 소비하려는 신도들의 욕구가 증대될 것인 만큼 한국 교회는 목회자의 자질을 향상시키는 문제를 진지하게 고민해야 할 것이다. 이를 위해 신학교의 입학 사정에서 인성 검사를 대폭 강화하고 신학생에 대한 윤리 교육과 신앙 훈련을 보다 충실히 실시할 필요가 있다. 이와 더불어 신학생들에 대한 장학금 제도를 확충하여 그들로 하여금 재정적으로 안정된 상태에서 학교가 제시하는 이런 교육과 훈련에 전념할 수 있는 분위기를 마련해야 한다.

한국 교회는 여가 산업의 발달과 주5일근무제의 확대로 인해 주일예배가 위축될 수 있는 상황에 보다 능동적으로 대응해야 한다. 이를 위해 결혼 예비자 교육, 부부관계 향상 교육, 부모 역할 교육 등과 같은 토요 프로그램을 개발할 필요가 있다. 또한 주5일근무제 실시에 따른 여가 시간을 소외된 이웃을 위해 봉사하는 데 활용하는 방안도 마련해야 한다.

한국 교회가 시민사회를 활성화시키는 데 기여해야 한다는 사회적 요구를 충족시키기 위해서는 무엇보다도 시민사회의 대표적 행위자인 NGO를 재정적으로 후원할 필요가 있다. 재정적 자립은 한국 NGO가 직면한 최대 현안이다. 현재 NGO의 재정은 매우 취약한 것으로 보고되고 있다. 전체 NGO의 55.6%가 1억 원 이하의 예산으로 운영되고 있으

며 1천만 원 이하로 재정을 꾸려나가는 NGO도 전체의 6.5%에 이르는 것으로 집계되었다.[41]

이런 상황에서 한국 교회가 예산의 일정 부분을 떼어 NGO를 재정적으로 후원하는 운동을 펼치는 것은 시민사회를 활성화하는 데 적지 않게 기여할 수 있다. 또한 한국 교회는 자신들이 보유하고 있는 풍부한 인적 자원을 활용하여 NGO활동을 지원해야 한다. 이를 위해 한 달에 토요일 하루를 'NGO참여의 날'로 지정하여 신도들이 NGO와 연대할 수 있는 길을 열어줄 필요가 있다.

5. 나오는 말

앞에서 필자는 한국 개신교에는 세 부류의 교회가 존재한다고 이야기하였다. 이 가운데 한국 교회의 악화된 이미지를 주도적으로 개선할 수 있는 그룹은 친미반공주의, 배타주의, 권위주의, 물량주의를 극복하려는 대안 교회라고 판단된다. 이런 이데올로기를 내세우는 중대형 교회들은 관성상 기존의 지향성을 획기적으로 전환시키기는 어려울 것이다. 따라서 앞으로 한국 교회가 현재의 위기 상황에서 벗어나 사회구성원들의 지지를 회복하기 위해서는 많은 소형 교회들이 이런 이념들을 거부하는 대안 교회 쪽으로 자신의 방향성을 설정해야 할 것이다.

앞에서도 지적한 바와 같이 중대형 교회들이 내세우고 있는 친미반공주의, 배타주의, 권위주의, 물량주의는 사회적으로나 교회적으로 바

---

41 시민의 신문, 『한국시민사회연감 2003』(서울: 시민의 신문사, 2003), 760.

람직하지 않을 뿐만 아니라 교회에 대한 대중, 특히 젊은 세대의 요구로 인해 실제적으로 더 이상 확산되기도 어려울 것이다. 따라서 기존의 소형 교회들과 앞으로 생겨나게 될 교회들은 주류 개신교와의 차별성을 강조하면서 대안 교회의 형태를 추구할 필요가 있다.

그런데 이 대목에서 몇 가지 문제가 제기될 수 있다. 첫째는 대안 교회의 내용성을 어떻게 채울 것인가 하는 것이다. 기존의 대안 교회들이 구사해온 전략은 대부분 네거티브적인 것이다. 그러나 친미반공주의, 배타주의, 권위주의, 물량주의 등을 거론하면서 주류 개신교를 비판하는 데서만 대안 교회의 정체성을 찾는 것은 무책임하고 공허한 태도가 아닐 수 없다.

이에 미래지향적인 관점에서 포지티브적인 전략으로 전환할 필요가 있다. 이를 위해서는 시대에 걸 맞는 새로운 목회 패러다임을 개발하는 일이 급선무이다. 이런 맥락에서 대안 교회를 추구하는 일선 목회자들과 뜻있는 신학자들 간의 긴밀한 협조 체제를 구축할 필요가 있다. 새 시대의 목회 패러다임은 평화 문제, 경제 정의 문제, 타 종교 문제, 교회 민주화 문제, 여성 문제, 영성 훈련 문제, 생태 문제 등을 보다 진지하게 고려해야 할 것이다.

둘째는 주류적인 목회 패리디임에 익숙한 교회 구성원들에게 어떻게 이런 이상적인 목회 패러다임을 적용할 것인가 하는 것이다. 첫 번째 문제가 이론적인 것이라면 두 번째 문제는 실천적인 것이라고 할 수 있다. 이 두 번째 문제를 숙고하는 과정에서 우선적으로 해결해야 할 사항은 목회자의 경제생활을 안정화하는 문제일 것이다.

주류 개신교에 대해 어느 정도 경쟁력을 갖춘 대안적인 교회가 뿌리 내리는 데는 적지 않은 세월이 소요될 것이다. 그런데 대안 교회를 지향하는 목회자들이 이런 과도기를 큰 위기감 없이 통과해내기 위해서는 무엇보다도 먹고사는 문제를 해결할 수 있어야 한다. 따라서 이들 목회자는 각자가 소속해 있는 교단을 향해 앞에서 언급한 최저생활보장제도의 도입을 지속적으로 촉구해야 한다. 이와 더불어 대안 교회 설립을 위한 기금을 적극적으로 조성할 필요가 있다.

비판적인 학자들이 전망하는 것처럼 한국 교회의 앞날이 어둡기만 한 것은 아니다. 단 소형 교회들이 '주류 따라하기'가 아닌 '교회다워지기'를 추구할 때에만 그러하다. 소형 교회들이 대항 문화를 만들어내고 확산시키는 역할에 충실하였던 초기 기독교 전통을 되살리기 위해 노력한다면 한국 교회의 미래는 결코 절망적이지 않다.

이런 맥락에서 소형 교회들은 유행의 정도를 넘어 대세로 굳어버린 '주류 따라하기'를 과감하게 중단할 필요가 있다. 주류 개신교의 모델은 중대형 교회가 되지 않는 한 무의미하다. 더욱이 어떤 교회 성장 전략을 채택하든 간에 과거와 같은 고도 성장은 더 이상 불가능하다. 따라서 소형 교회들은 '작지만 복음에 충실하고 단단한 교회'를 만들어내는 데 주력해야 할 것이다.[42]

---

42 노치준, 『한국 개신교사회학』, 98.

2장

기독교 NGO의 유형

1. 들어가는 말

기독교 사회윤리의 목표는 사회제도를 개혁하여 인간적으로 재형성하는 것이다.[1] 그런데 거대하고 복잡한 현대 사회에서 기독교인들이 사회제도를 개혁한다는 것은 결코 간단한 일이 아니다. 왜냐하면 하나의 개혁적 조처는 그와 관련된 수많은 이해 당사자들의 반발을 사기 쉽기 때문이다.

이러한 사회개혁의 지난함은 1993년 문민정부가 출범한 이후 현재

---

1 A. Rich, *Wirtschaftsethik I - Grundlagen in theologischer Perspektive*, 4. Aufl., Gütersloh 1991, 65.

에 이르기까지 시도된 많은 개혁 조처들이 실패로 돌아간 사례들에서 어렵지 않게 확인될 수 있다. 따라서 기독교인들의 개혁 행동들이 사회 제도의 개혁으로 결실을 맺으려면 이런 행동들을 하나의 조직된 세력으로 결합시키는 작업이 필수이다.

현대 사회에서 이런 결합 작업을 효율적으로 실현해줄 수 있는 대표적인 사회단체는 역시 NGO(nongovernmental organization)이다. 따라서 기독교인들 혹은 그들의 공동체인 교회가 사회제도의 개혁을 현실 속에서 구체화하기 위해서는 어떤 형태로든 NGO와 관련을 맺어야 한다. 이런 맥락에서 우리는 기독교 사회윤리의 주요 과제들 가운데 하나가 기독교와 NGO의 관계를 설정하는 문제라는 결론에 도달하게 된다.

기독교가 NGO와 관계를 맺는 방식에는 크게 두 가지가 있다. 하나는 기독교가 NGO 외부에 존재하면서 그것을 지원하는 방식이다. 여기서 기독교는 NGO가 내세우는 설립 취지나 주장들을 지지하지만 결코 그것의 시민단체적 성격을 수용하지 않는다. 다른 하나는 기독교가 직접 NGO를 설립하는 방식이다. 여기서 기독교는 NGO의 근본 목적에 찬성할 뿐만 아니라 그것의 시민단체적 성격까지 내재화하면서 기독교 NGO의 형태를 띠게 된다. 기독교 NGO의 유형론을 전개하려는 필자가 관심하는 것은 물론 후자이다.

1987년 6월 민주화운동 이후 군부 독재 타도를 목표로 내세웠던 기독교운동 단체들 가운데 상당 부분이 기독교 NGO로 탈바꿈하였다.[2] 또한 기독교계 밖에서 일고 있는 NGO 창설 붐에 영향을 받아 새로운

---

2 정종권, "시민운동에 대한 비판적 평가", 유팔무 · 김정훈 편, 『시민사회와 시민운동 2』(서울: 도서출판 한울, 2001), 273.

기독교 NGO들이 속속 결성되고 있다. 기독교 NGO들이 많아진다는 것은 한국 사회에 민주주의가 공고하게 뿌리내리는 데 기독교가 공헌할 수 있다는 점에서 고무적인 현상이 아닐 수 없다.

그런데 문제는 기독교 NGO에 관한 이론적인 연구가 거의 부재하다는 사실에 있다. 오늘의 기독교가 과거의 교리중심주의를 반성하면서 신학이론보다 신앙실천을 앞세우고 있는 경향은 충분히 이해될 수 있다. 그럼에도 이런 흐름이 이론적 기획에 대한 과소평가로 이어져서는 곤란하다. 왜냐하면 신앙적 행동은 신학적 성찰 없이는 그 방향성을 제대로 설정할 수 없기 때문이다. 철학자 칸트의 어법을 차용해보면 '신앙실천 없는 신학이론은 공허하고 신학이론 없는 신앙실천은 맹목적이다'라는 명제가 가능할 것이다.

2장에서는 우리 실정에 맞는 기독교 NGO론의 정립이 한국 기독교 사회윤리의 중요한 과제들 가운데 하나라는 전제 아래 기독교 NGO론을 구축하는 데 필요한 몇 가지 기본사항들을 정리하고자 한다. 이를 위해 먼저 기독교 NGO를 정의해볼 것이다. 이어서 몇 가지 기준들에 근거하여 기독교 NGO의 유형을 분류할 것이다. 그런 다음 분류된 기독교 NGO의 유형들에 대해 비판적 평가를 시도할 것이다. 마지막으로 기독교 NGO에 부여된 과제를 설정해볼 섯이다.

2. 기독교 NGO의 정의

NGO란 무엇인가? 이 물음을 둘러싸고 사회과학자들 사이에 의견의 일치가 존재하는 것은 아니다. 일반적으로 NGO는 공익적 목표나 이타적 목표를 실현하기 위해 설립된 자발적 결사체를 의미한다. 조희연 교수는 이런 일반적 정의를 한국 사회의 특수성과 결부시켜 한국 사회에서의 NGO를 다음과 같이 정의한다. "한국 사회에서 NGO란 1987년 이후 민주주의적 공간이 확장되면서 시민사회의 개혁 요구를 반영하면서 정치, 경제, 문화의 전 영역에서 다양한 개혁 이슈를 가지고 활동하며 정부와 기업의 민주화와 개혁을 촉구하는 다양한 시민운동단체들을 가리킨다."[3]

그런데 이 정의는 NGO가 수행하는 정부와 기업에 대한 견제 기능을 부각시킬 수는 있지만 공공 서비스를 제공하는 측면을 간과하는 문제점을 지니고 있다. 물론 대부분의 한국 NGO들이 6월 민주화운동을 배경으로 결성된 만큼 권력과 자본에 대한 견제지향성을 NGO에 대한 정의에 반영하는 것은 지극히 자연스러운 현상이 아닐 수 없다.

하지만 NGO는 국가와 시장을 감시하고 비판함으로써 사회개혁을 추동하는 기능만을 담당하는 것은 아니다. NGO는 자원 봉사자를 활용하여 사회적 약자 계층이나 결핍자들에게 정부가 제공하지 못하는 각종 공공 서비스를 전달하는 기능도 수행한다.[4] 실제로 요즘 우리 사회에서 결성되고 있는 NGO들 가운데 적지 않은 조직들이 박애 활동, 구호 활동, 기부 활동, 복지 활동 등을 수행하는 사회서비스단체를 표방하고 있다.

한편 NGO가 수행하는 기능을 사회개혁의 기능만으로 축소시켜 이해하게 될 때 NGO의 정치성이 과도하게 부각되기 쉽다. 이럴 경우 탈

---

3 조희연,『비정상성에 대한 저항에서 정상성에 대한 저항으로』(서울: 도서출판 아르케, 2004), 155.
4 박상필,『NGO와 정부 그리고 정책』(서울: 도서출판 아르케, 2002), 68-69.

정치화되고 있는 대중과 NGO들 간의 사회적 거리가 생겨날 가능성이 높아지는데 이는 NGO들의 만성적인 하부구조의 부실로 이어지게 된다.[5] 이런 이유에서 우리는 한국 사회에서 NGO를 정의하는데 공공 서비스의 제공 측면을 보다 적극적으로 포괄할 필요가 있다.

그러면 NGO의 정의 문제에 관한 이런 사회과학적 입장을 염두에 두면서 우리는 한국 사회에 존재하는 기독교 NGO를 어떻게 정의할 수 있을까? 필자는 기독교 NGO와 세속 사회의 일반 NGO 간에 큰 차이가 존재한다고 생각하지는 않는다. 이 양자는 주체와 동기 부여에서만 차이가 있을 뿐 목표와 활동 영역, 그리고 활동 방식에서는 거의 유사하다.

기독교 NGO의 경우 일반 NGO에서와는 달리 단체를 결성하고 운영하는 주체가 기독교인들이다. 그리고 이런 단체의 주체가 '하나님 나라의 도래에 대한 신앙적 희망'[6]을 자기 활동의 원동력으로 삼는다는 점에서 일반 NGO의 경우와 차별성을 갖는다.

기독교 NGO가 지니고 있는 보편성과 특수성에 근거해서 우리 사회에 존재하는 기독교 NGO를 정의해보면 다음과 같다.

"한국 사회에서 기독교 NGO란 하나님 나라의 도래를 희망하는 기독교인들이 정부와 기업의 민주화를 비롯하여 정치, 경제, 문화 등 사회 전체의 개혁을 추구하거나 정부가 포괄하지 못하는 사회적 약자 계층과 결핍자들에 대한 사회 서비스를 제공하기 위해 결성한 시민운동단체를 의미

---

5 조효제, "한국 시민사회의 개념과 현실", 『창작과 비평』 123호(2004년 봄), 100-101.
6 A. Rich, *Wirtschaftsethik II - Marktwirtschaft, Planwirtschaft, Weltwirtschaft aus sozialethischer Sicht*, 1. Aufl., Gütersloh 1990, 39.

한다."

3. 기독교 NGO의 유형

NGO가 내세우는 중요한 이념 가운데 하나는 다원성이다.[7] 기독교 NGO의 경우도 예외는 아니다. 이런 다원성으로 인해 기독교 NGO들이 관심을 두고 있는 영역은 상당히 다양하다. 또한 그들의 조직 구조나 운영 방법도 다양하고 다른 단체와 관계를 맺는 방식도 다양하다. 따라서 기독교 NGO의 성격이나 기능을 보다 체계적으로 이해하기 위해서는 일정한 방식에 따라 기독교 NGO의 유형을 분류하는 작업이 필수적이다.

기독교 NGO의 형태를 분류하는 방식은 그 기준에 따라 다양할 수 있다. 기독교 NGO의 유형을 가르는 기준에는 여러 가지가 있을 수 있겠으나 이 장에서는 그 가운데 중요하다고 판단되는 네 가지 기준에만 관심을 갖고자 한다. 지향성, 조직 구조, 교회와의 관계, 일반 NGO와의 관계라는 기준이 그것이다.[8]

---

7 박상필, 『NGO를 알면 세상이 보인다 – N세대를 위한 NGO특강』(서울: 도서출판 한울, 2001), 60.

8 여기서 주의해야 할 점은 지향성이나 조직 구조에 따라 분류된 기독교 NGO의 형태들은 한국 사회에 실제로 존재하고 있는 반면 교회와의 관계나 일반 NGO와의 관계에 따라 구분된 기독교 NGO의 유형들의 대부분은 현재 우리 사회에서 발견될 수 없다는 사실이다. 물론 그렇다고 해서 교회와의 관계, 그리고 일반 NGO와의 관계에 따라 분류된 모든 형태들이 우리 사회에서 구체화가 전혀 불가능하다는 것은 아니다. 이 두 가지 기준들에 근거한 기독교 NGO의 유형들은 우리 사회에 아직 존재하고 있지 않으나 앞으로 구체화될 가능성이 있는 이념형적 형태들이다. 이런 이념형적 형태들은 기독교시민운동이나 기독교 NGO의 발전 방향을 제시해줄 수 있다는 점에서 실제적 형태들만큼이나 중요하다.

앞에서 서술한 기독교 NGO의 정의에 따르면 기독교 NGO가 지닌 지향성은 크게 두 가지로 나눌 수 있다. 사회 전체의 개혁을 추구하는 것과 사회적 약자 계층에게 사회 서비스를 제공하는 것이 그것이다. 이런 지향성의 차이에 따라 기독교 NGO는 세 가지 유형, 곧 견제형, 봉사형, 혼합형 기독교 NGO로 분류될 수 있다.

견제형 기독교 NGO는 정부와 기업을 견제하고 정부의 정책 변화를 유도함으로써 사회 전반의 개혁을 실현하려는 기독교시민운동단체를 의미한다. 이 형태는 1987년 민주화운동 이전에 전개되었던 구 사회운동의 전통을 계승하면서 시민사회의 정치화를 강화하기 위해 시위, 집회, 농성, 서명, 청원 등의 활동을 전개한다.

봉사형 기독교 NGO는 사회적 약자나 결핍자들에게 공공 서비스를 제공함으로써 전체 사회구성원들의 삶의 질을 향상시키려는 기독교시민운동단체를 가리킨다. 이 유형은 사회복지의 전통에서 비롯된 것으로 자원 봉사자를 활용하여 직접 서비스를 전달하거나 정부와 협력하여 서비스를 제공하기도 한다.

혼합형 기독교 NGO는 사회개혁의 차원과 공공 서비스의 차원을 포괄하려는 기독교시민운동단체를 뜻한다. 이 유형은 개혁 측면이 활동의 거시적 방향성을 정립해주는 반면 서비스 측면은 대중적 설득력이나 친화력을 확보해줄 수 있다는 사실에 착안하여 양자의 성향을 내부적으로 결합하고 있다. 그런데 이 유형은 대부분 뒤에서 언급할 종합형 기독교 NGO의 형태를 띠고 있다.

일반적으로 NGO는 조직 구조에 따라 세 가지 형태, 곧 전문형, 종합형, 연합형 NGO로 구분된다. 이런 분류 방식은 기독교 NGO의 경우에도 그대로 적용될 수 있다. 따라서 기독교 NGO는 조직 구조에 따라

전문형, 종합형, 연합형 기독교 NGO로 나뉠 수 있다.

전문형 기독교 NGO는 특정 이슈에 관심을 가지면서 하나의 조직으로 이루어진 기독교시민운동단체를 지칭한다. 환경, 여성, 인권, 평화, 문화, 주민자치 등 개별 문제에 주목하는 규모가 작은 대부분의 기독교 NGO들이 이 유형에 속한다.

종합형 기독교 NGO는 다양한 이슈들을 다루면서 여러 하부조직들로 구성되어 있는 기독교시민운동단체를 의미한다. 예를 들어 YMCA나 YWCA와 같은 단체가 종합형 기독교 NGO로 분류될 수 있다. 특히 YMCA의 경우 정치, 사회, 교육, 환경, 언론, 주민자치, 소비자, 문화 등 다양한 분야에서 활동하고 있고 사회교육과정과 평생교육과정까지도 개설하고 있다.

연합형 기독교 NGO는 여러 기독교 NGO들이 결합해서 설립한 기독교시민운동연합체를 뜻한다. 1990년대에 활동하였던 기독교사회운동연합이나 최근까지 존재하였던 기독교시민사회연대가 이런 유형의 대표적인 실례라고 할 수 있다.

한편 전통적으로 기독교의 대표적인 조직체는 교회이다. 따라서 기독교 NGO와 교회의 관계를 중심으로 해서 기독교 NGO의 형태를 구분해보는 것도 유익할 것이다. 교회와의 관련 정도에 따라 기독교 NGO는 세 가지 유형, 곧 독립형, 의존형, 포섭형 기독교 NGO로 나뉠 수 있다.

독립형 기독교 NGO는 개별 교회와 직접적인 관계를 유지하지 않는 기독교시민운동단체를 의미한다. 하나님의 선교missio dei의 관점에서 보면 기독교인들이 하나님의 활동에 동참하는 데 반드시 전통적인 교회 형태를 고집할 필요는 없다. 이 유형은 이런 신학적 주장에 착안해서 교회의 모습을 갖추지 않거나 개별 교회와 직접적인 관련을 맺지 않은 기독교 NGO도 하나님의 선교를 충실히 감당할 수 있는 단체라는 사실을 강조한다. 그리고 이런 신학적 입장에 충실하여 재정, 인력, 사무 공간 등을 확보함에 있어 개별 교회로부터 독립된 상태를 지향한다.

의존형 기독교 NGO는 조직상 개별 교회와 분리되어 존재하지만 자신의 실질적인 존립 기반, 특히 재정과 인력의 확보에서 개별 교회에 의지하는 기독교시민운동단체를 뜻한다. 여기서 개별 교회는 시민사회의 활성화를 통해 국가와 시장의 과잉 발전에 따른 시민사회의 식민화를 저지하고, 나아가 하나님 나라를 확대한다는 기독교 NGO의 설립취지나 주장을 지지한다. 그래서 이 유형은 자신이 내세우는 근본 목적에 관심을 갖고 있는 개별 교회의 외부에 존재하면서 개별 교회로부터 물적, 인적 지원을 받는다.

포섭형 기독교 NGO는 개별 교회의 하부조직으로 결성되는 기독교시민운동단체를 가리킨다. 이 유형에서 교회는 하나의 사회집단으로서 시민사회를 구성하고 있다는 사실이 강조된다. 따라서 교회는 시민운동을 담당해야 할 의무가 있다. 한편 교회가 자신이 속한 사회에 민주주의를 공고하게 정착시키는 일은 단순한 사회단체로서의 의무 준수를 넘어서 하나님 나라를 건설하는 신앙적 과업과 결부된다. 따라서 교회가 시민운동을 담당하는 일은 신앙공동체 본연의 임무에 속하는 것이라고 본다.

이런 사회적, 신학적 근거에 입각해서 개별 교회가 자신의 조직 안에 NGO를 수립하게 되는데 이것이 포섭형 기독교 NGO이다. 물론 이런 형태의 기독교 NGO는 재정, 인력, 사무 공간 등을 확보함에 있어 해당 교회에 전적으로 의존한다. 그런데 이처럼 개별 교회가 자기 내부에 NGO를 구축한다는 것이 자신이 지니고 있던 종교 단체로서의 본래적 성격을 배제시킨다는 사실을 의미하는 것은 아니다. 따라서 여기서 교회는 NGO적 성격과 종교 단체적 성격을 공존시키고 있다는 것이다.

한편 기독교 NGO는 정부와 기업의 민주적 규율이라는 견제 기능이나 사회적 약자들을 위해 서비스를 제공하는 복지 기능을 수행하는 과정에서 어떤 방식으로든 세속 사회의 일반 NGO와 대면하게 된다. 이에 기독교 NGO와 일반 NGO의 관계를 보다 명확히 설정하는 것은 기독교 NGO의 특성이나 역할을 규명하는 데 도움이 될 것이다. 세속적인 일반 NGO와의 관계라는 측면에서 기독교 NGO는 세 가지 유형, 곧 병렬형, 비판형, 선도형 기독교 NGO로 구분될 수 있다.

병렬형 기독교 NGO란 일반 NGO의 자율성을 인정하면서 그것의 정치 노선이나 운영 원칙 혹은 행동 전략에 대해 어떠한 문제 제기나 평가도 시도하지 않는 기독교시민운동단체를 의미한다. 이 형태는 기독교 NGO와 일반 NGO가 공동의 목표를 가졌음에도 각기 고유한 특성과 내부 논리를 가지고 있다는 사실을 인정하면서 이 양자 사이에 존재하는 다양성을 최대한 존중한다.

비판형 기독교 NGO는 다른 NGO들의 행태를 내부적으로 감시하고 비판하는 역할을 수행하는 기독교시민운동단체를 가리킨다. 앞에서 시사한 바와 같이 NGO의 최종적 목표는 사회 전반의 공고한 민주화에 있지 정치권력의 인수에 있지 않다. 따라서 NGO는 제도 정치권과는 다른 성격의 조직체로 존재할 때 그 사회적 의미를 지니게 된다. 이런 맥락에서 비판형 기독교 NGO는 다른 NGO들로 하여금 정치사회의 개혁에 개입하면서도 제도 정치권과 일정한 거리를 유지하도록 감시한다.

또한 비판형 기독교 NGO는 다른 NGO들이 보다 안정적인 재정 상태를 유지하기 위해 기업과 결탁하려는 행태를 비판한다. 1장에서 지적한 바와 같이 우리 사회에 존재하는 대부분의 NGO들은 재정적인 측면에서 열악한 수준을 벗어나지 못하고 있다. 그래서 자신이 견제하고 비판해야 할 기업, 특히 대기업이 제공하는 경제적 후원에 의존하기 쉽다. 이런 상황에서 NGO들이 대기업과의 결탁 유혹을 떨쳐버리는 것은 매우 중요하다. 비판형 기독교 NGO는 다른 NGO들로 하여금 이런 유혹에 대한 경계를 늦추지 않도록 감시하는 내부 비판자로서의 역할을 수행한다.

선도형 기독교 NGO는 시민운동의 주도자로서의 위치를 차지하고 있거나 그러기 위해 노력하는 기독교시민운동단체를 뜻한다. 이 형태는 온 세계의 주재자인 하나님을 신앙하는 기독교가 하나님 나라의 전위대로서 사회개혁을 주도해야 한다는 사실을 강조한다. 이런 신앙 고백 측면에서 기독교 NGO가 시민사회 전체를 이끌어가는 선도적 시민운동단체의 위치에 올라서야 한다는 당위적 주장을 내세운다.

4. 기독교 NGO 유형들에 대한 평가

우리는 사실적인 차원에서 네 가지 기준에 따라 분류된 열두 가지의 기독교 NGO 유형을 객관적으로 살펴보았다. 그런데 후술하게 될 한국 사회에서의 기독교 NGO의 과제 설정을 염두에 두면 이런 객관적 서술 작업에만 머무르는 것은 미흡하다고 할 수 있다. 왜냐하면 이런 과제 설정은 규범적인 차원에서 이런 형태들을 평가하는 과업에 상당 정도 의존하고 있기 때문이다. 이에 필자는 앞에서 제시한 기독교 NGO 유형들에 대해 규범적 평가를 시도하고자 한다.

기독교시민운동진영에서는 1987년 민주화운동 이전의 사회운동 전통에 집착하여 봉사형 기독교 NGO의 역할이나 가치를 폄하하는 흐름이 존재한다. 그러나 봉사형 기독교 NGO는 기독교시민운동에 필요한 각종 자원을 동원해줄 수 있다는 커다란 장점을 지니고 있다. 따라서 그것이 지니고 있는 중요성을 과소평가하는 것은 한국 기독교시민운동의 미래를 위해 바람직하지 않다.

생태계의 보존을 위해 종의 다양성이 확보되어야 하는 것과 마찬가지로 시민사회의 건강성도 다양한 성향의 NGO들이 고루 발전하는 데서 확보될 수 있다.[9] 따라서 우리는 견제형 기독교 NGO와 봉사형 기독교 NGO가 서로 대체 관계가 아닌 보완 관계에 놓여 있다는 인식을 가질 필요가 있다.

견제형 기독교 NGO는 봉사형 기독교 NGO로 하여금 시민운동이 지향해야 할 거시적 사회 목표를 상기시켜줌으로써 정치적 보수세력과 결합하지 않도록 견인해줄 수 있다. 반면 봉사형 기독교 NGO는 견제형 기독교 NGO로 하여금 회원과 재정의 안정적 확보를 통해 운동의 인프라를 견고하게 구축하도록 지원해줄 수 있다. 결국 이 두 형태는 공동선에 이르는 서로 다른 방식을 채택하고 있는 경로들인 셈이다.

개혁성과 서비스성의 결합이란 면에서 혼합형 기독교 NGO는 긍정적인 평가를 받을 수 있다. 하지만 개혁 차원과 서비스 차원을 유기적으로 결합시키지 못하고 내·외부 상황이나 조건에 따라 이 두 차원을 원칙 없이 절충할 경우 단체 자체의 정체성이나 활동의 일관성을 확보

---

9 조효제, "한국시민사회의 개념과 현실", 106-107.

하지 못할 우려가 있다. 또한 사회 개혁과 공공 서비스에 관한 많은 이슈들을 포괄하려고 할 경우 다음에 서술될 종합형 기독교 NGO의 문제점을 그대로 노정하게 될 위험성이 있다.

한편 우리 시민사회 일각에서는 종합형 일반 NGO들이 백화점식 운동을 전개하고 있다는 비판이 제기되고 있다.[10] 물론 이런 백화점식 방법은 급속한 산업화에 따른 다양한 문제들의 동시 등장이라는 사회 상황을 고려해볼 때 불가피한 부분이 없는 것은 아니다. 그럼에도 이것이 시민운동의 관심과 역량을 분산시키고 의사 결정 과정에서 관료화를 심화시킬 수 있는 약점을 지닌다는 사실은 부인될 수 없다.

이런 문제점은 종합형 기독교 NGO의 경우라고 예외일 수 없다. 따라서 앞으로의 기독교시민운동은 조직 구조의 측면에서 종합적 유형보다는 전문적 형태를 취할 필요가 있다. 더욱이 사회 전체의 발전 방향이 전문화나 반反관료주의화로 정위되고 있는 만큼 장래의 기독교시민운동은 종합형보다는 전문형 기독교 NGO를 지향하는 것이 바람직할 것이다.

우리 사회에서 연합형 기독교 NGO의 결성은 상당히 부진한 실정이다. 앞에서 언급한 바 있는 기독교시민사회연대는 1980년대의 기독교사회선교협의회와 1990년대의 기독교사회운동연합을 계승한다는 취지 아래 2000년에 출범한 단체로 한국 기독교시민운동을 대표하는 연합형 기독교 NGO라고 할 수 있다. 그러나 기독교시민사회연대는 2002년 1월 명칭을 기독교사회선교연대로 변경하고 사무국의 폐쇄와 위원

---

10 김호기, "NGO 주도의 사회개혁의 방향", 이화여대 사회과학연구소-가버난스교육연구단 제5차 학술심포지움, 『구조조정과 사회개혁의 과제』(2000), 35.

회의 대폭 축소를 결의하면서 사실상 활동 중단을 선언하였다.[11]

이런 연합형 기독교 NGO의 결성 부진은 다음과 같은 문제들을 초래할 수 있다. 기독교시민운동 전체가 보유한 관철 능력을 부실하게 만들 수 있다는 것, 이슈에 따른 기독교 NGO들 간의 횡적 네트워크의 구축을 곤란하게 할 수 있다는 것, 기독교 NGO들 사이의 역할 분담을 조정하는 책임 주체를 형성할 수 없다는 것 등이 그것이다. 따라서 앞으로 기독교 NGO들은 개별적인 이슈들을 중심으로 다양한 방면에서 충실한 연대 활동을 수행하고 발전시키면서 새로운 연합체를 구축하는 사안을 보다 진지하게 검토해야 한다.

기독교 NGO들의 연대 활동이나 새로운 연합체 구축과 관련해서 한 가지 더 짚고 넘어가야 할 사항이 있다. 에큐메니컬 진영의 기독교 NGO와 복음주의 진영의 기독교 NGO의 차이점을 지나치게 부각시켜 양자 사이의 교류를 차단하는 것은 전체 기독교시민운동의 활력을 떨어뜨릴 수 있다는 사실이 그것이다.

이런 맥락에서 우리는 신학적으로 에큐메니컬적ecumenical이냐 아니면 복음주의적evangelical이냐를 가르는 문제를 정치적으로 진보적이냐progressive이냐 아니면 보수적conservative이냐를 가르는 문제와 구분할 필요가 있다. 그리고 기독교 NGO 활동과 관련해서는 신학적 성향보다는 정치적 지향성이 더 중요하다는 점을 분명히 인식할 필요가 있다.

물론 신학적으로 복음주의적인 기독교인이나 기독교 단체가 정치적으로 보수적인 경향을 띠기 쉽다는 사실은 인정한다. 그럼에도 복음주

---

11 시민의 신문, 『한국시민사회연감 2003』(서울: 시민의 신문사, 2003), 320.

의 신학을 표방하는 기독교인들이나 기독교 NGO들 가운데 정치적인 진보성을 띠고 있는 경우가 드물지 않다. 따라서 에큐메니컬 진영에 속해 있는 기독교 NGO들은 복음주의적이지만 진보적인 기독교 NGO들과의 연대를 강화하거나 연합체를 구축하는 문제를 진지하게 고려해야 한다.

독립형 기독교 NGO는 의존형 기독교 NGO와는 달리 개별 교회의 직접적인 영향권에서 벗어날 수 있다는 장점을 가지고 있다. 하지만 동시에 이런 자율적 위상은 재정 능력의 약화로 이어질 수 있다는 면에서 약점으로 작용하기 쉽다. 의존형 기독교 NGO가 보일 수 있는 장점과 단점은 독립형 기독교 NGO의 경우와는 정반대가 될 것이다.

독립형 기독교 NGO나 의존형 기독교 NGO가 지니고 있는 이런 딜레마를 해소하기 위해서는 기독교계 내에 '아름다운 재단'과 비견할 수 있는 기부재단이 설립될 필요가 있다. 이런 기독교 기부재단을 통해 기독교 NGO들은 재정의 안정화를 꾀할 수 있는 동시에 기부자와 수혜자 사이에 형성될 수 있는 영향력 수수관계에서 벗어날 수 있을 것이다.

포섭형 기독교 NGO는 단체의 책임적인 운영이라는 면에서 독립형 기독교 NGO나 의존형 기독교 NGO와 비교해볼 때 커다란 강점을 가지고 있다. 따라서 이런 형태의 NGO에 대해 해당 교회의 절대적 영향력 행사라는 문제점을 내세워 부정 일변도로 평가하는 것은 적절하지 않다. 그럼에도 포섭형 기독교 NGO의 방향성이나 운영이 해당 교회를 이끌어가는 지도 계층의 입김에 일방적으로 좌우되지 않기 위해서는 교회 운영의 민주화와 교회 재정의 투명한 관리가 선결 과제로 제시되어야 한다.

병렬형 기독교 NGO는 기독교 NGO가 지닌 특수성을 고려하고 있다는 점과 NGO세계에 존재하는 다원주의를 존중한다는 점에서 긍정적으로 평가될 수 있다. 그러나 이런 점들이 지나치게 강조될 경우 기독교 NGO는 일반 NGO와의 차별성을 과도하게 부각시키면서 시민사회 내에서 게토화된 운동단체로 남을 가능성이 높아지게 된다.

또한 기독교 NGO가 지닌 이런 차별적 정체성이 강조될 경우 기독교 시민운동이 사회 환경의 변화에 적절하게 대응하지 못하고 있다는 현재의 문제점을 증폭시킬 수 있다. 1987년 민주화운동 이후 제도적 차원에서 일정 정도 민주화 조치가 이루어지면서 우리 사회의 모순 구조는 상당히 복잡해지고 정교한 양상을 보이고 있다. 그럼에도 기독교운동의 논리는 1970-80년대에서와 마찬가지로 신앙 양심에 입각한 단순한 수준을 벗어나지 못하고 있다.[12] 이런 상황에서 병렬형 기독교 NGO는 일반 NGO에 대한 개방성과 대화 가능성을 제고함으로써 일반 NGO로부터 사회 모순을 객관적으로 분석하는 방법을 배우고 이에 근거해서 보다 정교한 운동 논리를 개발해나가야 한다.

비판형 기독교 NGO는 원칙적인 수준에서 시민운동의 제도 정치 진입을 반대하지만 그렇다고 모든 NGO들의 정치세력화를 반대하는 것은 아니다. 우리 사회와 같이 사회구성원들의 분출하는 개혁 욕구를 충족시킬 새로운 정치세력이 거의 부재한 상태에서 시민사회의 정치세력화가 불가피한 면이 없지는 않다.

그럼에도 NGO가 노골적으로 정치사회의 주체를 배출하는 양성소로 전락하는 것은 경계해야 한다.[13] 왜냐하면 이런 행태가 우리 시민사

---

12 같은 책, 320.
13 조효제, "한국 시민사회의 개념과 현실", 103-104.

회에 보편적인 경향으로 정착될 때 NGO들의 이미지가 결정적으로 훼손될 수 있기 때문이다. 국가와 시장에 대해 NGO가 내세울 수 있는 최대의 무기는 도덕성이다. 그런데 이런 도덕성은 무엇보다도 의도의 순수성을 통해 확보될 수 있다. 이런 맥락에서 기독교 NGO가 다른 일반 NGO들이 제도 정치권에로의 진입 유혹에서 벗어날 수 있도록 내부적 비판자 내지 감시자로서의 역할을 수행하는 것은 시민운동의 도덕성을 확보하는 데 적지 않은 기여를 할 수 있다.

선도형 기독교 NGO는 위에서 열거된 다른 형태들과는 달리 시대착오적인 유형이라고 판단된다. 종교사회학적인 시각에서 볼 때 현대 사회는 이미 세속화되어 있다. 여기서 세속화란 사회의 다른 제도들과 문화 및 학문에 대한 종교의 영향력이 현저하게 떨어지는 현상, 곧 사회 전체의 비종교화를 의미한다.[14]

한국 사회라고 이런 세속화의 흐름에서 벗어나 있는 것은 결코 아니다. 우리 사회 역시 거의 모든 영역에서 세속화되어 있다. 현재 우리 사회에서 기독교를 비롯한 모든 종교들이 사회의 여러 제도들에 대해 행사하는 영향력이나 통제력은 낮은 수준에 머물고 있다. 또한 학문과 문화의 영역에서도 종교적 혹은 기독교적 관점은 광범위한 설득력을 지니고 있지 못하다. 이런 종교적 상황에서 시민운동의 주도 세력은 기독교 NGO가 아니라 세속적인 일반 NGO이어야 한다. 아니 더 정확히 말해서 그럴 수밖에 없다.[15]

한편 기독교 NGO가 시민운동의 주도자의 위치를 차지하려는 것은

---

14 오경환, 『종교사회학』(서울: 서광사, 1990), 389-422.
15 이혁배, 『개혁과 통합의 사회윤리』(서울: 대한기독교서회, 2004), 47.

한국의 다종교 상황을 고려해볼 때도 바람직하지 않다. 한국 사회는 세계 종교사에서 그 유례를 찾아보기 어려운 다종교 상황을 경험하고 있다. 단일한 종교가 종교 영역을 지배하지 않고 불교, 유교, 기독교, 신종교 등과 같은 여러 종교들이 공존하고 있는 것이 우리의 종교 상황인 것이다.

이런 다종교 상황에서 기독교 NGO가 시민운동의 주도권을 추구하는 것은 사회 통합의 실현이나 사회 갈등의 해소라는 측면에서 긍정적으로 평가될 수 없다. 왜냐하면 기독교 NGO의 이런 노력은 종교 간의 경쟁의식을 자극하여 가뜩이나 반목과 분열이 공고화되어가고 있는 우리 시민사회 내의 갈등을 더욱 증폭시킬 우려가 있기 때문이다.

5. 기독교 NGO의 과제

기독교 NGO의 과제 설정은 우선적으로 기독교 NGO 유형들에 대한 평가로부터 도출되는 것이 논리상 자연스러울 것이다. 앞에서 서술된 평가 결과로부터 기독교 NGO의 과업들을 이끌어내면 다음과 같이 정리될 수 있다.

① 견제형 기독교 NGO와 봉사형 기독교 NGO의 교류 및 연계를 보다 활성화해야 한다.
② 전문화와 비관료주의화를 지향하는 전문형 기독교 NGO들을 보다 많이 설립해야 한다.
③ 기독교 NGO들 사이의 다각적 연대 활동을 통해 연합형 기독교 NGO

의 설립을 시도해야 한다.

④ 에큐메니컬 진영의 기독교 NGO와 복음주의 신학을 표방하지만 정
치적으로 비판적인 기독교 NGO의 연대 강화나 연합체 구축 문제를
보다 긍정적으로 검토해야 한다.

⑤ 기독교 NGO들을 재정적으로 후원할 기독교 기부재단을 설립해야
한다.

⑥ 교회와 관련된 기독교 NGO의 자율성 확보를 위해 개별 교회들에게
운영의 민주화와 재정의 투명한 관리를 요구해야 한다.

⑦ 일반 NGO와의 교류, 특히 이론적 교류를 확대함으로써 우리 사회의
복합적 모순들을 객관적으로 분석하는 능력을 배양하고 이에 근거해
서 체계적인 기독교운동 논리를 개발해야 한다.

⑧ 다른 NGO들이 제도 정치권에로의 진입 유혹과 기업과의 결탁 유혹
으로부터 벗어날 수 있도록 내부적 비판자 내지 감시자로서의 역할
을 감당해야 한다.

⑨ 세속화와 다종교 상황을 충분히 고려한 기독교 시민운동을 전개해야
한다.

그런데 기독교 NGO가 수행해야 할 과업을 기독교 NGO 유형들에
대한 평가의 결과물에만 한정하는 것은 논의의 지평을 축소시킬 위험이
있다. 이에 필자는 이런 평가 결과에서 이끌어낸 과제들에 이어서 현재
한국 기독교계나 시민사회가 처한 전반적인 상황을 고려하면서 도출해
낸 과업들도 부가하고자 한다.

첫째, 개별 교회와 기독교인에게 사회과학적 지식을 제공해주는 역
할을 감당해야 한다. 기독교 NGO를 통한 교회나 기독교인의 사회 참여

를 보다 활성화하기 위해서는 무엇보다도 이들에게 사회과학적 관점에서 사회를 분석할 수 있는 능력과 사회 개혁을 위한 현실적 방안을 모색할 수 있는 능력을 배양해주는 일이 우선적으로 요구되기 때문이다.

둘째, '한국 기독교 NGO 총람'을 발간해야 한다. 기독교 NGO의 현황과 변화 과정이 밝혀지지 않고서는 효과적인 기독교 시민운동의 전개나 체계적인 기독교 NGO론의 정립을 기대하는 것은 불가능하기 때문이다.

셋째, 기부 문화 정착에 결정적 걸림돌이 되고 있는 연고주의를 극복할 수 있는 사회적 에토스를 확산시켜나가야 한다. 우리 사회와 같이 연고주의가 강력한 사회 운영 원리로 기능하는 사회에서는 사회구성원들이 내집단in-group에 속한 이들에게는 과도한 정도의 배려를 베풀지만 외집단out-group에 속해 있는 이들에게는 인색하며, 심지어 적대적이기까지 하다.

이렇게 볼 때 우리 사회에서 연고주의가 완화되거나 무력화되지 않는 한 사회구성원들이 자신과 무관한 사람들이나 단체들을 위해 기부하는 문화가 뿌리내린다는 것은 거의 불가능하다고 할 수 있다. 이런 사회적 병폐에 직면해서 기독교 NGO는 혈연관계를 지양하고자 했던 예수의 새로운 가족 개념(막 3:31-35)을 강조함으로써 이제까지 공론화되지 못해왔던 연고주의의 극복 문제를 시민사회의 중심 의제로 부각시키고, 더 나아가 연고주의에 대한 대안적 에토스를 제시해야 한다.

넷째, 정보사회의 도래로 새롭게 열리고 있는 사이버 공간을 적극 활용해야 한다. 네티즌을 중심으로 형성되는 사이버 여론은 이미 현실 사회에 상당한 영향력을 행사하고 있다. 이런 시대적 흐름에 직면하여 기독교 NGO는 사이버 공간 속에서 정부와 기업을 감시하고 견제하는 영향의 정치를 보다 활성화해야 한다.

다섯째, NGO들의 국제적인 연대 구축에 기여해야 한다. 우리 사회는 식민 지배와 남북 분단으로 인해 아직까지 제대로 된 국민국가를 경험하지 못하고 있다. 한국 NGO들의 세계관에는 이런 국가적 상황에 따른 심리적 상처가 그대로 반영되어 있다. 이러한 특성은 NGO들로 하여금 외세 저항적이고 민족 중심적인 성향을 보유하도록 하고, 그래서 국제적인 연대 활동에 미온적으로 반응하게 하는 요인으로 작용하고 있다.[16]

그러나 초국적 자본에 의한 세계화가 심화되고 인권, 환경 등과 같은 문제들이 개별 국가의 경계를 넘어 전 지구적 차원을 지닌 이슈로 부각되고 있는 현시점에서 이런 사안들에 대응하는 NGO들이 국제적 차원에서 서로의 연대를 공고하게 하는 일은 더욱 절실해지고 있다.[17] 이러한 시대적 요구를 고려해볼 때 한국 NGO들이 보이고 있는 폐쇄적인 행태는 지양되어야 한다. 이에 기독교 NGO는 수십 년 동안 한국 기독교가 보유해온 세계 교회와의 연대 경험을 살려 우리 NGO들의 국제적인 연대 활동을 매개하고 지원해주는 역할을 감당해야 한다.

---

16 조효제, "한국 시민사회의 개념과 현실", 98.
17 김호기, "한국 시민운동의 현주소", 조효제 편, 『NGO시대의 지식 키워드 21』(서울: 아르케, 2003), 45.

3장

기독교 대북지원 NGO의 지향성

1. 들어가는 말

천안함 사건을 계기로 이명박 정부는 개성공단사업을 제외한 남북경제교류협력을 전면 중단하였다. 개성공단사업의 경우도 남한 기업의 신규 진출과 투자 확대를 불허하고 체류 인원도 평소의 50-60%로 축소하는 조처를 취하였다. 그리고 북한 상선이 남쪽 해역을 통행하는 것을 봉쇄하였다. 또한 대북 심리전을 재개하기 위해 군사 분계선 근처에 확성기를 설치하고 대북 전단을 살포하고 있다. 나아가 서해에서 한미 연합대잠수함훈련을 실시하고 대량살상무기 확산방지구상(PSI) 참여를 강화할 계획을 밝혔다.

한국 정부의 대북강경조처로 인해 남북관계는 1980년대 중반의 적대적 관계로 회귀하고 있다. 대북지원 NGO들은 '남북교류협력법'이라는 테두리 안에서 남한의 통일부와 북한의 통전부의 허락을 받아 활동을 전개해야만 하기 때문에 시대적 상황과 정치적 분위기에 상당 정도 의존할 수밖에 없다.[1] 따라서 지금과 같이 남북관계가 경색된 분위기에서는 대북지원 NGO들의 활동이 극심하게 위축될 것임에 분명하다. 기독교 대북지원 NGO의 경우도 예외일 수 없다.

그렇다면 남북관계의 경색 국면에서 기독교 대북지원 NGO들은 무엇을 어떻게 해야 하는가? 지금과 같은 상황에서 기독교 대북지원 NGO들이 할 수 있는 일은 극히 제한되어 있다. 이럴 때 무엇보다도 필요한 것은 지금까지의 대북 활동에 대한 근원적인 성찰일 것이다. 다시 말해서 기독교 대북지원 NGO가 이제까지 전개해온 활동을 비판적으로 성찰하고 앞으로의 방향성을 모색하는 일이다.

그동안 기독교 대북지원 NGO들, 특히 이 가운데 중추적 역할을 감당해온 대북지원 NGO는 불안정한 남북관계 속에서도 괄목할 만한 성과를 거두어왔다. 1990년대부터 기독교 대북지원 NGO들은 사회주의권 붕괴와 자연재해로 최악의 식량난을 맞은 북한에 식량, 의료품, 생필품 등을 지속적으로 지원해왔다. 이런 물자 원조는 기아 상태에 빠져 있는 북한 주민들에게 직접적이고 실질적인 도움이 된다는 점에서 긍정적일 수 있다.

하지만 비판적 입장에서 보면 이런 인도적 지원에는 거시적 측면에서의 경제체제적 지향성이 고려되지 못하고 있음을 지적할 수 있다.

---

1 이삼열, "기독교 대북 NGO의 활동과 전망", http://www.theveritas.co.kr/contents/article/sub.html?no= 3506.

실제로 기독교 대북지원 NGO는 자신의 원조 활동이 북한 주민의 경제적 생활 안정과 북한 경제의 회생에 기여하고 있다는 주장만을 내세울 뿐 자신이 수행하는 사업을 앞으로 북한 경제가 나가야 할 경제체제적 지향성과 목적의식적으로 결합시키지 못하고 있다.

그런데 이런 경제체제적 지향성의 부재는 심각한 문제일 수 있다. 왜냐하면 경제 영역에서 단기적 관점은 장기적 관점과 유기적으로 결합되어야만 그 의미를 지닐 수 있기 때문이다.[2] 따라서 기독교 대북지원 NGO의 단기적 활동들은 장기적인 경제체제적 지향성과 연관되어야만 한다. 그럴 때에야 비로소 대북지원 NGO는 사업들 간의 우선 순위를 확정할 수 있고 효율성과 대중적 설득력을 확보할 수 있을 것이다.

물론 북한 경제가 장기적으로 어떤 경제 체제를 지향해야 하는가라는 문제는 일차적으로 대북지원 NGO가 아닌 북한 당국과 주민들이 감당해야 한다. 따라서 이 과제는 우선적으로 북한 사회에 맡겨놓는 것이 옳은 태도일 것이다.[3] 그럼에도 남한의 역할이 사라지는 것은 아니다. 남한 사회도 앞으로 형성될 한민족공동체의 분명한 일원이기 때문이다. 바로 이 대목에서 기독교 대북지원 NGO의 역할이 요구된다. 이제 기독교 대북지원 NGO들은 자체 활동이 추구하는 거시적 지향성이 무엇인지 진지하게 검토해보아야 한다.

이런 맥락에서 3장에서는 기독교 경제윤리적 관점에서 기독교 대북지원 NGO의 경제체제적 지향성을 설정해보고자 한다. 이런 과제를

---

2 양문수·이남주, "한반도경제 구상 – 개방적 한반도경제권의 형성", 한반도사회경제연구회 편, 『한반도경제론 – 새로운 발전모델을 찾아서』(파주: 창비, 2007), 151-152.
3 강원돈, "한반도 평화와 통일에 대한 평화윤리적 접근", 『한국기독교신학논총』 61집 (2009), 123.

수행하는 데 아르투어 리히Arthur Rich가 좋은 대화 파트너라고 판단된다. 그는 어느 기독교윤리학자보다도 기독교윤리적 관점에서 경제체제나 경제제도의 문제와 치열하게 씨름하고 있기 때문이다. 이 장에서는 이런 리히의 견해에 의존하면서 대북지원 NGO의 경제체제적 지향성 문제를 다루려고 한다.

이를 위해 필자는 먼저 리히가 제시하는 기독교 경제윤리의 기본 구도를 소개할 것이다. 그리고 시장경제체계와 중앙관리 경제체제에 대한 그의 경제윤리적 평가를 서술할 것이다. 이어서 그가 소개하고 있는 시장경제체제의 제도 형태들을 살필 것이다. 그러고 나서 이들 제도 형태에 대한 그의 경제윤리적 성찰을 정리하고 그 결과에 기초해서 기독교 대북지원 NGO가 추구해야 할 경제체제적 지향성을 설정할 것이다. 마지막으로 이런 경제체제적 지향성 아래 기독교 대북지원 NGO가 구사해야 할 활동 전략을 제안할 것이다.

2. 기독교 경제윤리의 기본 구도

리히는 경제윤리를 인간적인 경제 형성의 가능성과 조건들을 숙고하는 이론적 기획으로 정의한다.[4] 이런 정의에는 경제윤리의 두 가지 중심 요소, 곧 사실적 요소와 당위적 요소가 결합되어 있다. 이 정의에 따르면 경제윤리는 사실적인 것에만 만족할 수 없고 당위적인 것까지도 포괄해

---

4 A. Rich, "Sozialethische Kriterien und Maximen humaner Gesellschaftsgestaltung", in: Th. Strohm (Hg.), *Christliche Wirtschaftsethik vor neuen Aufgaben*, Zürich 1980, 18.

야 한다.

흥미로운 점은 리히가 사실적인 것을 사실부합적인 것으로, 당위적인 것을 인간부합적인 것으로 표현한다는 사실이다. 여기서 사실부합적인 것이란 객관적이고 지속적이고 실현 가능한 것을 의미한다.[5] 예를 들어 어떤 사람이 다리를 건설하는 과정에서 객관적인 역학의 법칙을 따랐다면 그 다리는 사실부합적으로 건설되었다고 할 수 있다.

리히는 인간부합적인 것을 직접적으로 정의하지 않는다. 대신 인간부합적인 것의 기준을 일곱 가지로 제시하면서 이 개념에 관해 간접적으로 해명한다. 여기서 일곱 가지 기준이란 피조성, 비판적 거리, 상대적 수용, 상관성, 공동인간성, 공동피조성, 참여성의 기준을 가리킨다.[6]

피조성의 기준은 인간이 하나님에 의해 창조된 피조물임을 강조하는 기준인데 이는 존재론적 차이와 인격적 상응으로 구성된다. 전자는 피조물인 인간과 창조주인 하나님 사이에 근본적인 존재론적 차이가 있음을 주장하는 데 반해, 후자는 인간이 모든 피조물을 대표해서 창조된 세계에 대해 책임을 지는 존재임을 강조한다.

비판적 거리의 기준은 하나님 나라의 입장에서 어떤 형태의 경제 구조도 절대시하지 않는 기준이다. 기독교는 인간에 의해 만들어진 경제 구조에 대해 환상을 갖는 것을 허용하지 않는다. 기독교적 관점에서 보면 개인적인 악과 구조적인 악이 인간 세상의 뿌리에까지 뻗쳐 있기 때문이다. 그런데 비판적 거리의 기준만이 강조되면 이는 결국 기존의

---

5 A. Rich, *Wirtschaftsethik I - Grundlagen in theologischer Perspektive*, 4. Aufl., Gütersloh 1991, 72-73, 76.

6 같은 책, 173-200; A. Rich, *Wirtschaftsethik II - Marktwirtschaft, Planwirtschaft, Weltwirtschaft aus sozialethischer Sicht*, 1. Aufl., Gütersloh 1990, 142-170.

모든 경제 형태를 악한 것으로 보는 극단적 부정주의로 흐르게 되면서 새로운 대안적 경제 형태를 마련하는 데 분명한 한계를 보이게 된다.

여기서 **상대적 수용**의 기준이 요구된다. 어떤 경제 구조도 절대적일 수 없고 단지 상대적일 뿐이다. 물론 그렇다고 해서 상대적인 경제 형태들 사이에 가치의 우열이 존재하지 않는 것은 아니다. 조금 더 인간적인 경제 형태가 있는가 하면 조금 덜 인간적인 경제 형태도 있기 마련이다. 상대적 수용의 기준은 경제 형태들 간의 우열을 인정하면서 보다 더 인간적인 경제 구조를 선택하고자 하는 기준이다.

상관성의 기준은 윤리적 가치들의 절대화가 포기되어야 함을 지적하는 기준이다. 예를 들어 기독교에서 자유나 평등은 절대적인 가치가 아니다. 따라서 이 두 가치는 대립관계에 있지 않고 상관관계에 있다. 기독교에서 자유는 이웃과의 평등을 위해 제한될 수 있고, 평등 또한 자유를 위해 한계지어질 수 있어야 한다.

공동인간성의 기준은 다른 사람과 더불어 다른 사람을 위해 사는 인간성을 강조하는 기준이다. 창세기에 서술되어 있는 바와 같이 인간은 홀로 창조된 것이 아니라 다른 존재의 '너'로 부름을 받은 것이다. 공관복음서는 참다운 인간 존재의 구현자로서 예수를 모든 사람의 이웃이 되고 죄인 및 세리와 더불어 밥상공동체를 이룩했던 존재로 증언한다. 따라서 기독교적 입장에서 인간이 인간답게 존재하는 것은 홀로 있을 때가 아니라 이웃과 함께 있을 때이다.

공동피조성의 기준은 피조물로서의 인간이 다른 피조물들과 운명공동체를 이루고 있음을 강조하는 기준이다. 피조성 가운데 있는 인간은 공동인간일 뿐만 아니라 공동피조물이기도 하다. 전도서 3장 18-19절은 인간이 짐승과 다를 바가 없음을 강조한다. 이 구절에 의하면 다른 생명체들에 대한 인간의 특별한 위상은 존립할 수 없다. 따라서 공동피조성은 인간이 자연과 더불어 존재하는 자연의 지체임을 의미한다.

참여성의 기준은 모든 시민을 자신과 관련된 경제적 결정 과정, 이윤 획득, 소유 구조에 참여시키면서 소수의 일방적인 특권 형성을 구조적으로 저지하는 기준이다. 이 기준은 사도행전의 원시공산사회적 공동체에서 확인할 수 있다. 이 공동체에서 초대 기독교인들은 모든 소유를 공유하였기에 그들 가운데 가난한 사람이 하나도 없었다. 신앙인들이 예수 그리스도 안에서 이루어진 구원에 공동체적으로 참여할 때 그들 모두가 모인 재산을 공유하면서 어떤 구성원도 궁핍을 겪지 않는 공동체적 구조가 형성되는 것은 지극히 당연하다. 따라서 기독교인들은 가진 자들의 소유에 못 가진 사람들이 참여할 수 있는 방식으로 공동생활의 구조를 형성하기 위해 노력해야 한다.

그런데 리히의 경제윤리에서 사실부합적인 것과 인간부합적인 것은 서로 어떤 관계가 있는 것일까? 이 질문에 답변하기 위해 앞에서 서술한 다리 건설의 예로 다시 돌아가 보자. 이 예에서 우리가 주목해야 할 사항은 다리가 올바르게, 곧 사실부합적으로 건설됐다면 그것은 인간부합적일 수도 있다는 점이다. 왜냐하면 다리가 제대로 만들어진 경우에는 그것을 건너는 사람들이 붕괴 사고에 희생될 염려가 없기 때문이다.

이와 같이 사실부합적인 것은 윤리와 직접적으로 관련이 없지만 사실부합적인 것에 따르는 것은 윤리적 책임의 영역에 속한다. 다시 말해서 사실부합적인 것은 윤리와 직접적인 관계를 맺고 있지 않지만 인간부합적인 것에 대한 책무로서의 윤리가 원하는 것에 상응한다.[7] 이런

---

7 A. Rich, *Wirtschaftsethik I*, 76.

의미에서 리히는 사실부합적인 것과 인간부합적인 것이 동일성의 관계
는 아니지만 상관성의 관계에 놓여 있다고 주장한다.[8]

그러고 보면 리히에게 상관성의 기준은 두 가지 영역에서 존재한다.
인간부합적인 것 내부의 영역과 인간부합적인 것과 사실부합적인 것의
관계의 영역이 그것이다. 앞에서 살펴본 바와 같이 상관성의 기준은
인간부합적인 것의 네 번째 기준이다. 그리고 그것은 인간부합적인 것
과 사실부합적인 것을 상호비판적으로 연관시키는 기준이기도 하다.

상관성의 기준을 후자의 의미로 받아들이게 되면 인간부합적인 것과
사실부합적인 것 사이에 갈등이 있을 경우 경제윤리는 둘 가운데 어느
하나만을 선택할 수 없게 된다. 경제윤리는, 지금 문제가 되고 있는 것이
진실로 인간부합적인지 혹은 진정으로 사실부합적인지 질문하면서 사
실부합적인 것을 견지하면서도 인간부합적인 것까지 수용할 수 있어야
한다. 리히는 이런 상관성으로부터 경제윤리적 판단의 기본적 관점을
제공하는 준거점을 다음과 같이 도출한다. 사실부합적이지 않은 것은
실제로 인간부합적일 수 없고 인간부합적인 것과 대립하는 것은 실제로
사실부합적일 수 없다.[9]

3. 경제체제에 대한 경제윤리적 성찰

경제체제는 기본적으로 두 가지 유형, 곧 중앙관리 경제체제와 시장경

---

[8] A. Rich, *Wirtschaftsethik II*, 174.
[9] A. Rich, *Wirtschaftsethik I*, 81.

제체제로 나뉜다. 리히에 따르면 인간부합적인 관점에서 경제체제 문제를 고려할 때 그 핵심은 이 두 기본 체제가 근거하는 기본원리를 성찰하는 것이다.[10] 그는 시장경제체제가 경제 주체들의 자기 이익이라는 개인주의적 원리에 근거한다고 본다. 그리고 시장경제에서는 경제 주체들이 서로 경쟁하면서 자기 이익을 추구할 때 공공의 복리도 증가한다는 믿음이 성립되어 있다는 것이다. 반면 중앙관리 경제체제는 공공의 이익이라는 집단주의적 원리에 근거한다고 그는 판단한다. 그리고 중앙관리 경제에서는 이런 원리에 입각한 통제계획이 개인의 복리도 극대화시킨다는 믿음이 존재한다는 것이다.

이렇게 보면 시장경제에서 자기 이익, 경제적 자유, 자기 책임의 가치가 중요하다면 중앙관리 경제에서는 집단 이익, 사회적 책임, 연대가 중요한 가치로 간주된다고 할 수 있다. 이로 인해 흔히 시장경제체제는 이기주의적 체제로, 중앙관리 경제체제는 이타주의적 체제로 평가받는다.

하지만 리히에게 이런 이분법적 평가방식은 진실과 상관없는 이데올로기적인 것이다. 그는 인간부합적인 관점에서 자기 이익, 자기 책임, 경제적 자유를 단순히 이기주의와 동일시해서는 안 된다고 주장한다.[11] 왜냐하면 이런 가치들은 그 자체만으로는 비인간적인 것일 수 없기 때문이다. 이 가치들이 인간부합적이지 않게 되는 때는 반대 진영에 있는 가치들, 즉 집단이익, 연대, 사회적 책임과 관련을 맺지 않고 절대화될 경우이다. 이 경우 시장경제적 가치들은 이기주의로 타락할 수 있다.

---

10 A. Rich, *Wirtschaftsethik II*, 227.
11 같은 책, 227-228.

중앙관리 경제가 내세우는 집단 이익, 연대, 사회적 책임의 가치도 마찬가지이다. 리히는 이 가치들도 자기 이익, 자기 책임, 경제적 자유와 연관되지 않고 절대화되면 결코 인간부합적일 수 없다고 주장한다.[12] 중앙관리 경제적 가치들이 절대화되는 경우 그것들은 이타주의로 귀결된다. 그런데 이타주의는 이기주의와 마찬가지로 인간부합적일 수 없다. 나를 위해 너를 희생시키는 것이 이기주의라면 이타주의는 거꾸로 너를 위해 나를 희생시키는 것이기 때문이다.

결국 리히의 경우 인간부합적인 관점에서 경제체제의 윤리성을 확보하느냐 그렇지 못하느냐는 경제체제가 내세우는 기본원리 혹은 그것으로부터 도출된 가치들이 인간부합적인 것의 네 번째 기준인 상관성의 기준을 충족시키느냐 그렇지 못하느냐에 달려 있다. 따라서 인간부합적인 경제체제는 자기 이익과 집단 이익, 자기 책임과 연대, 경제적 자유와 사회적 책임을 상관적으로 고려하는 가운데 성립하는 것이다.[13]

사실부합적인 관점에서 경제체제 문제를 고려할 때 우선적으로 지적되어야 할 사항은 시장경제체제와 중앙관리 경제체제가 이념형적 모델이라는 점이다.[14] 현실 세계에서 순수한 형태의 시장경제체제는 존재하지 않는다. 중앙관리 경제체제 또한 실제의 세계에서는 온전한 형태로 존재하지 않는다. 결국 현실 사회에서 우리가 마주치는 경제체제는 순수 중앙관리 경제체제 혹은 순수 시장경제체제가 아니라 이 양자의 결합체이다.[15]

---

12 같은 책, 228.
13 같은 책, 228.
14 같은 책, 181.
15 같은 책, 234.

리히에 따르면 중앙관리 경제체제와 시장경제체제를 결합시키는 방법에는 두 가지가 있다. 첫째는 계획이 본질적인 기능을 맡고 시장은 계획의 조정 결함을 수정하는 경우이다. 둘째는 시장이 본질적인 기능을 수행하고 계획은 시장의 조정 결함을 수정하는 경우이다. 이 두 가지 유형 외에 계획과 시장이 동일한 비중을 가지고 결합되는 제3의 가능성은 현실적으로 존립이 불가능하다고 그는 강조한다.[16]

시장에 의해 수정된 계획경제란 본질적으로 중앙집중적 계획에 근거하되 경제적 효율을 높여 재화를 보다 적절하게 공급하기 위해 시장적 요소들을 허용하는 경제체제를 의미한다.[17] 다시 말해서 그것은 거시경제의 수준에서 중앙집중적이고 명령적인 형태의 계획이 이루어지지만 미시경제의 수준에서는 기업이 사회적 욕구에 근거하여 스스로 계획을 세우고 경쟁 조건 아래서 이윤지향적 경영 방식을 채택하는 경제 형태를 가리킨다.

시장에 근거하여 계획경제를 수정하는 경우 거시적 수준에서의 조정방식과 미시적 수준에서의 조정방식은 서로 갈등하게 된다.[18] 이때 미시적 차원에서 기업의 자율성이 지속적으로 보장될 경우 장기적으로 거시적 차원에서 이루어지는 국가의 중앙집중적 계획 방식은 지속될 수 없다. 왜냐하면 계획과 시장이 공존하게 될 경우 전자의 효율성이 후자의 효율성보다 훨씬 떨어지기 때문이다. 그러므로 미시적 차원에서의 명령적인 계획을 제거하면 거시적 차원에서의 중앙관리적 계획까지도 포기할 수밖에 없게 된다.

---

16 같은 책, 241.
17 같은 책, 242.
18 같은 책, 244-245.

이런 이유에서 리히는 중앙관리 경제체제를 시장경제체제에 의해 상대화될 수 없는 경제체제로 규정한다.[19] 중앙관리 경제체제가 상대화될 수 없다는 것은 그것이 현실 사회에서 부분적으로 개혁될 수는 없고 단지 전체적으로 변혁될 수밖에 없다는 사실을 함축한다. 따라서 중앙집중적으로 계획되는 경제를 시장에 근거하여 개혁하려는 모든 시도들은 실패할 수밖에 없다. 그는 이런 이유에서 다음과 같은 테제를 내세운다. 사실부합적인 관점에서 볼 때 시장에 근거하여 중앙계획경제를 수정하는 것은 사실상 배제될 수밖에 없는 가능성이다.[20]

그렇다면 사실부합적인 관점에서 볼 때 계획에 근거해서 시장경제를 수정하는 길은 어떠한가? 리히에 따르면 시장에 근거하여 계획경제를 수정하는 것과는 달리 계획에 근거하여 시장경제를 수정하는 것은 모순적이지 않다.[21] 시장경제는 어떤 형태의 계획과도 원칙적으로 대립하지 않는다. 왜냐하면 시장경제는 그 자체가 계획된 경제, 곧 탈중심적으로 계획된 경제이기 때문이다.[22]

일반적으로 중앙관리 경제는 계획된 경제로, 시장경제는 계획되지 않은 경제로 이해된다. 하지만 리히에 따르면 시장경제를 계획되지 않은 경제로 인식하는 것은 잘못이다.[23] 희소한 수단을 가지고 최대한의 성과를 거두어야 하는 경제의 근본 목직을 달성하기 위해서는 경제영역에서 이루어지는 모든 행위들이 합리적으로 계획되어야 한다. 이런 의미에서 경제는 본질상 계획의 계기와 공고하게 결합되어 있다. 따라서

---

19 같은 책, 257.
20 같은 책, 248-249.
21 같은 책, 250.
22 같은 책, 249.
23 같은 책, 177-178.

중앙관리 경제뿐만 아니라 시장경제도 계획된 경제가 아닐 수 없다. 이 양자 사이에 차이점이 있다면 그것은 중앙집중적 계획을 추구하느냐 아니면 탈중심적 계획을 지향하느냐에 있을 뿐이다.

리히는 시장경제도 하나의 계획된 경제이기 때문에 계획에 근거해서 시장경제의 조정 결함을 교정하는 것은 현실적으로 실현 가능하다고 판단한다. 이와 같이 사실부합적인 측면에서 중앙관리 경제체제가 상대화될 수 없는 반면 시장경제체제는 상대화될 수 있다면 경제체제에 관한 그의 선택은 시장경제체제를 향할 수밖에 없다. 결국 경제체제에 대한 그의 경제윤리적 성찰은 계획에 근거해서 시장경제를 수정하는 노선을 선택하는 것으로 마무리된다.

4. 시장경제체제의 제도 형태들

체제 수준에서 시장경제체제를 선택한 다음 리히가 경제윤리적으로 숙고하는 대상은 시장경제체제의 제도 형태이다. 여기서 제도 형태란 기본 체제 내에서 실제로 존재하거나 존재할 가능성이 있는 경제 질서의 구성 형태를 의미한다.[24] 그는 시장경제체제 내에서 존재하거나 존재할 수 있는 제도 형태들을 여러 가지로 제시한다. 이 가운데 대표적인 것들을 가려본다면 그것은 자본주의적 시장경제, 사회적 시장경제, 민주주의적 시장경제, 사회주의적 시장경제이다.[25]

---

24 같은 책, 259.
25 같은 책, 260-290.

자본주의적 시장경제는 소비재와 서비스재에 관한 사회구성원들의 욕구를 제대로 충족시키는 것을 목적으로 삼지 않는다. 그것이 추구하는 목적은 자본의 증식이다. 이런 의미에서 자본주의적 시장경제는 이윤을 극대화하려는 자본가의 자기 이해가 최고의 우위성을 갖는 시장경제의 한 제도 형태이다.

자본가 중심주의를 관철시키기 위해 자본주의적 시장경제가 강조하는 경제정책의 방향은 작은 국가이다. 이것은 국가가 경제 주체들의 자유로운 경제 활동을 보장하기 위해서 가능한 한 경제 영역에의 개입을 자제하는 것을 의미한다. 따라서 이 시장경제 형태는 자본가가 이윤을 추구할 수 있는 자유를 확대시키기 위해 국가에 의한 개입을 최소화하는 시장경제 모델이다.

사회적 시장경제는 시장에서의 자유라는 원리와 사회적 조정이라는 원리를 결합시키고자 하는 시장경제의 한 제도 형태이다. 이 경제 형태는 경제 주체들의 개인적 자유를 보장하되 이 자유를 절대적으로 고집하지 않고 사회적 책임이라는 대립적 원칙과 연관시키고자 한다. 이를 위해 사회적 시장경제는 자본주의적 시장경제와는 달리 자기 이익을 추구하는 경제 주체들의 자유에 한계를 설정한다. 물론 이런 한계 설정은 국가가 경제 과정에 개입하면서 실현된다.

그런데 사회적 시장경제가 이런 국가개입을 통해 추구하는 목표는 무엇인가? 사회적 시장경제의 목표는 두 가지로 요약될 수 있다. 그 하나는 경제 주체의 사업 의욕, 혁신 마인드, 수행 능력 등을 고양하여 효율적이고 삶에 이바지하는 경제를 가능하게 하는 것이다. 다른 하나는 취득하게 될 사회적 생산물을 공정하게 분배하는 것이다. 두 번째 목표는 사회 보험, 공공 부조, 사회복지 서비스, 주택건축 지원금, 보조금 등을 포괄하는 국가의 의도적인 사회 정책을 통해 실현될 수 있다.

두 번째 목표에서 추구하는 사회적 약자에 대한 배려는 기업 영역에서도 관철된다. 노사공동결정제도Mitbestimmung[26]가 그 대표적 예이다. 노사공동결정제도는 노동자로 하여금 기업의 결정 과정에 참여할 수 있도록 해주는 법적 장치이다. 이 제도의 시행을 통해 노동자들은 단순한 명령 수행자의 위치에서 벗어나 자율적 존재로 존립할 수 있게 된다.

민주주의적 시장경제는 사회적 시장경제와 마찬가지로 자본주의적 시장경제와 구 동유럽의 계획경제 사이에 있는 제3의 길로 이해될 수 있다. 민주주의적 시장경제 아래서 기업가들은 생산 영역에서 자유를 갖는다. 따라서 사적 경제의 진행 과정에 대한 국가의 본질적인 간섭은 존재하지 않는다. 하지만 국가는 사회적 생산물을 분배하는 데 커다란 영향력을 발휘한다. 이를 위한 중요한 수단으로는 연대적 임금 정책과 국가의 재정 정책을 지적할 수 있다.

연대적 임금 정책은 사회적 생산물의 분배를 전적으로 시장에 맡겨서는 안 된다는 사상에 근거한다. 노동은 상품이 아니라 인간의 성취이며, 임금은 상품의 가격이 아니라 인간의 성취에 대한 보상을 의미한다.

---

26 노사공동결정제도는 1950년대 초반 독일에서 처음으로 실시되었다. 이 제도는 자유주의적인 기업 지배 구조에서 발견될 수 있는 기업가의 단독 결정과 반대된다. 따라서 공동결정제도는 중요한 기업 결정 과정에서 노동자가 사용자와 함께 논의할 수 있는 권리를 보장하는 것을 지향한다. 기업 결정 과정에의 노동자 참여는 이사회를 통제하고 있는 감독위원회에 노동자 대표들을 파견함으로써 현실화된다. 노동자 대표들은 법이 정해놓은 범위 내에서 고용자 측의 대표들과 더불어 감독위원회에 참여하게 되는데, 2000명 이상의 노동자를 고용하고 있는 기업의 경우 감독위원회는 동수의 노사 양측의 대표자들로 구성된다. 이에 관해서는 G. Poser, *Wirtschaftspolitik: Eine Einführung*, 5. Aufl., Stuttgart 1994, 228과 H. Lampert, *Die Wirtschafts- und Sozialordnung der Bundesrepublik Deutschland*, 12. Aufl., München und Landsberg am Lech 1995, 234-243을 참조할 것.

따라서 임금을 정하는 기준은 노동의 종류이지 기업의 이윤 수준이나 노동시장에서의 수요 변동이어서는 곤란하다. 여기서 노동의 종류에 따라 임금이 차이가 난다는 것은 모든 기업에서 동일 노동에 대해 동일 임금이 지불된다는 사실을 뜻한다.

국가의 재정 정책도 평등의 원리에 입각해 있다. 국가의 재정 정책은 국가에 복지사회의 재원을 마련해줄 뿐만 아니라 전국적으로 복리를 균등하게 분배해 준다. 연대적 임금 정책의 시행으로 노동의 종류에 따른 임금의 차이가 발생하게 되는데 이때 생겨난 임금 격차는 국가의 재정 정책을 통해 추가적으로 재조정된다.

그런데 연대적 임금 정책은 노동 종류에 따른 임금 격차 외에 다음과 같은 문제점도 지닌다. 첫째, 전반적으로 임금과 노동 비용이 상승하게 된다. 둘째, 이윤이 상대적으로 적은 기업의 경우 도산의 가능성이 증가하게 된다. 셋째, 이익이 상대적으로 많은 기업은 초과 이윤을 달성하게 되면서 자본과 경제 권력의 집중화가 초래된다.

이런 문제점을 극복하기 위해 민주주의적 시장경제가 채택한 제도가 노동자 기금이다. 노동자 기금은 기업들이 자신의 이윤 가운데 일부를 노동자 주식의 형태로 기탁하여 조성한 기금으로 그 관리는 노동조합이 맡는다. 이때 노동자 주식은 양도될 수 없고 개별 기업 안에 남게 된다. 따라서 노동조합은 노동자 주식의 지분만큼 기업의 주주총회에서 투표권을 행사할 수 있다.

사회주의적 시장경제는 생산 수단의 공동적 소유를 실현하는 시장경제의 한 제도 형태이다. 사회주의라는 개념은 중앙관리 경제와 함께 사용되는 경우가 보통이지만 양자의 의미가 동일한 것은 아니다. 사회주의 혹은 자본주의는 생산 수단을 소유하는 방식과 관련되는데 전자에서는 공동적 소유를, 후자에서는 개인적 소유가 강조된다. 이에 반해 중앙관리 경제 또는 시장경제는 경제 자원을 배분하고 조정하는 방식과 연관되는데 전자에서는 경제 자원의 배분과 조정이 본질적으로 계획에 의해 이루어지고, 후자에서는 그것이 결정적으로 시장에 의해 시행된다. 이렇게 보면 사회주의는 중앙관리 경제뿐만 아니라 시장경제와도 결합될 수 있다. 즉 사회주의적 시장경제가 성립 가능한 것이다.[27]

사회주의적 시장경제는 공동적 소유를 강조한다는 점에서 사회적 시장경제나 민주주의적 시장경제와 차이점을 갖는다. 물론 이 경제 형태가 공동 소유를 내세운다 하더라고 그것이 사적 소유를 완전히 부정하는 것은 결코 아니다. 생산 수단의 사적 소유는 정의로운 사회질서의 수립을 방해하지 않는 한 원칙적으로 긍정된다. 특히 중소규모의 생산 수단에 대한 사적 소유는 건전한 경쟁 질서를 유지하는 데 기여할 수 있기 때문에 적극 권장된다.

하지만 사회주의적 시장경제에서 소유권이 오용되어 사회적 손실이 발생될 경우 사적 소유는 허용되지 않는다. 이 경우 소유의 사회화가 실시된다. 여기서 소유의 사회화란 생산 수단을 공동 소유로 이전하는 것을 의미한다. 따라서 사회화를 국유화로 이해해서는 곤란하다. 사회주의적 시장경제에서 예전에 사회화의 핵심 형태였던 국유화는 부정적으로 평가된다. 현대 사회에서 국유화는 국가행정기관에 의한 경제 영역의 지배를 초래할 수 있기 때문이다.

이런 이유에서 사회주의적 시장경제에서는 국영기업보다 생산 수단

---

27 조인석, "경제체제의 제유형", 한국비교경제학회 편, 『비교경제체제론』(서울: 박영사, 1998), 3-6.

이 직원들의 공동 소유로 되어 있는 공동경제적 기업이 선호된다. 과거에 사회화는 시장을 지양하는 기능을 가지고 있었지만 오늘날 그것은 시장을 탈자본주의화하여 사회주의적으로 기능하게 하는 하나의 수단으로 간주된다. 그런데 소유의 사회화, 곧 공동경제적 기업 형태는 대기업의 경우에만 적용된다.

한편 사회주의적 시장경제는 시장이 본질적인 기능을 맡고 계획이 규제적인 기능을 수행한다는 점에서 사회적 시장경제나 민주주의적 시장경제와 유사하다. 하지만 사회주의적 시장경제는 이 두 가지 경제 형태보다 계획에 입각하여 시장경제체제를 수정하려는 의도를 더 강하게 지닌다.

사회주의적 시장경제가 내세우는 계획의 핵심은 한해의 총결산을 근거로 해서 다음해의 예산을 수립하는 기본 계획에 있다. 여기서 중요하게 취급되는 부분은 투자 정책과 소득 분배를 위한 거시적 지침이다. 이 기본 계획이 국가의 산발적이고 임의적인 간섭을 용이하게 할 수 있다는 비판이 있으나 이런 비판은 오해에서 비롯된 것이다. 오히려 이 기본 계획은 전체 경제의 차원에서 적절한 계획과 제안을 마련하면서 개입주의적 간섭들을 불필요하게 만든다.

5. 기독교 대북지원 NGO의 경제체제적 지향성

경제윤리적인 관점에서 기독교 대북지원 NGO의 경제체제적 지향성을 정립하기 위해서는 무엇보다도 먼저 기본적인 경제체제에 대한 경제윤리적 성찰의 결과물을 고려해야 한다. 현재 북한 정부는 계획경제를 기본으로 하면서 시장을 보조 수단으로 활용한다는 태도를 취하고 있다.[28] 리히식으로 표현하면 북한 정부는 시장에 근거해서 계획경제를 수정하려는 입장을 취하고 있는 것이다. 하지만 이런 구도는 장기적으로 지속 가능하기 어려울 것이다. 리히가 지적한 바와 같이 최종적으로 중앙관리 경제체제는 시장에 의해 상대화될 수 없기 때문이다.

이런 의미에서 앞으로 기독교 대북지원 NGO는 북한 경제로 하여금 지금처럼 시장에 근거해서 계획경제를 수정하는 방향 대신 계획에 근거하여 시장경제를 수정하는 방향으로 나가도록 유도해야 한다. 그런데 전술한 바와 같이 후자의 방향도 보다 여러 가지로 세분화될 수 있다. 그렇다면 대북지원 NGO는 시장경제체제의 제도 형태들 가운데 어떤 것을 염두에 두어야 하는가?

이런 물음에 대한 답변은 우선적으로 시장경제의 제도 형태들에 대한 경제윤리적 평가를 요구한다. 리히는 경제제도에 대한 경제윤리적인 평가를 사실부합적인 관점과 인간부합적인 관점에서 시도한다. 사실부합적인 관점에서 볼 때 네 가지 시장경제 형태들 가운데 자본주의적 시장경제가 가장 사실부합적인 제도 형태인 것처럼 보인다.[29] 왜냐하면 이 경제 형태에서는 이윤극대화를 추구하는 자본가의 이해관계가 주도적이기에 경제적 효율성이 높은 정도로 확보될 수 있기 때문이다.

그런데 이 대목에서 리히가 강조하는 사항은 경제 형태의 사실부합성을 판단할 때 빈부 격차, 실업, 가난 등을 해소하는 데 드는 사회적 비용을 고려해야 한다는 사실이다.[30] 이런 사회적 비용을 발생시키는

---

28 양문수, 『북한경제의 시장화 – 양태·성격·메커니즘·함의』(파주: 도서출판 한울, 2010), 69.
29 A. Rich, *Wirtschaftsethik II*, 319-320.

경제 형태는 개별경제적으로 플러스 요인이 있다고 하더라도 전체 경제의 효율성을 떨어드릴 수밖에 없다. 반대로 인간적이고 사회적인 차원을 고려하는 경제 형태는 그렇지 않을 경우 사회가 떠맡아야 하는 외부비용을 최소화하면서 경제의 전체적 효율성을 증진시킬 수 있다. 이런 근거에서 리히는 효율성을 내세우며 자본주의적 시장경제를 가장 사실부합적인 경제 형태로 제시하려는 것은 지나친 속단이라고 비판한다.

한편 리히에 따르면 인간부합적인 관점에서 자본주의적 시장경제는 수용될 수 없다.[31] 왜냐하면 이런 시장경제 형태는 기업에서 노동자가 이윤 취득이나 결정 과정에 참여하는 것을 용납하지 않기 때문이다. 이 경제 형태에서는 제어되지 않은 자본의 이해관계가 다른 모든 이해관계를 지배한다. 또한 기업의 성공이 사회 전체의 복리보다 우위를 차지하고 이윤 극대화를 추구하는 생산의 합리화가 노동 세계의 인간화보다 우선한다. 이런 문제점에 근거해서 리히는 자본주의적으로 구조화된 시장경제가 아무리 물질적인 복지의 양적인 증가를 가져온다고 하더라도 그것은 인간부합적인 요구와 근본적으로 배치된다고 단언한다.

리히는 인간부합적인 관점에서 사회적 시장경제는 자본주의적 시장경제와 달리 수용될 수 있다고 판단한다.[32] 그는 사회적 시장경제가 인간부합적인 것의 기준들 가운데 상관성, 참여성, 공동인간성의 기준을 충족시킨다고 평가한다. 앞에서 언급한 바와 같이 이 경제 형태는 시장에서 서로 경쟁하는 경제 주체들의 개별적 이해관계를 존중하면서도

---

30 같은 책, 321-322.
31 같은 책, 342.
32 같은 책, 328-329, 342-343.

사회안전망의 구축을 통해 사회 전체의 집단적 이해관계를 정책에 반영하려고 한다.

사회적 시장경제는 이렇게 경제적 효율성과 사회적 효율성 혹은 개인적 자유와 사회적 책임을 조화시키려고 한다는 점에서 상관적이다. 또한 사회적 안전망을 통해 사회적 약자들이 사회적 생산물에 참여할 수 있다는 점에서 이 경제 형태는 참여적이다. 한편 노사 간의 공동결정 제도를 주창하는 사회적 시장경제는 인간의 대화적 성격을 구현하면서 공동인간성의 기준까지도 충족시킨다.

사회적 시장경제와 마찬가지로 민주주의적 시장경제도 상관성, 참여성, 공동인간성의 기준을 충족시킴은 자명하다. 이 셋 가운데 특히 참여성의 측면에서 보면 민주주의적 시장경제는 사회적 시장경제보다 한층 더 참여적이라고 리히는 판단한다.[33] 민주주의적 시장경제의 핵심 특징은 노동자 기금에 있다. 이 경제 형태에서 노동자들은 노동자 기금을 통해 기업의 생산수단에 상당한 정도로 참여한다. 그들은 기업의 이윤에 큰 지분을 가지고 참여하며 기업 정책에도 적지 않은 영향력을 행사한다.

사회주의적 시장경제는 사회적 시장경제나 민주주의적 시장경제와 마찬가지로 상관성, 참여성, 공동인간성의 기준을 만족시킨다. 그러면서도 사회주의적 시장경제는 대규모 생산수단을 공유하는 공동경제적 기업 형태를 내세우기 때문에 이들 경제 형태보다 참여성과 상관성의 기준에 더욱 충실하다고 리히는 평가한다.[34]

---

[33] 같은 책, 331-332.
[34] 같은 책, 332.

공동경제적 기업에서 노동자들은 자신의 지분을 통해 기업자본의 소유자가 되고 스스로 자본의 투입을 결정한다. 그리고 자신의 책임 아래 기업 정책과 노동 조직을 확정하고 기업 이윤을 투자, 임금, 사회보장비로 배분하는 비율을 결정한다. 이런 성격을 지닌 공동경제적 기업 형태를 도입하면서 사회주의적 시장경제는 높은 수준의 참여를 보장할 수 있다. 더 나아가 이 경제 형태에서는 대규모의 생산수단이 사회화되어 자본과 노동의 대립적 관계가 지양되면서 자본가의 이해관계와 노동자의 이해관계 사이에 상관성이 상당한 정도로 실현된다고 리히는 주장한다.

시장경제의 제도 형태들에 관한 리히의 경제윤리적 평가에 근거해볼 때 기독교 대북지원 NGO는 북한 경제가 장기적으로 사회주의적 시장경제의 수준까지 나아갈 필요가 있음을 염두에 두어야 한다. 그의 경제윤리적 평가를 통과한 시장경제의 제도 형태들, 곧 사회적 시장경제, 민주주의적 시장경제, 사회주의적 시장경제 가운데 북한 경제체제와 가장 큰 친화성을 갖고 있는 것은 생산수단의 공유를 주창하는 사회주의적 시장경제이기 때문이다.

한편 현실적인 측면에서 북한의 경우 시장화가 진전되더라도 생산수단의 소유 방식에서 그리 큰 변화를 기대하기는 힘들다. 현재의 소유 방식은, 북한 정부가 현재의 경제체제가 사회주의적 경제라고 주장할 수 있는 최후의 보루이며 북한 당국이 경제 주체들을 통제할 수 있는 가장 강력한 수단 가운데 하나이기 때문이다. 따라서 향후 북한은 공식적인 소유제에 큰 변화가 없는 상태에서 시장화가 진전될 가능성이 높다.[35] 이런 현실 조건을 고려해볼 때도 기독교 대북지원 NGO의 경제체제적 지향성은 사회주의적 시장경제에 맞추어져야 한다.

6. 기독교 대북지원 NGO의 활동 전략

기독교 대북지원 NGO는 사회주의적 시장경제라는 경제체제적 지향성 아래 어떤 활동 전략을 구사해야 하는가? 우선, 지금까지 기독교 대북지원 NGO들이 전개해온 물자 원조는 지속되어야 한다. 현재와 같이 남북관계가 경색된 상황에서도 대북지원 NGO는 인도적 지원을 간단없이 계속해야 한다. 그래야만 기독교 대북지원 NGO는 북한 주민의 마음을 살 수 있다. 정부의 허가를 받는 것이 문제라면 해외의 선교단체나 국제기구를 매개로 해서 간접적으로라도 인도적 지원을 계속해야 한다.[36]

그런데 기독교 대북지원 NGO는 사회주의적 시장경제로의 이행을 생각하면서 지원되는 식량이나 생필품의 일부를 종합시장에 공급하는 방식을 검토해볼 필요가 있다. 현실적으로 NGO 차원에서 북한 경제체제에 직접적인 변화를 가져오는 것은 거의 불가능하다. 이런 한계 아래서 기독교 대북지원 NGO가 할 수 있고 해야 할 일은 북한 경제에 존재하는 시장 요소를 조금이나마 확산시키는 것이다.

현재 북한에는 시장이 형성돼 있어 주민들이 돈만 있으면 시장에서 식량을 구입할 수 있다.[37] 이런 경제 상황에서 기독교 대북지원 NGO들은 종합시장을 거치지 않고 해당 지역이나 주민들에 물품을 공급하는 직접 지원 방식과 지원 물품을 종합시장에 방출해서 시장을 통해 주민들이 물품을 공급받을 수 있는 간접 지원 방식을 병행할 필요가 있다.

---

35 양문수, 『북한경제의 시장화 - 양태·성격·메커니즘·함의』, 101.

36 이삼열, "기독교 대북 NGO의 활동과 전망".

37 임수호, 『계획과 시장의 공존』(서울: 삼성경제연구소, 2008), 6.

물론 기독교 대북지원 NGO가 종합시장에 공급할 수 있는 물품의 양은 적은 것이어서 실질적으로 시장 가격에 그리 큰 영향을 미칠 수는 없을 것이다. 그럼에도 이런 간접 지원 방식은 북한 주민들에게 시장의 중요성을 환기시키는 상징적 의미를 지닐 수 있다. 이런 제안에 대해 NGO의 비영리성이나 비상업성을 들어 비판이 제기될 수 있다. 하지만 북한 경제가 처한 특수성을 고려해보면 NGO의 본래적 특성에 집착할 필요는 없다. 지원되는 물품을 시장을 통해 공급하는 방식이 북한 경제에 시장적 요소를 확산시키는 데 기여할 수 있다면 그것은 경제윤리적으로 정당화될 수 있다.

둘째, 인도적 지원의 중심을 물자 원조에서 개발 원조로 이동시켜야 한다. 현재까지 기독교 대북지원 NGO들의 활동은 대체로 물자 원조 수준에 머물러 있다.[38] 하지만 사회주의적 시장경제로의 이행을 염두에 두면 북한의 경제 주체들을 수동적이고 타율적으로 만들 수 있는 긴급 구호지원 방식보다 그들을 능동적이고 자율적인 존재로 세울 수 있는 개발지원 방식이 더 바람직하다. 따라서 대북지원 NGO들은 긴급구호 지원 방식에서 개발지원 방식으로 활동의 중심을 바꾸어나가야 할 것이다.

다행스럽게도 근지에 와서 몇몇 기독교 대북지원 NGO들이 활동의 중심을 개발 원조로 이동하고 있다. 국제기아대책기구가 그 대표적 사례이다. 국제기아대책기구의 경우 1990년대에 북한의 식량 사정이 악화됨에 따라 씨감자, 밀가루, 분유, 의류, 젖 염소 등을 지원하는 긴급구

---

38 손기웅·김영윤·김수암,『한반도 통일대비 국내 NGOs의 역할 및 발전방향』(서울: 통일연구원, 2007), 27-29.

호 형태의 지원사업을 수행하였다. 그러다가 2003년부터는 대북사업의 중점 방향을 긴급구호에서 개발사업으로 전환하여 수액제생산공장 건설, 수자원 개발, 정수소독시설 지원 등 북한의 자립 기반을 마련하기 위한 개발 원조를 실시하고 있다.[39] 이에 다른 기독교 대북지원 NGO들도 국제기아대책기구의 개발 원조 방식을 적극 수용할 필요가 있다.

셋째, 기독교 대북지원 NGO는 어떻게 민간기업에 의한 경제협력을 활성화할 것인지 고민해야 한다. 효율성이나 자립성의 측면에서 개발 원조가 물자 원조보다 더 나은 원조 방식임에 분명하다. 그럼에도 개발 원조도 북한 주민의 경제적 삶을 제도적으로 안정화시킬 수 있는 시스템의 구축이란 관점에서 보면 그것 또한 근시안적 조치에 불과하다는 부정적 평가에서 벗어나기 어렵다.

냉정히 평가해보면 현재 기독교 대북지원 NGO의 활동은 단기적으로 남북관계의 개선에만 초점이 맞추어져 있을 뿐 북한 경제의 장기적 전망까지 포괄하지 못하고 있다. 물론 이는 원조 활동의 역사가 일천한 데 따른 불가피한 현상일 수 있다. 하지만 이런 흐름이 지속될 경우 기독교 대북지원 NGO는 그 활동이 근시안적이고 비체계적이라는 세간의 비판에 직면하게 될 것이다.

이 대목에서 현재 남한이 북한에 대해 시행하고 있는 경제교류협력의 형태에 관해 살펴볼 필요가 있다. 남북 경제교류협력의 형태는 크게 세 가지로 나뉜다. 정부에 의한 경제협력, 민간기업에 의한 경제협력, 대북지원 NGO에 의한 경제지원이 그것이다. 북한 경제를 사회주의적

---

[39] 김수정, "한국 기독교계의 대북지원에 관한 연구", 이화여자대학교 대학원 석사학위논문, 2008, 95.

시장경제로 유도하기 위해서는 이 가운데 민간기업에 의한 경제협력이 남북 경제교류협력의 중심이 되어야 한다.[40]

모든 경제교류협력을 정부가 독점하는 것은 바람직하지 않다. 정부에 의한 경제협력은 민간기업의 사업을 위축시킬 수 있기 때문이다. 민간기업의 대북 진출이 활발히 이루어질 경우 정부의 대북경제지원 부담은 감소하게 될 것이며, 북한의 해외 자본 유치도 용이해질 것이다. 나아가 민간기업의 경제활동은 북한의 시장경제 학습에도 효과적일 수 있다.

대북지원 NGO도 북한 정부가 필요로 하는 것을 일방적으로 제공하는 태도를 지양해야 한다. 기독교 대북지원 NGO도 그래야 한다. 그렇지 않을 경우 민간기업의 사업에 대해 북한이 소극적일 수 있기 때문이다. 따라서 앞으로 기독교 대북지원 NGO는 어떻게 자신의 활동과 민간기업의 진출을 결합시켜 민간기업에 의한 경제협력을 활성화할 것인지 고민해야 한다.

이런 고민 과정에서 기독교 대북지원 NGO는 민간기업과 컨소시엄을 구성하는 방안을 긍정적으로 검토해볼 필요가 있다.[41] 이때 대북지원 NGO는 창구가 되어 대북 접촉을 담당하고 민간기업은 사업을 시행한다. 사업 자금은 대북지원 NGO와 민간기업이 공동으로 출자한다. 이런 공동 출자를 통해 전자도 기업 경영에 관여하면서 후자의 지나친 이윤 추구를 제어할 필요가 있다. 민간기업의 지나친 이윤 추구는 시장에

---

[40] 남궁영, 『분단 한반도의 정치경제 - 남한·북한·미국의 삼각퍼즐』(서울: 도서출판 오름, 2010), 66-67.

[41] 조한범·김성철·김규륜·김형석, 『비정부기구(NGO)를 통한 남북한 교류·협력 증진 방안 연구』(서울: 통일연구원, 2000), 145-146.

대한 이미지를 악화시킬 수 있기 때문이다.[42] 또한 이런 방안과 아울러 기독교 대북지원 NGO가 기업적 메커니즘을 차용하여 자체적으로 사회적 기업을 설립하고 운영하는 방안도 고려해볼 필요가 있다.

7. 나오는 말

북한 경제가 현재의 침체 국면을 근본적으로 타개하기 위해서는 시장경제체제, 특히 사회주의적 시장경제로 나가야 한다. 이에 기독교 대북지원 NGO들은 거시적이고 장기적인 측면에서 북한 경제의 이런 체제 전환을 고려하면서 자신의 활동을 목적의식적으로 전개해야 한다.

그런데 이를 위해서는 무엇보다도 전문 인력의 확보와 재정의 안정화가 필수이다. 현재 활동하고 있는 기독교 대북지원 NGO의 실무자들은 많은 경우 신앙적 사명감이나 인도주의적 열정은 지니고 있지만 해당 분야에 대한 전문 지식을 보유하고 있지 못하다. 또한 적지 않은 기독교 대북지원 NGO들이 재정 면에서 어려움을 겪고 있다.

이런 문제점을 극복하기 위해 우선적으로 생각할 수 있는 방안은 정부의 후원이다. 하지만 정부 후원에 대한 대북지원 NGO의 의존이 심화될 경우 정부의 간섭으로 NGO 특유의 자율성이나 유연성이 떨어질 수 있다. 나아가 남북관계의 부침에 영향을 받게 되어 지원의 지속성과 안정성이 확보되기 어려울 수 있다.

이런 맥락에서 기독교 대북지원 NGO는 개별 교회들을 자신의 후원

---

42 같은 책, 154.

자로 세우는 문제를 진지하게 고민해야 한다. 현재 통일 문제나 북한 문제에 대한 일반 시민의 관심은 줄어들고 있는 추세다.[43] 기독교인들의 경우도 예외는 아니다. 개별 교회의 차원에서 통일 문제나 북한 문제에 대한 관심의 정도는 미미한 실정이다.

그러나 이런 현실은 복음의 정신에 위배된다. 교회의 머리인 예수는 분열된 이들을 하나로 만드는 평화의 주이기 때문이다(엡 2:14-16). 따라서 개별 교회들은 평화 정착, 북한 경제 회생, 통일 실현 등에 대한 자신의 책임을 회피할 수 없다.

개별 교회들은 이런 신앙적 인식 아래 통일 문제나 북한 문제에 대한 무관심을 극복해야 한다. 그러는 가운데 북한 경제의 체제적 전환을 고려하면서 북한을 경제적으로 지원하는 데 주력하는 기독교 대북지원 NGO들을 재정적이고 인력적인 측면에서 적극 후원할 필요가 있다. 개별 교회가 이런 역할을 충실히 수행할 때 기독교 대북지원 NGO는 자신의 활동을 보다 지속적이고 안정적이고 유연하게 전개할 수 있을 것이다.

---

43 박정란·강동완, "한반도 정세변화와 북한선교 – 미래로의 '통찰적' 전략 모색",『한국기독교신학논총』61집(2009), 18.

2부

대 중 매 체 와 환 경

4장

텔 레 비 전 문 화 의
재 구 성

1. 들어가는 말

현대는 문화의 시대이다. 여기서 문화란 물론 대중문화를 가리킨다. 그런데 대중문화는 매체를 통해 대중들에게 전달된다. 대중문화를 전달하는 매체에는 인터넷, 라디오, 휴대폰, 텔레비전 등 여러 가지가 있다. 그런데 이런 대중문화의 매체들 가운데 가장 큰 영향력을 지닌 것은 역시 텔레비전일 것이다.

1930년대 이래 텔레비전은 광고, 드라마, 영화, 음악, 만화, 뉴스 등 수많은 대중문화들을 전달하는 통로로 기능해왔다. 매체기술이 발달한 근자에 와서도 텔레비전의 아성은 무너지지 않고 있다. 최근에 등장한 디지털멀티미디어방송(DMB)을 통해 모든 매체들은 텔레비전의 영상

중심 미디어 형식으로 빨려 들어가고 있다.[1] 이렇게 보면 현대 대중매체의 중심은 여전히 텔레비전이라고 할 수 있다.

실제로 현대인의 여가 생활을 살펴보면 텔레비전이 일상적인 대중매체가 되었음을 쉽게 알 수 있다. 지난 2000년 방송위원회가 실시한 조사에 따르면 우리나라의 경우 시청자들이 공중파 텔레비전을 보는 시간은 하루 평균 3시간 29분으로 집계되었다.[2] 이런 통계적 사실은 소득 수준이 향상되면서 우리 사회의 구성원들이 즐길 수 있는 여가 활동의 형태가 다양화되고 있음에도 불구하고 아직까지 가장 대표적인 여가 활동이 텔레비전 시청임을 보여준다.

그런데 이렇게 일상적 매체로 확고하게 자리 잡은 텔레비전에 대한 전문가들의 평가는 일치하지 않는다. 텔레비전에 대해 긍정적인 견해를 가진 이들은 텔레비전이 세계 곳곳에서 일어나는 사건들에 관한 생생한 소식을 전해주고, 일상생활에 필요한 다양한 정보를 신속하게 전달해주고, 오락과 여가 선용의 기회를 제공해준다고 주장한다. 더 나아가 텔레비전이 인간관계의 대리 역할을 해주고, 일상에서 경험하지 못한 것에 대한 대리 만족을 준다고 주장한다. 이런 주장들에 근거해서 그들은 텔레비전을 현대인에게 필수불가결한 문명의 이기로 간주한다.

반면 텔레비전에 대해 부정적인 입장을 가진 이들은 텔레비전이 영상과 음향을 동시에 전달하기 때문에 한 가지 감각에 충실하여 노력을 기울여야 하는 독서를 멀리하게 하고, 학생들로 하여금 감각적인 프로그램에 젖게 만들면서 학교 수업에 흥미를 느끼지 못하게 한다고 주장

---

1 정백, 『텔레비전 사피엔스』(서울: 창경사, 2006), 7-8.
2 정준영, 『텔레비전 보기 - 시청에서 비평으로』(서울: 책세상, 2005), 16.

한다. 그리고 텔레비전은 곤경에 처해 있는 사람들로 하여금 현실로부터 도피하도록 만들고, 어린이들의 모방 심리를 자극하여 폭력 성향을 조장한다고 주장한다.[3] 이런 주장들에 근거하여 그들은 건강한 일상생활을 위해 텔레비전을 제거할 것을 제안한다.

4장에서는 이런 극단적인 두 입장을 지양하면서 기독교윤리적 관점에서 텔레비전 문화를 보다 건강하게 재구성할 수 있는 방향성을 모색하고자 한다. 이를 위해 먼저 기독교윤리적 관점에서 텔레비전이 지향해야 할 목적을 설정할 것이다. 이어서 텔레비전의 기본 특성을 텔레비전 방송사, 방송 내용, 수용자라는 세 가지 측면에서 살펴볼 것이다.[4] 그런 다음 이런 특성을 지닌 텔레비전이 앞에서 설정된 기독교윤리적 목적에 접근하기 위해 요구되는 과제들을 정리해볼 것이다.

2. 기독교윤리적 관점에서 본 텔레비전의 목적

일반적으로 텔레비전은 커뮤니케이션을 가능하게 하는 하나의 수단으로 정의된다. 그런데 피상적으로 보면 텔레비전의 커뮤니케이션 기능은 드라마나 코미디 프로그램이 아닌 뉴스나 다큐멘터리와 같은 보도 프로그램을 통해서만 수행된다고 인식하기 쉽다. 하지만 이런 인식은 지나치게 소박한 것이 아닐 수 없다. 왜냐하면 텔레비전에서 나오는

---

3 정백, 『텔레비전 사피엔스』, 61-62.

4 텔레비전의 기본 특성을 제대로 이해하기 위해서는 이런 세 가지 요소 외에 텔레비전 방송정책도 비중 있게 다루어야 한다. 그런데 방송정책이란 변수를 고려하게 되면 이들 네 가지 요소 간의 다양한 조합으로 인해 서술 내용이 상당한 정도로 늘어나게 될 것이다. 이런 이유에서 텔레비전 방송정책에 관한 논의는 다음 기회로 미루고자 한다.

모든 영상들은 메시지로 변해 수용자에게 전달되기 때문이다. 따라서 텔레비전에 의한 커뮤니케이션은 드라마, 코미디 프로그램, 보도 프로그램을 비롯한 모든 방송 프로그램들을 통해서 이루어진다고 할 수 있다.[5]

그렇다면 커뮤니케이션 수단으로서의 텔레비전이란 규정은 기독교 윤리 내에서도 통용될 수 있는가? 전통적으로 서구 기독교는 글을 쓰고 읽는 것을 강조해왔다. 이런 전통을 통해 기독교는 문자언어를 서구사회의 중심적인 커뮤니케이션 기술로 정착시키는 데 결정적으로 기여하였다.[6]

종교개혁운동의 경우 인쇄 커뮤니케이션이 적극적으로 활용되었다. 1517년과 1520년 사이에 인쇄된 마르틴 루터Martin Luther의 저술은 30만 부 이상 팔리면서 종교개혁운동을 촉진시켰던 것이다.[7] 이런 역사적 경험으로 인해 기독교는 대중매체 자체 혹은 대중매체를 통한 커뮤니케이션에 대해 적대적이지 않다. 특별히 기독론의 핵심 주장인 예수 그리스도의 성육신을 고려해보면 더욱 그러하다.

예수 그리스도는 인간의 몸을 입고 세상에 온 하나님 자신이다. 이런 예수를 통해 절대적 존재인 하나님과 상대적 존재인 인간 사이에 막혀 있었던 커뮤니케이션이 회복되었다. 그런데 이런 커뮤니케이션의 회복은 인간이 아닌 하나님에 의해서 시작되었다. 하나님이 예수 안에서

---

5 박치영, 『텔레비전 영상과 커뮤니케이션』(서울: 커뮤니케이션북스, 2003), 24-25.
6 Kirchenamt der Evangelischen Kirchen in Deutschland und Sekretariat der Deutschen Bischofskonferenz (Hg.), *Chancen und Risiken in der Mediengesellschaft*, Hannover 1997, Einleitung.
7 윌리엄 포어, 신경혜·홍경원 역, 『매스미디어 시대의 복음과 문화』(서울: 대한기독교서회, 2002), 67.

자신을 인간에게 알림으로 하나님과 인간의 커뮤니케이션이 가능해진 것이다. 한편 인간은 예수를 통해 전달된 이런 하나님의 메시지에 자율적으로 응답하면서 하나님과의 관계를 유지하게 되었다. 이렇게 보면 하나님은 커뮤니케이터이며 예수는 매체인 반면 우리 인간은 수용자로 규정할 수 있다.

이러한 역사적 사실과 신앙적 사실을 고려해보면 커뮤니케이션 개념에 근거해서 텔레비전의 성격을 규정하는 일반적 정의는 기독교윤리 안에서도 무리 없이 수용될 수 있다. 그런데 문제는 기독교윤리가 지지하는 텔레비전의 커뮤니케이션이 어떤 것인가에 있다. 이런 물음에 답변하기 위해 우리는 무엇보다도 먼저 희소성이란 개념에 관해 살펴볼 필요가 있다.

인간은 희소성의 한계 안에서 살아간다. 대개의 경우 희소성이란 용어는 경제학 서적들에서 언급된다. 경제학에서 말하는 희소성은 재화와 서비스 혹은 노동력과 자연자원이 제한되어 있는 상태를 가리킨다. 반면 기독교윤리에서 언급되는 희소성은 물질적인 것이 제약되어 있다는 것이 아니라 인간으로 살아가는 시간이 제한되어 있다는 것을 뜻한다.[8]

시간의 희소성 문제와 관련해서 우리 기독교인은 신약성서의 다음과 같은 권면을 상기할 필요가 있다. "그러므로 여러분은 어떻게 살아가야 할지를 살피십시오. 지혜롭지 못한 사람처럼 살지 말고, 지혜로운 사람답게 살아야 합니다. 세월을 아끼십시오. 때가 악합니다"(엡 5:15-16).

---

8 Y. Spiegel, *Wirtschaftsethik und Wirtschaftspraxis: ein wachsender Widerspruch?*, Stuttgart 1992, 21.

앞에서 언급한 텔레비전의 일반적 정의와 이런 에베소서의 권면을 종합해보면 기독교윤리적 관점에서 본 텔레비전의 목적을 다음과 같이 설정할 수 있을 것이다. 기독교윤리적 입장에서 텔레비전의 목적은 텔레비전을 통한 커뮤니케이션이 수용자로 하여금 시간의 희소성과 진지하게 대면하면서 제한된 생의 시간을 의미 있게 채우도록 돕는 데 있다.

그런데 여기서 말하는 의미 있는 삶이란 어떤 삶을 가리키는가? 의미 있는 삶은 세 가지 요소로 구성된다고 할 수 있다. 창조성, 통전성, 연대성이 그것이다. 따라서 우리는 바로 위에서 설정된 텔레비전의 목적을 다음과 같이 기술할 수도 있다. 기독교윤리적 관점에서 본 텔레비전의 목적은 텔레비전을 통한 커뮤니케이션이 수용자로 하여금 시간적 희소성과 대면하면서 제한된 생의 시간을 창조적이고, 통전적이고, 연대적으로 채우도록 도움을 주는 것이다.

여기서 창조성은 텔레비전을 통해 수용자의 창조적 능력이 증진되거나 혹은 적어도 그것이 약화되지 않는 것을 의미한다. 또한 통전성은 텔레비전을 통해 수용자의 의식과 라이프스타일이 표준화되거나 획일화되지 않고 그것들이 지닌 독특성과 다양성이 발현되는 것을 의미한다. 마지막으로 연대성은 텔레비전을 통해 자본의 논리가 일방적으로 관철되지 않고 사회적이고 문화적인 약자들의 처지가 공개되면서 그들에 대한 수용자의 책임의식이 강화되는 것을 의미한다.

3. 텔레비전의 기본 특성

텔레비전에는 자본과 매체기술이 집약되어 있는 만큼 그것이 지닌 특성은 무척이나 다양하다. 따라서 텔레비전이 지닌 특성을 보다 간명하게 이해하기 위해서는 텔레비전을 몇 가지 영역으로 나누어서 살펴볼 필요가 있다. 이에 필자는 텔레비전 방송사, 방송 내용, 수용자라는 세 가지 측면에서 논의를 진행시키고자 한다.

1) 텔레비전 방송사

시장경제체제 아래서 텔레비전 역시 하나의 시장 행위자이다. 시장 행위자로서의 텔레비전은 이윤 극대화를 추구하기 마련이다. 따라서 우리가 텔레비전에 대해 접근할 때 가장 먼저 고려해야 할 사항은 텔레비전이 시장경제체제 속에서 상업적인 틀을 유지하고 있다는 점이다.[9] 여기서 텔레비전은 자본의 형태를 띠게 되는데 텔레비전 자본은 방송사로 구체화된다.

적은 자금으로 방송사를 설립할 수 있는 시대는 이미 지나갔다. 전자 매체가 등장한 이후 방송사를 설립하기 위한 초기 투자액의 규모는 엄청나게 크기 때문이다. 따라서 현대 사회에서 텔레비전 방송사는 거대 기업의 형태를 띨 수밖에 없다.[10] 특히 위성 텔레비전 방송사와 케이블 텔레비전 방송사가 등장한 이래 텔레비전 시장에서의 경쟁이 심화되면서 이런 거대 기업화는 가속화되고 있다.

방송사의 거대 기업화는 텔레비전 방송사가 운영되는 방식뿐만 아니라 프로그램 내용까지 규정한다. 거대 방송사는 값비싼 첨단 기자재들을 많이 도입하면서 재정적인 압박을 받게 된다. 예나 지금이나 전체

---

9 정준영, 『텔레비전 보기 - 시청에서 비평으로』, 57.
10 같은 책, 58-59.

지출 가운데 가장 큰 비중을 차지하는 것은 인건비이다. 따라서 거대 방송사는 인력의 수를 줄여 자사의 수익을 극대화하려고 한다.[11] 실제로 SBS의 경우 2000년 말 현재 직원 수는 1072명, 인건비 비중은 15.9%에 불과한 것으로 집계되었다.[12]

규모가 커져 거대 기업이 된 방송사는 다른 대기업들과 거의 동일한 운영 논리나 이해관계를 갖기 때문에 대기업들에 우호적인 성향을 보이게 된다. 더욱이 대기업들은 방송사의 중요한 정보원이 되기 때문에 방송사는 이들 대기업과 공생관계를 형성하게 된다.[13] 뉴스거리의 부족으로 인해 상시적으로 곤란을 겪는 방송사에게 대기업들과 같은 안정적인 정보원을 확보하는 것은 필수적인 일이 아닐 수 없다.

이런 이유들로 인해 거대 방송사는 프로그램의 내용에서 중소기업이나 노동자의 입장보다는 대기업의 이해관계를 반영하게 될 가능성이 높아진다.[14] 거대 기업으로서의 방송사는 이전보다 더 철저하게 시장체제에 통합되어 기존의 사회경제적 질서를 유지하려는 보수적인 경향을 보이기 쉽다는 것이다.

한편 광고 제공은 대기업들이 광고주로서 텔레비전에 대해 큰 영향력을 행사할 수 있는 방식이다.[15] 방송사 수입의 대부분이 광고를 통해 얻어지고 있기 때문이다. 흔히 텔레비전 프로그램이 방송의 중심적인 것인 반면 광고는 주변적인 것이라고 생각한다. 다시 말해서 프로그램을 위해 광고가 존재한다고 여기는 것이다. 그러나 이런 견해는 소박한

---

11 같은 책, 67.
12 같은 책, 168.
13 같은 책, 66.
14 같은 책, 59.
15 원용진, 『텔레비전 비평론』(파주: 도서출판 한울, 2007), 26.

것이 아닐 수 없다.

이런 맥락에서 댈러스 스마이드Dallas W. Smythe는 수용자 상품론을 내세운다. 수용자 상품론란 텔레비전을 비롯한 모든 대중매체의 수용자가 상품으로 판매된다는 주장을 의미한다.[16] 수용자 상품론에 따르면 텔레비전을 시청하는 것은 일종의 경제적 거래라고 할 수 있다. 텔레비전을 시청하는 것은 책을 사서 읽는 것과는 완전히 다르다. 출판사는 독자에게 책을 판 것이지만 텔레비전 방송사는 광고주에게 시청자를 판 것이기 때문이다. 이렇게 보면 텔레비전에서 광고는 프로그램에 종속되어 있지 않다. 오히려 프로그램이 광고에 종속되어 있는 것이다.

그런데 문제는 시청자를 구매한 광고주가 텔레비전 방송에 적지 않은 영향력을 행사한다는 사실에 있다. 피상적으로 관찰하면 광고주가 텔레비전 방송에 개입하는 것은 의도되지 않은 것처럼 보일 수 있다. 실제로 광고주들은 자사 상품의 판촉을 위해 광고할 뿐 방송 프로그램에 간섭하고자 하는 의도를 가지고 있지 않다고 주장한다.

텔레비전이 광고를 내보낼 수 있는 시간은 한정되어 있다. 따라서 광고주들은 광고 시간을 확보하기 위해 경쟁한다. 특히 주요 시간대에 자사 제품의 광고를 내보내기 위해 치열한 경쟁을 벌인다. 여기서 승자는 물론 대기업들이 될 수밖에 없다. 방송사는 주요 시간대 프로그램의 스폰서인 대기업들이 지닌 감정 구조를 확인하면서 분위기를 통해 그것과 교감한다.[17] 그 결과 텔레비전은 체제 도전 세력이나 주변부 계층의 주장을 차단하면서 대기업을 비롯한 중심부 계층의 이해관계를 대변하

---

16 강준만, 『대중문화의 겉과 속 I』(서울: 인물과사상사, 2006), 125-127.
17 원용진, 『텔레비전 비평론』, 26.

게 될 가능성이 높아진다.

이처럼 텔레비전에서는 자본의 논리가 관철되고 있다. 따라서 텔레비전을 통해 수용자들은 더욱더 자본의 요구에 부응하는 삶을 영위하도록 자극받는다. 정치적으로 수용자들은 기득권 세력에 유리한 보수적인 정치 이념을 갖도록 유도된다. 나아가 경제적으로 수용자들은 끝없이 소비하고, 소모하고, 폐기하고, 다시 구매하는 라이프스타일을 강요당한다.[18] 이런 과정을 통해 텔레비전은 기존의 정치 질서나 사회경제 구조를 안정적으로 재생산할 수 길을 열어가는 것이다.[19]

2) 텔레비전 방송 내용

텔레비전이 구성한 영상이 지니고 있는 결정적인 특성은 그것이 가상공간을 형성한다는 사실에 있다. 텔레비전은 수용자들로 하여금 영상을 통해 현실 세계를 시청하도록 해준다. 그런데 이때 텔레비전 영상은 현실의 전부를 보여주는 것이 아니라 현실의 일부 또는 모사된 이미지를 전달하게 된다.[20] 흔히 이런 특성은 이미지주의로 불린다. 이미지주의를 통해 사실성은 영상 제작자에 의해 선택되거나 제거되고 혹은 강조되거나 생략되어 만들어진 가공된 실재reality가 된다.

그런데 텔레비전의 이미지주의는 클로즈업close up을 통해 강화된다.[21] 텔레비전은 전체의 경치를 다 보여주는 롱숏long shot이 아닌 클로즈업을 사용한다. 그렇게 하는 결정적인 이유는 텔레비전의 화면이 작

---

18 윌리엄 포어, 『매스미디어 시대의 복음과 문화』, 85.
19 같은 책, 159.
20 정백, 『텔레비전 사피엔스』, 327.
21 주형일, 『영상매체와 사회』(서울: 도서출판 한울, 2004), 134-135.

고 주사선이 세밀하지 못하기 때문이다. 텔레비전의 경우 정세도가 떨어지기 때문에 롱숏을 사용할 경우 화면에 나오는 형상이 불분명해진다.

클로즈업을 통해 텔레비전은 수용자와 면대면 커뮤니케이션을 가능하게 한다. 영화에서는 출연자들이 카메라를 똑바로 쳐다보는 것이 금지되어 있지만 텔레비전의 출연자들은 카메라를 바라보면서 말을 한다. 이런 방식을 통해 텔레비전은 수용자에게 친밀한 매체로 다가온다. 텔레비전에서 얼굴이 클로즈업된 출연자가 수용자를 향해 말을 건넬 때 수용자는 출연자와 직접 대면하면서 대화를 나누고 있다고 착각하기 쉽다. 이 경우 텔레비전 수용자는 영상세계와 실제세계를 혼동하게 된다.

조지 거브너George Gerbner는 텔레비전에 많이 노출된 사람이 사회문제에 대해 텔레비전이 제시한 입장을 수용하기 쉽다고 주장한다.[22] 그 이유는 텔레비전이 제공한 세계가 수용자에게 표준적인 세계로 비쳐지게 되기 때문이다. 이처럼 텔레비전에 젖어 있는 사람은 텔레비전의 가상세계를 실제세계로 수용할 가능성이 높은 것이다.

장 보들리야르Jean Baudrillard는 거브너보다 더 극단적인 주장을 내세운다. 보드리야르는 실재가 실제세계와의 접촉을 통해 파악되는 것이 아니라 텔레비전을 통해 주어진다고 주장한다.[23] 이런 그의 주장은 텔레비전에 나오는 가상의 이미지가 그것이 지시하는 실제의 대상을 상실한다는 사실을 함축한다. 따라서 텔레비전의 경우 실제세계와 가

---

22 정백, 『텔레비전 사피엔스』, 297.
23 강준만, 『대중문화의 겉과 속 II』(서울: 인물과사상사, 2006), 41.

상세계를 구분하는 시도 자체가 무의미하게 된다.

> "이미지는 실재의 반영이다. 이미지는 실재를 감추고 변질시킨다. 이미지는 실재의 부재를 감춘다. 이미지는 그것이 무엇이건 간에 어떠한 실재와도 무관하다. 이미지는 자기 자신의 순수한 시뮬라크르(모방)이다."[24]

이 인용문에서 보들리야르는 가상의 이미지가 실제의 현실과 관계가 없고, 나아가 그것을 대체한다는 점을 강조하고 있다. 이런 맥락에서 그는 현대인들이 텔레비전이 확인해줄 때까지 자신의 지각을 불신한다고 주장한다.[25] 현대인들에게 텔레비전이 곧 실제세계라는 것이다. 따라서 인간이 텔레비전을 보는 것이 아니라 텔레비전이 인간을 본다고 할 수 있다. 이런 그의 관점에서 보면 우리 현대인들은 텔레비전이 삶으로 용해되는 세상에 살고 있다고 규정할 수 있다.

한편 텔레비전 광고에서도 이미지주의가 실현된다. 광고에 나오는 상품의 가치는 그것이 지니고 있는 실제적인 효용이나 기능에 의해 결정되지 않는다. 오히려 그것은 브랜드와 상징적 이미지에 의해 규정된다.[26] 이런 경향은 텔레비전의 수용자들에게 영향을 미치고 있다. 그 결과 수용자들은 현실에 바탕을 두기보다는 이미지와 가상에 기초하여 상품을 구매하는 경향을 지니게 된다. 바로 이 점에서 텔레비전 광고는 현실세계와 가상세계의 혼합을 유발한다고 할 수 있다.

---

24 장 보들리야르, 하태완 역, 『시뮬라시옹』(서울: 민음사, 2007), 27.
25 강준만, 『대중문화의 겉과 속 II』, 43.
26 정백, 『텔레비전 사피엔스』, 164-165.

여기서 우리가 주의해야 할 사항은 텔레비전을 통해 형성된 가상공간이 일상공간을 침해하게 된다는 점이다.[27] 텔레비전이 일상적인 대중매체가 되었다는 것은 텔레비전의 가상세계가 현실세계를 잠식한다는 사실을 의미한다.[28] 그런데 텔레비전의 가상공간은 수용자들의 다양성을 고려하지 않는다.[29] 즉 수용자들을 단일화된 집단으로 간주하면서 그들의 표준적 욕구만을 반영할 뿐이다. 따라서 텔레비전의 가상공간이 일상공간을 침식할 때 이질적인 수용자들은 텔레비전이 제공하는 획일적인 세계관에 노출되게 된다.

그런데 텔레비전이 제공하는 이런 표준화된 세계관은 그 수준이 유치하다는 특성을 지닌다.[30] 이런 특성과 관련해서 존 하틀리John Hartley는 '소아주의paedocracy'라는 개념을 내세운다. 여기서 소아주의란 시청률과 관련된 위험성과 불확실성을 최소화하기 위해 텔레비전 방송사가 다양한 수용자들을 모두 만족시키려는 과정에서 그들을 어린아이로 상정하는 경향을 가리킨다. 하틀리에 따르면 방송사는 시청률을 올리거나 유지하기 위해 수용자를 아이들과 같은 특성을 갖고 있는 존재로 가정하면서 가상공간에서 제공되는 세계관의 수준을 저급하게 유지하는 성향이 있다.

3) 텔레비전 수용자

마샬 맥루한Marshall McLuhan은 매체를 뜨거운 매체hot media와 차가

---

27 이기현, "텔레비전과 일상문화", 일상문화연구회 편, 『일상 속의 한국문화』(서울: 나남출판, 1998), 182-183.
28 같은 글, 174-175.
29 같은 글, 170-171.
30 강준만, 『대중문화의 겉과 속 I』, 119-120.

운 매체cool media로 분류한다.[31] 그에 따르면 뜨거운 매체는 높은 밀도와 낮은 참여도라는 특성을 지닌 반면 차가운 매체는 낮은 밀도와 높은 참여도를 특징으로 한다는 것이다. 여기서 말하는 밀도는 주어지는 정보량을, 참여도는 수용자의 개입 정도를 의미한다. 수용자는 해당 매체의 부족한 밀도를 자신의 참여도로 보완하려는 경향을 보이기 때문에 밀도와 참여도 사이에는 반비례 관계가 성립한다.[32]

맥루한에게 영화는 뜨거운 매체이다. 영화는 정밀한 화면을 가지고 있어 정보량이 풍부하고, 그래서 수용자가 개입할 여지가 작기 때문이다. 영화는 화면이 크고 영상의 입자가 세밀하며 생생한 소리를 전달한다. 따라서 정보의 세밀도가 높아 극장에 앉아 있는 수용자로 하여금 영상에 몰입하게 함으로써 수용자의 참여도를 떨어뜨린다.

반면 텔레비전은 차가운 매체이다. 텔레비전의 경우 정밀도가 떨어지고, 그래서 수용자가 개입할 여지가 크기 때문이다. 텔레비전은 화면이 작고 적은 수의 주사선으로 구성되어 있기 때문에 정보의 세밀도가 낮다. 또한 수용자는 주위의 소음과 빛을 극복하고 텔레비전에 집중해야 하기 때문에 수용자의 참여도가 높은 편이다.[33] 정보량이 부족한 텔레비전을 제대로 수용하기 위해서는 수용자가 많은 정보를 동원해 그 빈틈을 메워야 한다는 것이다.[34]

이렇듯 텔레비전은 수용자가 메시지의 의미를 형성하는 데 기여할 여지가 많은 매체이다. 따라서 텔레비전의 경우 능동적 시청이 구현될

---

31 마샬 맥루한, 김성기 · 이한우 역, 『미디어의 이해 - 인간의 확장』(서울: 민음사, 2004), 56-71.
32 박종균, 『소비사회 · 대중문화 · 기독교』(서울: 도서출판 한들, 1997), 294.
33 주형일, 『영상매체와 사회』, 137.
34 정준영, 『텔레비전 보기 - 시청에서 비평으로』, 178.

가능성이 상대적으로 높다. 여기서 능동적 시청이란 시청자 스스로 의미를 만들어내는 상태를 가리킨다.[35] 흔히 우리는 텔레비전에서 의미를 구성하는 사람들은 방송 제작진이고, 수용자들은 이들 제작진이 만들어낸 의미를 단순히 해석해내는 존재로 생각한다. 그러나 실제로 적지 않은 수용자들이 문화적 지식을 동원해서 제작자가 의도한 의미를 나름대로 해석하는 경향을 지닌다.[36] 여기서 능동적 시청이란 개념이 성립하는 것이다.

예를 들어 텔레비전 방송에 나오는 대형 승용차를 보면서 어떤 수용자는 그 승용차를 타보았으면 하는 욕구를 가질 수 있다. 반면 다른 수용자는 기름이 나오지 않는 나라에서 대형 승용차를 타는 것은 도덕적으로 옳지 못한 태도라고 생각할 수 있다. 그런데 만일 프로그램 제작자의 의도가 그 승용차를 팔기 위한 것이라면 두 번째 수용자는 스스로 의미를 형성해낸 능동적 시청자라고 할 수 있다.

수용자가 텔레비전을 능동적으로 시청한다는 사실은 그 프로그램을 만든 제작자의 의도가 수용자에게 그대로 관철되지 않는다는 것을 뜻한다. 이런 측면에서 텔레비전을 통한 대중 조작의 실현이나 지배 이데올로기의 유포를 내세우는 관점은 그 설득력을 상실할 수밖에 없다. 이런 의미에서 텔레비전 방송은 이미 수용의 결과가 예정되어 있는 굳어진 이데올로기가 아니라 수용자마다 자기 나름의 해석을 내리는 다양한 이데올로기의 전시장이라고 할 수 있다.[37]

---

35 강준만,『대중문화의 겉과 속 I』, 362.
36 정준영,『텔레비전 보기 - 시청에서 비평으로』, 166.
37 강준만,『대중문화의 겉과 속 I』, 362-363.

4. 텔레비전에 관한 기독교의 과제

앞에서 확인된 바와 같이 자본으로서의 텔레비전 방송사가 방송 내용에 미치는 부정적 영향, 그리고 텔레비전 방송 내용이 수용자에게 미치는 부정적 영향은 그 정도가 미미하지 않다. 이에 기독교윤리는 텔레비전에 긍정적인 요소보다는 부정적인 요소가 더 많다는 사실을 인정한다. 바로 이런 이유에서 기독교윤리는 텔레비전에 대해 비판주의를 내세운다.

그러나 기독교에서 텔레비전은 하나님이 인간에게 허락한 커뮤니케이션 수단임에 분명하다. 이런 점에서 기독교윤리는 텔레비전을 통한 새로운 커뮤니케이션의 가능성을 배제하지 않는다. 기독교윤리는 텔레비전을 통한 커뮤니케이션이 수용자로 하여금 시간의 희소성과 진지하게 대면하면서 제한된 생의 시간을 의미 있게 채우도록 하는 데 기여할 수 있는 가능성을 추구하는 것이다. 따라서 기독교윤리적 측면에서 텔레비전이 어느 정도 긍정적인 측면을 지니고 있음은 부인할 수 없다.

그런데 만일 텔레비전이 긍정적인 측면을 전혀 보유하지 않고 전적으로 부정적인 측면만을 갖고 있는 대중매체라면 기독교윤리는 텔레비전 폐기론의 입장에 설 수밖에 없을 것이다. 텔레비전 방송사의 상업적인 의도가 텔레비전 방송 내용과 수용자에게 일방적으로 관철된다면, 그리고 방송 내용의 보수적인 논리가 수용자에게 그대로 수용된다면 우리 기독교인들이 해야 할 일이 텔레비전을 제거하는 것 외에 다른 무엇이 있겠는가.

이런 문제의식 아래 기독교윤리는 텔레비전 자본에 대해 텔레비전 방송 내용과 수용자가 갖고 있는 상대적 자율성을 인정한다. 나아가

텔레비전 방송 내용에 대한 텔레비전 수용자의 상대적 자율성도 수용한
다. 기독교윤리는 텔레비전이 이렇게 긍정적인 요소를 보유하고 있다
는 점에서 그것에 대해 부분적으로 낙관적인 태도를 지닌다.

여기서 우리는 기독교윤리가 텔레비전에 대해 낙관적 비관주의의
태도를 취한다는 결론에 도달하게 된다. 이런 낙관적 비관주의에 서
있는 기독교윤리는 일차적으로 텔레비전 방송사에 대해 부정적인 견해
를 지닌다. 시장경제체제 안에 활동하는 텔레비전 방송사 이면에는 거
대 자본의 마케팅 전략이 숨어 있음을 간과할 수 없다. 텔레비전 방송사
는 시청률을 매개로 한 커다란 상업적 압력 아래 놓여 있다. 이런 맥락에
서 피에르 부르디외Pierre Bourdieu는 텔레비전을 "매우 자율적이지 못
한 커뮤니케이션의 도구"[38]로 단정한다.

그러나 이런 부르디외의 단정은 지나치다고 판단된다. 텔레비전 커
뮤니케이션이 자율적이지 않다는 사실은 인정할 수 있지만 '매우 자율
적이지 못한'이란 표현은 수용자를 자의식이 없는 거울과 같은 존재로
간주한다는 점에서 수용되기 어렵다. 텔레비전 커뮤니케이션이 수용자
와 관계한다는 점에서 수용자의 제한적 자율성은 인정되어야 한다.

우리의 가치판단과는 독립적으로 텔레비전은 현대인의 일상생활에
강력한 영향을 미치고 있는 가장 일반적인 대중매체이다. 텔레비전은
이미 하나의 강력한 문화현실로 우리 앞에 버티고 서 있는 그 무엇인
것이다. 따라서 '자본의 논리' 혹은 '자본에 의한 포획'을 앞세워 구조
중심적 사고를 전개하는 것은 비현실적이다. 이런 사고를 지속시킬 때
우리는 결정론에 갇히게 되어 대안 제시에 관해 어떤 상상력도 발휘할

---

38 피에르 부르디외, 현택수 역, 『텔레비전에 대하여』(서울: 동문선, 2005), 61.

수 없기 때문이다.

이에 우리는 텔레비전 자본이 허용하는 제한된 조건 안에서 수용자가 능동적인 시청 행위를 통해 문화 주체로서 나름의 영향력을 행사하는 측면에 초점을 맞추어야 할 것이다. 특별히 기독교는 이런 과정에서 그 목표로 내세운 연대성, 곧 텔레비전을 통해 사회적이고 문화적인 약자들의 처지가 공개되면서 그들에 대한 수용자의 책임의식이 강화되는 상태에 도달하는 문제를 진지하게 고려해야 할 것이다.

가상세계와 현실세계의 혼돈 문제에 대해서도 비슷한 주장을 내세울 수 있다. 텔레비전 속성상 현실세계가 어떤 변형 과정 없이 그대로 화면에 드러날 수는 없다. 따라서 기독교는 텔레비전이 제공하는 영상세계가 사실세계를 드러내는지 그렇지 않는지를 물을 것이 아니라 가상적으로 만들어진 영상세계에 어느 집단의 이해관계나 세계관이 반영되었는지를 물어야 한다. 다시 말해서 텔레비전의 영상세계를 통해 어느 집단이 고려되고 어느 집단이 배제되는가를 따져보아야 할 것이다.[39]

앞에서 언급한 바 있는 장 보드리야르의 주장, 즉 이미지에 의한 실재의 대체 현상에 대해서도 동일한 문제를 제기할 수 있다. 곧 우리는 실재를 대체하면서 그것보다 더 강력하게 된 가상적 이미지에 어느 집단의 이해관계나 세계관이 반영되어 있는가를 물어야 한다는 것이다. 이런 맥락에서 기독교는 텔레비전을 둘러싼 문화적 권력관계를 분석하고, 나아가 이런 권력관계를 변화시키는 작업을 주요한 과제로 받아들여야 할 것이다.

문화는 다양하고 이질적인 요소들로 구성되어 있다. 그런데 문제는

---

[39] 윌리엄 포어, 『매스미디어 시대의 복음과 문화』, 126-127.

이질적인 요소들이 문화 속에서 동등한 위치를 점유하고 있는 것은 아니라는 데 있다.[40] 문화 속에 어떤 요소는 강하고 중심적인 위치를 차지하고 있는 반면 다른 요소는 약하고 부차적인 위치를 점유하고 있다. 그리고 이런 요소들 배후에는 그것을 지지하는 사회경제적 권력집단, 예를 들어 대기업들이 존재하고 있다. 문화적 요소들 가운데 사회경제적 권력집단이 내세우는 강한 요소가 전체 문화를 규정하는 데 결정적인 역할을 수행함은 물론이다.

텔레비전의 경우에도 이런 문화적 권력관계가 반영되어 있다. 텔레비전은 한 문화에서 강하고 중심적인 요소를 반영하면서 사회경제적 권력집단의 영향권 아래 놓이게 된다. 이런 사정으로 인해 텔레비전은 비민주적인 속성을 갖기 쉽다. 여기서 텔레비전 비평의 필요성이 대두된다. 텔레비전 비평이 추구하는 궁극적 목적이 이런 권력관계를 바꾸는 데 있기 때문이다.[41]

텔레비전 비평은 일차적으로 프로그램 속에서 문화적 권력관계가 표현되는 양상을 수용자들에게 드러내준다. 이런 과정을 통해 수용자로 하여금 문화적 권력관계, 더 나아가 사회경제적 권력관계를 변화시키도록 고무하고 자극한다. 한편 텔레비전에 관한 기독교윤리의 목적 가운데 하나는 바로 앞에서 언급한 바 있는 연대성이었다. 따라서 텔레비전 비평과 기독교윤리적 성찰은 그 지향성에서 서로 조응한다. 양자 사이의 이런 관계를 보다 긴밀히 하기 위해 기독교는 텔레비전 비평을 지원할 필요가 있다.[42] 특별히 기독교 정기 간행물들은 텔레비전 비평에

---

40 정준영, 『텔레비전 보기 - 시청에서 비평으로』, 48-49.
41 같은 책, 51.
42 퀜틴 슐츠, 김성웅 역, 『거듭난 텔레비전』(서울: IVP, 2002), 271-272.

깊은 관심을 갖고 지면을 할애해야 할 것이다.

기독교윤리적 관점에서 텔레비전이 가상세계를 형성한다는 사실 자체가 비판될 수 없을지라도 가상세계가 현실세계와 혼동되고 현실세계에 대해 우위성을 갖는 흐름은 결코 긍정적인 평가를 받을 수 없다. 가상세계가 아무리 현실세계 못지않게 생생하고 강력한 힘을 가진다고 해도 가상세계는 어디까지나 가상세계일 뿐이기 때문이다.[43]

가상세계가 가치를 지닐 수 있는 것은 현실세계로 피드백될 수 있을 때이다. 우리가 텔레비전에서 얻는 모든 정보는 현실과 밀접한 연관성을 갖는 한에서 유의미하다. 이런 맥락에서 기독교윤리는 대중매체의 기술이 아무리 발달한다고 해도 현실세계와 가상세계의 관계가 결코 역전되지 않을 것임을 확신한다.

현실세계와 가상세계의 역전 불가능성을 강조하는 기독교윤리의 관점은 텔레비전을 통해 형성된 가상공간이 일상공간을 침해하는 현상도 역시 부정적으로 바라본다. 이런 침식 현상은 수용자에게 획일적인 사고방식과 라이프스타일을 강요하기 때문이다. 더욱이 텔레비전이 제시하는 가상공간이 소아주의적 경향을 지니고 있다는 점에서 이런 일상공간의 침해는 기독교윤리적으로 정당화될 수 없다.

가상공간에 의한 현실공간의 침해 현상에 직면해서 기독교는 그 목표로 제시된 통전성과 창조성을 강조해야 할 것이다. 여기서 말하는 통전성은 수용자의 의식과 라이프스타일이 표준화되거나 획일화되지 않고 그것들이 지닌 독특성과 다양성이 충분히 발현되는 것을, 창조성은 수용자의 창조적 능력이 증진되거나 혹은 적어도 그것이 약화되지

---

43 남경태, 『개념어사전』(파주: 도서출판 들녘, 2007), 13.

않는 것을 의미하였다. 이런 통전성과 창조성을 견지하기 위해서 기독교인은 텔레비전 프로그램에 대해 비판적인 거리를 유지할 필요가 있다.

기독교인의 사명은 영원한 질서의 견지에서 역사적 질서를 평가하면서 세속 사회에 살면서도 그 안에 속하지 않고 사는 법을 배우는 것이다.[44] 오늘의 기독교인이 이 사명을 감당하기 위해서는 대중매체, 특히 텔레비전을 기독교윤리적 시각에서 접근할 수 있어야 한다. 다시 말해서 기독교인은 자기 자신과 텔레비전 프로그램 사이에 비판적인 간격을 유지하면서 자신의 신앙적 가치관에 입각해서 시청할 수 있는 능력, 곧 비판적 시청 능력을 배양해야 할 것이다.

여기서 말하는 비판적 시청 능력은 앞에서 언급한 바 있는 능동적 시청 능력보다 수용자의 주체성이 더욱 강화된 형태라고 할 수 있다. 비판적 시청 능력을 구비한 기독교인은 텔레비전에 대해 객관적인 거리를 두면서 프로그램을 선별해서 시청하고, 나아가 그렇게 선택된 프로그램의 의미 형성에 보다 적극적이고 성찰적으로 참여한다. 많은 기독교인들이 이런 수용 능력을 지니게 될 때 텔레비전은 하나님과 화해할 수 있으며 신앙적으로나 사회적으로 의미 있는 커뮤니케이션의 수단으로 거듭날 수 있을 것이다.

---

[44] 윌리엄 포어, 『매스미디어 시대의 복음과 문화』, 108.

5. 나오는 말

인간이 사회적 동물인 한 우리에게 커뮤니케이션은 필수적이다. 커뮤
니케이션은 우리에게 의미를 제공해주고 고독으로부터 벗어나게 해주
기 때문이다. 이런 의미에서 빌렘 플루서Vilém Flusser는 커뮤니케이션
을 "죽을 수밖에 없는 인간의 삶이 직면하는 지독한 무의미성을 극복하
게 해주는 것을 목적으로 하는 수단"[45]으로 이해한다.

한정된 삶에의 의미 부여를 추구하는 커뮤니케이션의 목적은 기독교
윤리의 근본정신과 일맥상통한다. 기독교윤리도 인간으로 하여금 유한
한 시간 안에서 의미 있는 삶을 꾸려나가도록 하는 데 그 목적을 두고
있기 때문이다. 실제로 기독교의 복음은 인간을 해방시키고 자유롭게
하여 그들로 하여금 삶의 기쁨과 충만함을 향유하도록 해주는 것을 추
구하고 있다.[46]

그러나 우리의 대중문화 현실을 보면 그것이 이런 목표치에 크게 미
달하고 있음을 어렵지 않게 확인할 수 있다. 특히 텔레비전의 경우 현대
인의 여가를 식민화한다는 비난을 받고 있다.[47] 여기서 여가의 식민화란
텔레비전이 여가시간의 상당 부분을 지배하면서 다른 사회문화적 활동
의 비중이 감소되는 현상을 가리킨다. 시간의 희소성을 강조하는 기독
교 윤리적 관점에서 보면 이런 여가의 식민화 현상은 옹호될 수 없다.
텔레비전을 시청하는 동안 우리는 기독교인의 주요 사명인 이웃과 자연

---

[45] M. Höhns (Hg.), *Chancen und Risiken in der Mediengesellschaft. Ein Lese- und Arbeitsbuch*,
München 2000, 24.
[46] 윌리엄 포어, 『매스미디어 시대의 복음과 문화』, 12.
[47] 정백, 『텔레비전 사피엔스』, 93.

세계에 대한 봉사를 포기할 수밖에 없기 때문이다.

인간으로 살아갈 시간이 제한되어 있기 때문에 기독교인은 무엇을 할 것인가를 신중히 선택해야 한다.[48] 여기서 텔레비전을 대하는 기독교인에게 시청 시간의 축소가 요구된다. 수용자가 아무리 주체적이고 사려 깊게 텔레비전을 시청한다고 하더라도 그런 시청 자세가 희소한 시간을 늘려줄 수 없기 때문이다.

우리가 텔레비전을 대하면서 시청 시간의 축소 문제를 진지하게 고려해야 하는 또 다른 이유는 텔레비전이 윤리적으로 중립적이지 않기 때문이다. 이미 지적한 바와 같이 텔레비전에 긍정적인 요소보다는 부정적인 요소가 더 많다. 따라서 텔레비전은 일반적인 시청자는 물론 능동적인 수용자까지도 압도하는 힘이 있다.

실제로 텔레비전 시청이 길어지면 수용자의 적극적이고 성찰적인 시청 능력이 발휘되지 않을 가능성이 높아진다. 따라서 수용자의 이러한 시청 능력을 과대평가하는 것은 자칫 텔레비전에 대한 우리의 판단을 흐리게 만들 수 있다. 이런 이유들로 인해 기독교윤리가 제안하는 비판적 시청은 시청 시간의 축소까지 포함한 보다 넓은 개념으로 이해되어야 할 것이다.

---

48 퀸틴 슐츠, 『거듭난 텔레비전』, 256.

5장

요릭 슈피겔의
환경윤리

1. 들어가는 말

요릭 슈피겔Yorick Spiegel은 한국 신학계에 거의 알려지지 않은 기독교 윤리학자이다. 1935년 독일 뒤셀도르프Düsseldorf에서 태어난 그는 대학에서 독문학과 신학을 공부하였다. 1965년 미국으로 건너가 신학석사학위를 취득하였다. 귀국하여 1967년에 신학박사학위를 취득하고 목사 안수를 받았다. 1972년 교수자격Habilitation을 취득하고 프랑크푸르트 대학에 기독교윤리 담당교수로 취임하였다. 그 뒤 은퇴할 때까지 계속 같은 대학에서 기독교윤리를 가르쳤다.

그는 주 전공인 기독교윤리 외에 실천신학과 사회심리학에도 관심을 갖고 이 세 분야에 관한 적지 않은 업적을 내놓았다. 그가 저술한 주요

단행본에는『시민사회의 신학: 프리드리히 슐라이어마허의 사회철학과 신앙론』(*Theologie der bürgerlichen Gesellschaft: Sozialphilosophie und Glaubenslehre bei Friedrich Schleiermacher*, 1968),『관료주의적 조직으로서의 교회』(*Kirche als bürokratische Organisation*, 1969),『목사직: 공동체, 교회, 공론장』(*Der Pfarrer im Amt: Gemeinde, Kirche, Öffentlichkeit*, 1970),『애도의 과정 1・2권』(*Der Prozeß des Trauerns* I・II, 1973),『신학과 사회적 실천』(*Theologie und gesellschaftliche Praxis*, 1974),『무거운 짐을 덜어주기: 사회윤리학입문 1권』(*Hinwegzunehmen die Lasten der Beladenen: Einführung in die Sozialethik* I, 1979),『그가 사는 것처럼 믿어라 1・2・3권』(*Glaube wie er leibt und lebt* I・II・III, 1984),『경제윤리와 경제실제: 양자 사이에 모순은 증가하는가?』(*Wirtschaftsethik und Wirtschaftspraxis: ein wachsender Widerspruch?*, 1992),『십자가의 길』(*Kreuzweg*, 1997) 등이 있다.[1]

5장에서는 슈피겔의 이런 저술들 가운데『경제윤리와 경제실제: 양자 사이에 모순은 증가하는가?』에 주목하여 여기에 나타난 그의 환경윤리에 관해 살펴보고자 한다. 이 책은 11장으로 구성되어 있다. 서장에서는 경제윤리적 성찰의 단계에 관해 서술하고 있다. 이어지는 나머지 장들에서는 이 성찰의 단계에 따라 열 가지 대표적인 사회경제적 주제에 대해 윤리적 성찰을 진행하고 있다.

슈피겔이 선정한 열 가지 사회경제적 주제는 다음과 같다. 기본 욕구의 충족, 재분배, 건강, 노동에 대한 권리, 노동의 인간화, 참여와 통제, 자연자원과 환경의 보전, 성장의 한계, 낭비의 종언, 인간적인 척도가 그것이다. 슈피겔의 환경 이해를 고찰하려는 이 장에서는 이런 주제들

---

[1] T. Heorschelmann, T. Kreutzer und T. Weiß (Hg.), *Problemwahrnehmungen: Aufsätze zu den Aufgabenstellungen der Theologischen Ethik*, Weimar 1997, 180.

가운데 자연자원과 환경의 보전, 성장의 한계, 낭비의 종언, 인간적인 척도에 관심을 집중하고자 한다.

그런데 이 장에서는 이 네 주제에 대해 슈피겔이 시도하고 있는 단계적인 윤리적 성찰 과정을 서술하지는 않을 것이다. 그 대신 그의 환경윤리사상을 명확히 소개한다는 목적 아래 이러한 성찰 과정에서 드러나고 있는 환경 이해를 체계적으로 정리하고자 한다. 이를 위해 그가 생각하고 있는 환경윤리의 목표, 구현 전략, 사회적 주체에 관해 차례로 살펴볼 것이다.

2. 환경윤리의 목표

슈피겔에게 환경윤리는 경제윤리의 한 구성요소이다. 따라서 그가 제시하는 경제윤리의 목표는 넓은 의미에서의 환경윤리의 목표와 동일시될 수 있다. 그렇다면 그에게 경제윤리의 목표 혹은 넓은 의미에서의 환경윤리의 목표는 무엇인가? 그는 이러한 목표를 설정하는 과정에서 무엇보다도 먼저 아르투어 리히가 제시하고 있는 경제윤리의 목표를 언급한다.

리히는 경제윤리의 목표로 전통적으로 기독교신앙의 모토가 되어온 '믿음, 소망, 사랑'을 제시한다.[2] 그는 이런 목표가 기독교인의 특수한 경험을 반영할 뿐만 아니라 기독교와 직접적인 관련이 없는 일반인의

---

2 A. Rich, *Wirtschaftsethik I: Grundlagen in theologischer Perspektive*, 4. Aufl., Gütersloh 1991, 105-128.

경험까지도 포괄하고 있다는 전제 아래 믿음, 소망, 사랑을 최고의 윤리적 목표로 상정하고 있다. 그런데 슈피겔은 리히의 이런 추상적인 목표를 받아들이지 않는다. 그 대신 '근심 없고 충족된 삶ein sorgenfreies und erfülltes Leben'이라는 보다 구체적인 상태를 경제윤리의 목표 혹은 넓은 의미에서의 환경윤리의 목표로 내세우고 있다.[3]

4장에서 언급한 바와 같이 경제학에서 자주 언급되는 희소성이란 재화와 서비스 혹은 노동력과 자연자원이 제한되어 있다는 사실을 의미한다. 반면 기독교윤리에서 이야기되는 희소성은 인간으로 살아가는 시간이 제한되어 있음을 뜻한다. 기독교윤리적 관점에서 인간에게 중요한 것은 이런 시간의 희소성과 진지하게 대면하면서 제한된 생의 시간을 의미 있게 채우는 일이라고 슈피겔은 주장한다.

그렇다면 여기서 의미 있는 삶이란 어떤 것인가? 슈피겔에게 그것은 하나님의 사랑에 근거하여 자신과 이웃을 근심으로부터 해방시키는 삶을 의미한다. 신약성서는 인간에 대한 하나님의 사랑, 하나님에 대한 인간의 사랑, 그리고 인간에 대한 인간의 사랑을 이야기한다. 그는 마태복음 6장의 내용에 근거하여 하나님이 우리 인간의 걱정을 대신 담당하시면서 우리를 근심으로부터 해방시키시기 때문에 하나님을 믿는 우리 기독교인들은 지나치게 염려할 필요가 없다고 주장한다.[4]

그런데 그에 따르면 우리가 근심으로부터 해방된다는 것은 우리 자신이 다른 사람들을 걱정해주어야 한다는 요구를 포함하고 있다. 그래서 하나님의 염려 덕분에 자신에 대한 근심으로부터 해방된 우리는 다

---

[3] Y. Spiegel, *Wirtschaftsethik und Wirtschaftspraxis: ein wachsender Widerspruch?*, Stuttgart 1992, 21.
[4] 같은 책, 22.

른 이들의 근심거리를 제거해주기 위해 노력해야 한다는 것이다. 이렇게 보면 그에게 있어 우리가 자신에 대해 근심하지 않는 것은 우리가 다른 이들을 위해 염려하면서 그들의 근심을 없애주는 것을 목적으로 한다고 할 수 있다.

그런데 여기서 슈피겔이 말하는 근심이란 어떤 형태의 염려를 의미하는가? 그리고 그가 내세우는 근심 없는 삶이란 어떤 상태를 가리키는가? 그에게 근심은 무엇보다도 물질적인 것의 부재나 부족으로 인해 발생한다. 따라서 근심 없는 삶은 일차적으로 물질적인 넉넉함에 의존한다.[5] 우리에게 물질적 배려가 주어지고 우리가 이런 배려를 요구할 수 있는 경제적 수준에 도달하게 될 때 근심 없는 삶을 구현할 수 있는 기본조건이 갖추어지게 되는 것이다.

그런데 이런 경제적인 여유만 가지고 우리가 모든 염려들로부터 해방되기는 어려울 것이다. 따라서 그에게 근심 없는 상태란 물질적인 것이 원활하게 공급될 뿐만 아니라 몸과 마음의 건강이 유지되고 공동체적인 의미가 획득되고 교육이 충분히 제공되는 수준을 의미한다.[6] 또한 그것은 사회구성원 모두에게 많은 가능성이 열려 있는 상황도 포함한다.[7] 생태학적인 측면에서 하나님께서 우리에게 허락하신 자연환경이 제대로 보존될 때 우리가 근심으로부터 벗어날 수 있는 것은 물론이다.

슈피겔은 이렇게 다양한 형태의 근심으로부터 해방되어 충족된 삶을 영위하는 상태를 강조하는 과정에서 하나님의 부요에 관해 언급한다.

---

5 같은 책, 22.
6 같은 책, 182.
7 같은 책, 22-23.

그는 하나님이 모든 것에서 부요하신 존재이기 때문에 그분을 따르는 우리 그리스도인들도 세상을 풍성하게 만들어야 한다고 주장한다.[8] 이런 맥락에서 그는 요한복음 10장 1절을 인용한다. "내가 온 것은 양으로 생명을 얻게 하고 더 풍성히 얻게 하려는 것이라." 이렇게 보면 그가 추구하고 있는 근심 없고 충족된 삶이란 윤리적 목표는 '풍성한 생명'으로도 표현될 수 있다.

3. 환경윤리의 구현 전략

슈피겔이 이와 같이 경제적 차원을 포함한 다양한 측면에서 근심 없고 충족된 삶을 실현하는 것에 환경윤리의 목적을 두고 있다는 사실로부터 우리는 그의 견해가 환경보전과 경제성장이 결코 양립할 수 없다는 생태중심주의나 생태근본주의와 거리를 두고 있음을 어렵지 않게 파악할 수 있다. 그가 환경윤리를 경제윤리의 한 부분으로 이해하고 있다는 점에서도 드러나는 바와 같이 그는 과학기술의 발전을 통해 환경보전과 경제성장이 양립할 수 있다는 기술중심주의를 지지하고 있다.

그렇다면 이런 기술중심주의적인 환경윤리의 목표를 실현하기 위해 그가 제시하고 구체화 방안은 무엇인가? 슈피겔에 따르면 현재의 환경 위기를 극복하면서 사회구성원들에게 근심 없고 충족된 삶을 보장하기 위해서는 다음과 같은 환경윤리적 전략들이 구사될 필요가 있다고 한다. 곧 질적인 경제성장에 의한 양적인 경제성장의 대체, 자원 절약에

---

8 같은 책, 22.

의한 자원 낭비의 대체, 예측 가능한 기술에 의한 예측 불가능한 거대기술의 대체가 그것이다.[9]

1) 질적인 경제성장의 실현

기술중심주의적 관점에서 볼 때 인간의 물질적 복리를 증대시키기 위해 자연환경을 무자비하게 파괴하고 착취하는 극단적인 태도는 결코 정당화될 수 없다. 그러나 동시에 낭만적인 입장에 서서 생태계를 보다 철저하게 보전하기 위해 경제성장이나 경제 발전 자체를 거부하는 정반대의 극단주의도 수용될 수 없다.

성장 없는 경제는 인류의 대부분으로 하여금 비참한 생활 가운데 살아가도록 강제할 수밖에 없다.[10] 따라서 이러한 경제는 슈피겔이 설정한 환경윤리의 목표를 실현할 수 없다. 이렇게 보면 그의 윤리적 틀 안에서는 경제성장에 대한 일방적 긍정뿐만 아니라 일방적 부정도 수용되고 있지 않다고 할 수 있다. 그렇다면 그에게 정작 중요한 것은 경제성장이 드러내는 외형적인 크기가 아니라 경제성장이 지닌 내용적인 질일 것이다. 이런 의미에서 그는 양적인 경제성장 대신에 질적인 경제성장을 내세우고 있다.[11]

양적인 경제성장이란 국민총생산GNP의 증가가 인간 복리를 증진시킨다는 전제 아래 GNP의 양적인 확대를 우선적으로 추구하는 경제성장을 의미한다. 따라서 여기서는 환경 파괴 때문에 생겨나는 사회적

---

9 같은 책, 170.

10 A. Rich, *Wirtschaftsethik II: Marktwirtschaft, Planwirtschaft, Weltwirtschaft aus sozialethischer Sicht*, 1. Aufl., Gütersloh 1990, 165.

11 Y. Spiegel, *Wirtschaftsethik und Wirtschaftspraxis*, 171.

손실이나 쾌적한 자연환경을 통해 얻어지는 사회적 이득이 고려되지 않는다. 반면에 질적인 경제성장은 GNP가 인간 복리의 정도를 측정하는 결정적 척도가 될 수 없다는 전제 아래 환경보전을 위해 자연자원을 더 많이 투입하지 않으면서도 삶의 질을 지속적으로 향상시키는 경제성장을 뜻한다.

이런 정의들로부터 양적인 경제성장이냐 질적인 경제성장이냐를 가르는 것은 GNP라는 경제지표의 고려 여부에 달려 있다는 사실이 드러난다. 이런 의미에서 슈피겔은 양적인 경제성장에서 벗어나 질적인 경제성장으로 나아가기 위해서는 지금까지 양적인 경제성장을 이론적으로 뒷받침해왔던 GNP 지표의 사용을 재고하는 것이 필요하다고 판단한다.

GNP는 1년 동안 국민 전체가 경제 활동에서 얻은 최종 생산물의 총액을 의미하는 지표로서 1930년대 이래로 경제적 발전이나 진보를 측정하는 통계학적 공식 기준으로 사용되어왔다. 물론 그간 이 지표를 둘러싸고 학문적인 논란이 없었던 것은 아니다. 그럼에도 GNP는 학문 영역이나 현실 생활에서 동요되거나 변경되지 않은 채 사용되고 있다. GNP는 비판적으로 분석해보면 그 설득력을 늘 의심할 수밖에 없음에도 그동안 우리는 이 지표에 의지해서 사회의 복리 상태나 진보 수준을 가늠해왔던 것이다.

이런 의미에서 슈피겔은 GNP를 경제성장 문제와 관련된 하나의 상징적 합의양식symbolische Einigungsformel으로 간주한다. 여기서 상징적 합의양식이란 사회적으로 강한 권력을 지닌 집단이나 학문적으로 영향력 있는 집단이 다른 사회구성원들의 저항을 무마시키면서 사회적 합의를 형성해내는 데 사용하는 개념 혹은 표상을 뜻한다.[12]

그가 상징적 합의양식이란 개념을 내세우는 까닭은 이런 상징적 합의양식의 유포를 통해 어떤 집단의 이해관계가 고려되고 어떤 집단의 이해관계가 무시되는지 따져보기 위함이다. GNP의 경우 이 지표의 사용이 보편화되면서 양적인 경제성장을 지지하는 집단의 이해관계는 반영되고 있는 반면 생태중심주의나 질적인 경제성장을 주장하는 집단의 이해관계는 배제되고 있다고 할 수 있다.

슈피겔은 보다 구체적으로 상징적 합의양식으로서의 GNP 지표가 노정하고 있는 문제점들을 환경경제학자 빈스방어H. C. Binswanger를 비롯한 몇몇 경제학자들의 논의에 기대어 다음의 네 가지로 요약하고 있다.[13]

첫째, GNP의 크기로 측정되는 양적인 경제성장이 국가의 부를 감소시킬 수 있다는 것이 문제점으로 지적될 수 있다. 이런 측정 방식에 입각하면 석탄이나 석유와 같은 자연자원을 채굴하는 경우 GNP는 증가하고 이에 따라 경제성장률도 상승한다. 그런데 이런 경우에 국가가 소유하고 있는 부의 구성요소인 자연자원이 사라지게 된다. 따라서 실제로는 GNP로 표현되지 않은 국가의 부가 소실되는 것이다.

둘째, GNP는 구입되거나 지불되지 않은 경제 활동을 포괄하지 못한다는 문제점을 지닌다. GNP가 산정될 때 가정 안에서 이루어지면서 금전적으로 보상되지 않는 가사노동은 포함되지 않는다. 또한 사회문화적으로 의미 있는 자원봉사 활동도 고려의 대상이 될 수 없다.

셋째, 자연환경이 파괴되면 될수록 훼손된 자연환경을 복구하는 비

---

12 같은 책, 23.
13 같은 책, 180-181.

용이 늘어나기 때문에 그에 따라 GNP의 성장률이 상승하게 된다는 것도 문제점으로 지적될 수 있다. 하수의 자기 정화 능력이 상실되어 인위적으로 정수 설비를 시공한 경우에 GNP는 증가한 것으로 집계된다. 또한 대기가 오염되어 공기청정기를 설치한 경우에도 경제성장률은 올라가게 된다.

넷째, GNP는 상품의 효율적 이용 문제를 고려하지 못하는 문제점을 드러낸다. 내구성을 지닌 제품이 그렇지 못한 제품보다 더 큰 효율성을 지니고 있음은 자명하다. 따라서 사용가치를 생각하면 이런 내구성을 갖춘 상품을 사는 것이 합리적인 소비 행태라고 할 수 있다. 그러나 GNP를 산정하는 경우 이런 제품을 구입하기보다는 일회용 제품을 빈번하게 구매하는 편이 경제성장에 더 많은 기여를 할 수 있다.

이처럼 GNP가 많은 문제점들을 갖고 있다면 그것은 질적인 경제성장의 정도를 측정하기 위한 경제지표로 채택될 수 없다. 그렇다면 질적인 경제성장을 위한 대안적인 경제지표는 무엇인가?

그런데 이러한 질문은 환경윤리학의 영역을 넘어서고 있음에 분명하다. 이런 이유에서 환경윤리학자로서 슈피겔은 요즘 환경경제학계에서 이슈가 되고 있는 이른바 녹색 GNP(green GNP)를 개발하는 문제와 직접 대결하지 않고 있다.[14] 대신 그는 우리가 질적인 경제성장을 추구하는 과정에서 염두에 두어야 할 다음의 몇 가지 사항들을 제시함으로써 새로운 경제지표를 개발하는 데 필요한 고려 변수들을 선정하는 작업에 기여하려고 한다.[15]

---

[14] 이런 녹색 GNP를 개발하기 위한 이론적 시도들에 관해서는 이정전, 『환경경제학』(서울: 박영사, 2004), 342-359를 참조할 것.

[15] Y. Spiegel, *Wirtschaftsethik und Wirtschaftspraxis*, 182-183.

첫째, 교통 시설, 건강 배려, 주택 건설 등과 같은 공공 서비스가 향상되어야 한다. 둘째, 정신적이고 문화적인 자기 실현을 위해 교육 분야와 여가 분야에 대대적인 투자가 이루어져야 한다. 셋째, 상품들의 질과 견고성을 제고해야 한다. 넷째, 재활용과 캐스케이딩-다운 원칙cas-cading-down-principle[16]을 강화해야 한다. 다섯째, 실업률을 축소하기 위해 진력해야 한다. 여섯째, 국가 경제의 과도한 수출 의존성을 경계해야 한다.

2) 자연자원의 절약

슈피겔에 따르면 일반적으로 현대 경제에는 절약과 낭비의 이중적인 측면이 존재한다.[17] 곧 자본주의 경제는 한편으로 희소성의 원리에 근거하여 자연자원을 최대한 절약하면서 재화와 서비스를 생산해내지만 다른 한편으로 사회 복리를 극대화시킨다는 명목 아래 재화와 서비스를 과도하게 생산함으로써 경제 주체들에게 지나친 소비를 강요하게 되고, 나아가 자연자원의 낭비를 초래한다는 것이다.

그런데 이런 과잉 소비와 자원 낭비는 사적인 부문과 공적인 부문 모두에서 진행되고 있다. 그의 분석에 따르면 사적인 부문에서의 낭비는 무엇보다도 먼저 유행주기의 단기화에서 발견된다.[18] 유행이 빠르게 바뀌는 경향은 의류와 액세서리를 비롯한 전체 상품들에서 나타나고 있다. 소비자들은 유행주기가 짧아지면서 상품의 질이 저하되고 있다

---

16 캐스케이딩-다운 원칙이란 서로 맞물리는 생산공정을 통해 에너지와 원료를 효율적으로 사용하는 원칙을 뜻한다.
17 Y. Spiegel, *Wirtschaftsethik und Wirtschaftspraxis*, 190-191.
18 같은 책, 196.

고 비난한다. 그러나 그가 보기에 낭비라는 측면에서 이보다 더 심각한 것은 최상의 질을 가지고 있으면서도 유행이 빠르게 바뀌어 제품이 쓸모가 없게 되는 경우이다.

이외에 그가 사적인 낭비의 예로 지적하고 있는 것은 필요 이상 많은 기능을 가진 전자제품과 소비자가 필요로 하는 개수를 초과하는 상품 묶음이다. 그는 일회용품, 과대포장, 광고전단지 등도 사적인 낭비의 사례로 꼽고 있다. 흥미로운 점은 그가 기념일과 명절을 사적인 낭비의 대표적인 예로 간주한다는 사실이다. 어버이날이나 크리스마스와 같은 특별한 날에 사치와 낭비는 극에 달한다는 것이다.

한편 슈피겔은 공적인 부문에서의 낭비의 가장 대표적인 사례로 원자력에너지, 곧 핵에너지의 사용을 들고 있다.[19] 흔히 핵에너지를 찬성하는 사람들이 내세우는 결정적인 근거는 핵발전의 경제성이다. 그들은 핵발전의 단가가 수력발전이나 화력발전의 단가보다 낮다고 주장한다. 그러나 이런 계산법에는 분명 오류가 있다. 왜냐하면 여기에는 건설 비용, 안정관리 비용, 해체 비용 등이 제대로 반영되어 있지 않기 때문이다.[20]

특히 핵발전소의 건설 비용과 해체 비용은 엄청난 액수에 달하고 있다. 일반적으로 핵발전소의 건설비는 공사 기간이 길어질수록, 그리고 고도의 안전장치를 마련하기 위한 설비가 복잡해질수록 기하급수적으로 상승한다. 핵발전소의 평균 수명은 30년 정도에 불과하기에 핵발전의 단가를 산정하는 경우 해체비용도 고려해야 한다. 그런데 앞으로

---

19 같은 책, 198-199.
20 조용훈, 『기독교환경윤리의 실천과제』(서울: 대한기독교서회, 1997), 280-281.

핵발전소를 해체하는 데 막대한 자금이 소요될 것이라는 것이 전문가들의 공통된 의견이다. 심지어 해체 비용이 건설 비용과 맞먹는 수준이 될 것이라는 통계자료도 나오고 있다.

슈피겔은 위에서 제시된 비용들 외에 만만치 않은 플루토늄의 수송 비용도 포함될 필요가 있다고 지적한다. 이렇게 보면 핵에너지의 사용은 안정성의 측면에서뿐 아니라 경제성의 측면에서도 문제가 있다고 할 수 있다. 이런 이유에서 그는 핵에너지 사용을 전형적인 공적 낭비로 간주하는 것이다.

그는 이러한 핵에너지 사용과 아울러 자기부상열차 개발, 우주비행 연구, 군수산업 지원 등도 주요한 낭비의 형태로 이해한다.[21] 그는 이 가운데 특히 군수산업의 지원에 주목한다. 독일의 경우 정부가 군수산업에 대한 지원을 지속적으로 늘려오고 있기 때문에 국방예산의 규모가 사회복지예산의 규모와 비슷한 수준에 이르고 있다고 비판한다.

더 나아가 그는 독일을 비롯한 선진국들의 군수산업 발전이 제3세계에서 엄청난 낭비를 초래하고 있다는 사실을 강조한다. 이러한 사실과 관련해서 그는 기독교윤리가 어떤 사회경제적 문제를 선진국의 콘텍스트 안에서만 다루어서는 안 된다는 점을 분명히 한다. 그는 독일어권의 탁월한 기독교윤리학자들인 아르투어 리히 및 트루츠 렌토르프Trutz Rendtorff와 마찬가지로 제1세계와 제3세계의 관계를 염두에 두면서 선진국의 사회경제적 문제가 후진국에 미치는 부작용을 파악하려고 노력한다.[22]

---

21 Y. Spiegel, *Wirtschaftsethik und Wirtschaftspraxis*, 199-200.
22 제1세계와 제3세계의 관계에 대한 아르투어 리히나 트루츠 렌토르프의 견해에 관해서는
    A. Rich, *Wirtschaftsethik II*, 345-368과 T. Rendtorff, *Ethik II: Grundelemente*,

물론 전 세계의 교역량 가운데 부유한 나라들과 가난한 나라들 사이의 교역량이 차지하는 비중이 크지 않다는 것은 부인될 수 없는 사실이다. 이런 사실에도 불구하고 '하나의 세계'와 '한 분이신 하나님'의 관점에서 보면 제1세계와 제3세계의 사회경제적 관계는 기독교윤리적인 중요성을 지닌다고 그는 주장한다.[23] 특히 현재 진행되고 있는 환경위기를 염두에 두면 더욱 그러하다는 것이다.

슈피겔은 선진국의 사회경제적 문제가 후진국에 끼치는 영향을 보다 명확하게 파악하기 위해서는 다음과 같은 질문들을 묻고 답하는 것이 중요하다고 강조한다.[24] 현재 선진국이 향유하는 높은 수준의 복지는 얼마만큼 후진국에 대한 착취에 근거하고 있는가? 제3세계는 자신이 해결하지 못하는 문제들을 어떤 방식으로 제3세계에 전가시키는가?

지난 몇 십 년 동안 선진국들의 군수산업은 개별 정부의 적극적인 지원에 힘입어 눈부신 발전을 거듭해왔다. 그런데 1980년대에 들어서 선진국들, 특히 미국은 갈수록 규모가 커지는 국방 프로젝트를 재정적으로 감당할 수 없는 지경에 이르게 되었다. 그렇다고 국내 경제에 미칠 충격으로 인해 쉽사리 군수산업의 감축을 시도할 수 없었다.

이런 딜레마적 상황에서 선진국들이 생각해낸 것은 제3세계로의 무기 수출이었다고 슈피겔은 지적한다.[25] 선진국들은 자신의 사회경제적 문제를 자체적으로 해결할 수 없어 이를 제3세계에 전가시켰던 것이다. 물론 1980년대 이전에도 선진국들의 무기 수출이 없었던 것은 아니지

Methodologie und Konkretionen einer ethischen Theologie, 2. Aufl., Stuttgart 1991, 206-212를 참조할 것.

[23] Y. Spiegel, *Wirtschaftsethik und Wirtschaftspraxis*, 25.

[24] 같은 책, 25.

[25] 같은 책, 203.

만 이 시기를 기점으로 해서 첨단 살상무기들이 대규모로 제3세계에 유입되었다.

그런데 문제는 첨단무기들이 제3세계에 유입되면서 이를 토대로 후진국들이 이런 무기들을 자체적으로 생산해낼 수 있게 되었다는 사실에 있다고 그는 주장한다.[26] 실제로 파키스탄, 인도, 브라질, 리비아 등과 같은 나라들이 정부의 대대적인 지원에 힘입어 핵무기나 생화학무기를 직접 개발하고 있다. 그는 제3세계의 이런 무기 개발이 제1세계에서와 마찬가지로 커다란 낭비를 초래하고 있다고 비판한다.

그렇다면 우리가 이런 사적인 부문과 공적인 부문에서의 자원 낭비를 중지시키고 자연자원의 절약을 실현할 수 있는 방안은 무엇인가? 안타깝게도 슈피겔은 이런 질문에 대한 직접적인 답변을 회피하고 있다. 그러면서 그는 이런 물음을 바람직한 삶의 양식을 논의하는 문제로 축소시키고 있다.

그러면 그가 생각하는 이상적인 삶의 양식은 무엇인가? 이런 질문에 대답하기 위해 그는 먼저 금욕주의와 대결한다. 그에게 금욕주의란 인간의 삶을 사랑스럽고 즐겁고 살 가치가 있도록 만들어주는 것들을 포기하는 태도를 의미한다.[27] 그가 보기에 이런 태도는 "먹기를 탐하고 포도주를 즐겼던" 예수의 행태와는 거리가 멀다는 것이다. 따라서 금욕주의는 기독교적인 대안적 삶의 양식일 수 없다고 그는 단언한다.

슈피겔은 이런 금욕주의 대신에 적절한 수준의 소비생활을 바람직한 삶의 양식으로 간주한다. 그러나 그는 낭비 없는 적절한 소비생활이

---

26 같은 책, 204.
27 같은 책, 194.

구체적으로 무엇인지, 그리고 그런 삶의 양태를 가능하게 하는 실제적인 방안이 무엇인지에 관해 침묵하고 있다. 그는 단지 소비의 탈신화화를 통해 일정한 정도의 재화와 서비스만을 소비하고 소비 가능성과 자존감을 혼동하지 않으면서 쾌적한 삶을 구현해야 한다는 원론적인 주장만을 내세우고 있다.[28]

3) 예측 가능한 기술의 개발

일반적으로 과학기술의 문제점을 해결하기 위한 정책 대안으로 제시되는 것이 기술영향평가technology assessment이다. 과학기술은 외부세계에 대해 언제나 긍정적인 영향만을 미치는 것이 아니라 경우에 따라서 부정적인 영향도 미칠 수 있다. 따라서 우리는 개발 중에 있는 과학기술이 외부세계에 어떤 영향을 미칠 것인가를 사전에 평가하여 예상되는 부정적 측면을 최소화하고 긍정적인 측면을 최대화함으로써 과학기술의 발전이 자연환경의 보전에 기여할 수 있도록 유도해야 한다.

기술영향평가란 이러한 외부세계에 대한 과학기술의 영향을 체계적으로 분석하고 평가하여 그 결과를 과학기술정책에 반영하는 일련의 과정을 의미한다.[29] 이러한 정의에 근거해볼 때 기술영향평가는 과학기술에 대한 외부적 규율을 실현시킬 수 있는 효과적인 정책 방안으로 간주될 수 있다. 이런 강점으로 인해 실제로 대부분의 선진국들은 과학기술정책을 입안할 때 기술영향평가를 필수 구성요소로 포함시키고 있다.

---

28 같은 책, 192-194.
29 이영희, 『과학기술의 사회학: 과학기술과 현대사회에 대한 성찰』(서울: 도서출판 한울, 2000), 174.

이런 시대적 흐름에도 불구하고 슈피겔은 기술영향평가를 하나의 상징적 합의양식으로 폄하한다.[30] 특히 핵에너지 기술의 경우에 더욱 그러하다는 것이다. 그는 기술영향평가가 과학기술의 부정적 측면을 지양할 수 있는 정책 대안이 아니라 사회적으로 영향력 있는 집단이 의도적으로 사회적 합의를 형성해내는 데 사용하는 상징적 합의양식에 불과하다고 비판한다.

이런 비판에 이어서 그는 상징적 합의양식으로서의 기술영향평가가 지닌 문제점들을 다음과 같이 제시한다.[31] 기술영향평가가 2-3년을 넘어서는 장기간에 걸친 영향력을 분석하지 못하고 있다는 점, 문제가 되고 있는 과학기술이 이미 개발되고 난 뒤에 기술영향평가가 이루어지고 있다는 점, 정치적으로 중립적인 평가 기구를 만들지 못하고 있다는 점 등이 그것이다.

그런데 이런 문제점들은 기술영향평가를 시행하는 과정에서 생겨나는 것이기에 그것에 대한 근본적이고 본질적인 비판이라고 간주하기는 어렵다. 슈피겔 또한 이 점을 명확히 인식하고 있다. 이런 인식 아래서 그는 기술영향평가가 지닌 결정적인 문제점을 그것이 거대한 과학기술의 개발 자체를 전제하고 있다는 사실에서 찾고 있다.

그렇다면 슈피겔이 거대기술의 개발 자체를 문제시하는 이유는 무엇인가? 그것은 거대기술이 내장하고 있는 최대화 경향 때문이다. 여기서 말하는 최대화 경향이란 다른 모든 것들을 희생시키면서 자신을 확장하고 풍요롭게 만드는 노력을 의미한다.[32] 따라서 최대화 경향을 지닌 거

---

[30] Y. Spiegel, *Wirtschaftsethik und Wirtschaftspraxis*, 212.

[31] 같은 책, 213.

[32] 같은 책, 209.

대한 과학기술이 존재하거나 개발될 때 자연환경이 파괴되는 것은 불가피한 현상이라고 할 수 있다.

이런 논리적 귀결을 고려하면서 그는 거대한 과학기술에 대한 기술영향평가의 시행보다는 거대기술의 지양을 정책 대안으로 제시한다. 그렇다고 해서 기술중심주의 진영에 속해 있으면서 과학기술이 지닌 긍정적인 계기를 인정하고 있는 그가 과학기술 자체를 부정하는 것은 결코 아니다. 그렇다면 그가 추구하는 과학기술이란 어떤 것인가라는 질문을 제기할 수 있다.

이 물음에 관해 슈피겔은 명확한 답변을 제시하지 않는다. 그럼에도 전후 문맥을 통해 미루어볼 때 그가 지향하고 있는 과학기술의 형태는 경제학자 에른스트 프리드리히 슈마허Ernst Friedrich Schumacher가 제안하는 중간기술intermediate technology로 볼 수 있다.[33]

슈마허에게 거대기술은 대량생산에 이용되는 기술로서 본질적으로 폭력적이고 생태계를 파괴하고 재생될 수 없는 자연자원을 낭비한다. 반면 중간기술은 대중에 의한 생산을 지원하는 기술로서 분산화를 유도하고 생태계의 법칙과 공존할 수 있고 희소한 자원을 낭비하지 않는다. 그렇다고 여기서 말하는 중간기술이 과거의 원시적인 기술과 동일한 것은 결코 아니다. 그가 내세우는 중간기술은 원시적인 기술보다 훨씬 더 우수하면서 동시에 거대기술보다는 훨씬 더 소박하고 값싸고 제약이 적은 기술을 의미한다.[34]

이런 중간기술은 불투명하고 예측 불가능한 거대기술과는 달리 그

---

³³ 같은 책, 210, 218-219.
³⁴ 에른스트 프리드리히 슈마허, 이상호 역, 『작은 것이 아름답다: 인간 중심의 경제를 위하여』
(서울: 문예출판사, 2002), 196-197.

규모가 작기 때문에 투명하고 예측 가능하다는 장점을 가지고 있다. 슈피겔은 이런 장점에 주목하여 결과를 예측할 수 없는 거대한 과학기술에서 상대적으로 결과를 예측하기 용이한 중간기술로 전환하는 것을 환경윤리의 주요한 구현 전략으로 내세우고 있는 것이다.

4. 환경윤리의 사회적 주체

환경윤리를 실천할 수 있는 사회적 주체들은 크게 셋으로 나뉠 수 있다. 기업과 시민사회, 그리고 정부가 그것이다. 경제의 세계화로 인해 사회의 모든 영역들에 시장의 원리 혹은 자본의 논리가 관철되고 있는 현재의 상황에서 기업만큼 강력한 사회적 지배력을 행사하는 집단은 존재하지 않는다. 환경문제의 경우도 여기서 예외일 수는 없다. 현대 산업사회에서 기업은 자연환경을 파괴하거나 보전하는 데 결정적인 역할을 수행할 수 있고 실제로 그런 역할을 담당하고 있다. 따라서 기업은 환경윤리의 구현 주체라고 할 수 있다.

이런 측면에서 슈피겔은 기업의 경영목표에 주목한다. 그에 따르면 한 기업의 경영목표는 전체 사회가 내세우는 환경윤리의 목표와 근본적으로 갈등을 일으키지 않을 때 윤리적으로 정당화될 수 있다. 반면 어떤 기업의 경영목표가 전 사회가 추구하는 환경윤리의 목표와 상충될 때 그것은 윤리적으로 수용될 수 없다는 것이다.[35]

예를 들어 경제성장과 환경보전의 조화를 지향하는 한 사회에서 어

---

[35] Y. Spiegel, *Wirtschaftsethik und Wirtschaftspraxis*, 27.

떤 기업이 이윤 극대화의 추구를 지상목표로 내세운다면 이런 기업의 경영목표는 윤리적으로 정당화될 수 없다. 이렇게 기업의 경영목표가 전 사회적 목표와 조화될 수 없는 경우 기업의 목표는 공론장Öffentlichkeit에서 토론되게 된다. 이런 토론 과정을 거쳐 기존의 경영목표가 새로운 경영목표에 의해 보완되거나 수정되어야 한다는 여론이 비등하게 된다.

그런데 문제는 이렇게 여론이 비등하게 될 경우 해당 기업이 항상 예외 없이 자신의 경영목표를 환경친화적인 방향으로 보완하거나 수정하려는 노력을 기울이는 것은 아니라는 사실에 있다. 실제로 시민들의 여론을 무시하고 기존의 경영목표를 고수하는 기업들도 적지 않다. 이에 기업들로 하여금 여론의 요구를 수용하도록 강제할 수 있는 시민사회의 조직들이 필요하게 되는데 이들은 환경윤리의 압력 주체라고 규정될 수 있다. 슈피겔은 이런 시민사회의 조직들로 다음과 같은 단체들을 열거하고 있다.[36]

첫째, 노동조합들과 환경단체들이다. 이들은 문제가 되고 있는 기업의 내·외부에서 사원들과 사회구성원들의 의식을 바꾸어나가면서 해당 기업에게 새로운 경영목표를 강요할 수 있다. 둘째, 소비자들과 소비자 단체들이다. 소비의 결정권자로서 그들은 환경파괴적인 기업에게 유해물질의 생산을 포기하도록 강제할 수 있는 힘을 가지고 있다. 셋째, 직종연합회들과 기업연합회들이다. 물론 이런 연합회들은 행정부에 대항하여 자신들의 권익을 수호하는 이익단체라고 할 수 있다. 그럼에도 이들은 개별 기업보다 기업들에 대한 비판적인 여론에 관해 훨씬 더

---

[36] 같은 책, 27-28.

많은 정보를 가지고 보다 예민하게 대응하면서 기업들에게 영향을 미칠 수 있다.

이런 시민사회의 조직들이 움직이게 되면 그 뒤를 이어서 정부가 기업들을 향해 환경정책을 구사하게 된다.[37] 정부는 법제화, 세금 부과, 세금 감면, 보조금 지급 등을 시행할 권한을 가지고 있다. 주정부들과 중앙정부는 이런 정책 수단들을 통해 기업들로 하여금 질적인 경제성장을 실현하고 자연자원을 절약하고 예측 가능한 중간기술을 개발하도록 유인할 책임이 있다. 이런 의미에서 정부는 환경윤리의 유도 주체라고 할 수 있다.

5. 나오는 말

이상에서 살펴본 바와 같이 슈피겔은 다른 윤리학자들과는 달리 환경윤리적 문제 제기나 원칙 정립이라는 과업에만 머무르고 있지 않다. 그는 환경문제에 관한 사회과학자들의 연구 성과들을 진지하게 고려하면서 나름대로 환경문제의 해결 방향성을 모색하고 있는 것이다. 이런 점에서 그의 환경윤리는 사변적이라기보다는 현실적이라고 규정할 수 있다.

그런데 그의 환경윤리가 지니고 있는 이런 성격을 둘러싸고 환경윤리학의 과제가 윤리적인 기본 관점이나 근본 원칙을 제시하는 것이냐 아니면 실제적인 해결 방안까지 제안하는 것이냐 하는 논란이 있을 수

---

37 같은 책, 28.

있다. 물론 대부분의 환경윤리학자들이 전자를 지지하고 있다. 그들에 따르면 어떤 환경윤리학자가 윤리적인 관점이나 원칙을 넘어서 구체적인 정책 대안의 문제까지 다룬다면 그는 이미 환경윤리학의 한계를 넘어버리게 된다는 것이다.

그러나 이런 주장을 내세우는 환경윤리학자들은 윤리학의 한계를 너무 일찍 설정하고 있는 것이라고 판단된다. 환경윤리학자가 추상적인 윤리적 준칙만을 언급할 뿐 더 이상의 구체화 작업을 진행시키지 않은 채 환경경제학자나 환경정책전문가에게 자신이 제시한 준칙을 실현시킬 수 있는 해결 방안을 제안해달라고 부탁하는 것은 안일한 태도가 아닐 수 없다. 이럴 경우 그 경제학자나 정책전문가는 윤리학자의 설계도가 지나치게 피상적이라고 말하면서 그것을 되돌려 보낼 것이다.[38]

환경경제학자나 환경정책전문가가 슈피겔과 같은 환경윤리학자보다 환경문제에 관한 정책 대안을 더 잘 제시할 수 있음은 물론이다. 실제로 앞에서 슈피겔이 제안하고 있는 세 가지 환경윤리의 구현 전략들도 현실 사회에의 적용 가능성이란 측면에서 보면 그 논의가 불충분하고 밀도 있지 못한 것이 사실이다. 특히 자연자원의 절약을 내세우는 두 번째 전략의 경우에는 더욱 그러하다.

그럼에도 문제가 되고 있는 환경 현실에 대한 다양한 분석 결과들을 수집하여 검토하고, 경쟁적인 해결 방안들을 비교하면서 평가하고, 특정한 조건 아래서 적절한 해결책을 선택하는 일은 환경윤리학자에게

---

[38] G. Breidenstein, *Das Eigentum und seine Verteilung: Eine sozialwissenschaftliche und evangelisch-sozialethische Untersuchung zum Eigentum und zur sozialen Gerechtigkeit*, Stuttgart 1968, 208.

부여된 주요 임무가 아닐 수 없다.[39] 윤리학자로서 슈피겔이 이런 임무에 충실하고자 했다는 점에서 그가 내놓은 환경윤리적 기획은 전체적으로 긍정적인 평가를 받을 수 있을 것이다.

---

39 같은 책, 215.

분배와 경제위기

6장

요릭 슈피겔의
분배윤리

1. 들어가는 말

현재 한국 사회의 핵심적인 사회경제적 이슈는 사회 양극화이다. 사회 구성원들의 경제 형편이 양극화되어 1997년 외환위기 이래로 벌어져 온 빈부 간의 격차가 완화되기는커녕 오히려 심화되고 있다. 이를 두고 사회과학계에서는 우리 사회가 20%의 상류계층이 80%의 하류계층 위에 군림하는 20대 80의 사회 혹은 중간계층이 거의 소멸된 모래시계형 사회로 나아가고 있다는 진단을 내리고 있다.

그렇다면 한국 기독교가 우리 사회에 존재하는 사회 양극화에 대해 어떤 방식으로 대응해야 하는가? 우리 사회에서 빈부 간의 격차가 이렇게 심해지고 있는 까닭은 사회구성원들 사이에 재화가 제대로 분배되고 있지 않기 때문이다. 따라서 한국 기독교가 사회 양극화 내지 빈부 격차 심화에 적절하게 대처하기 위해서는 분배 문제에 대한 사회과학적 인식을 명확히 하고 다양한 각도에서 제시된 해결 방안들을 기독교윤리적으로 검토하고 평가할 필요가 있다.

이런 문제의식 아래서 6장에서는 분배 문제에 대한 요릭 슈피겔의 입장을 소개하려고 한다. 이를 위해 먼저 그가 제시하고 있는 경제윤리적 성찰의 단계들을 소개할 것이다. 이어서 그가 이 단계들에 근거해서 분배 문제에 관해 시도하고 있는 경제윤리적 성찰의 결과물을 정리할 것이다. 마지막으로 분배 문제에 대한 그의 경제윤리적 입장을 비판적으로 평가할 것이다.

2. 경제윤리적 성찰의 단계

5장에서 언급한 바와 같이 슈피겔은 '근심 없고 충족된 삶'을 경제윤리의 목표로 내세운다. 그는 이런 경제윤리의 목표를 염두에 두면서 경제윤리적 성찰을 진행하고 있다. 그가 진행하고 있는 경제윤리적 성찰은 다음의 여섯 단계로 구분될 수 있다. 다루고자 하는 주제에 관한 개괄적 설명 단계, 주제와 관련된 사회경제적 상황의 분석 단계, 주제에 대한 기독교 윤리적 통찰들의 제시 단계, 상징적 합의양식의 비판적 검토 단계, 제3세계에 대한 영향력 고려 단계, 기업의 상황에 대한 문제 제기 단계가 그것이다.

첫 번째 단계는 사회경제적으로 문제가 되고 있는 해당 주제에 관해 간략하게 스케치하는 단계이다.[1] 이런 개괄적 설명을 통해 성찰하고자 하는 주제에 대한 문제의식을 분명하게 하는 것이 이 단계의 목적이다.

두 번째 단계는 해당 주제와 관련된 사회경제적 상황을 사회과학적으로 분석하는 단계이다.[2] 어떤 경제 윤리적 성찰이 현실 상황과 무관한 당위적 주장이나 요구로 귀결되어서는 곤란하다. 이런 이유에서 이 단계에서는 다루어지고 있는 주제를 둘러싼 사회적 갈등들을 중심으로 해서 사회경제적 콘텍스트에 관한 사회과학적 분석이 시도된다.[3]

세 번째 단계는 다루어지고 있는 사회경제적 주제에 대해 전통적으로 기독교윤리학자들이 취해온 다양한 관점들을 정리하는 단계이다.[4] 그런데 여기서 유의해야 할 사항은 슈피겔이 이 단계에서 해당 주제에 대한 모든 경제윤리적 견해들을 고려할 것을 주문하고 있는 것은 아니라는 사실이다. 그는 고려할 만한 가치가 있는 경제윤리적 견해들을 가려낼 것을 강조하고 있는데 이를 위해 세 가지 기준을 제시한다. 여기서 세 가지 기준이란 설득성, 대화 가능성, 통합성을 가리킨다.

어떤 한 경제윤리적 입장이 설득성을 지니고 있다는 것은 그것이 일관된 체계를 갖추고 내세우는 주장들에 대해 분명한 논거를 제시하고 있다는 사실을 의미한다. 그리고 어떤 경제윤리적 견해가 대화 가능하다는 것은 그것이 다른 경제윤리적 견해들과 토론하고 그것들로부터

---

1 Y. Spiegel, *Wirtschaftsethik und Wirtschaftspraxis: ein wachsender Widerspruch?*, Stuttgart 1992, 11-14.

2 같은 책, 14-17.

3 아르투어 리히는 슈피겔과 달리 첫 번째 단계와 두 번째 단계를 하나의 단계로 통합시키고 있다. 리히에 따르면 문제를 제시하는 것과 상황이나 사태를 분석하는 것은 서로 긴밀하게 결합되어 있기 때문에 이 둘을 따로 떼어 윤리적 성찰을 진행하는 것은 적절하지 않다. 이에 관해서는 A. Rich, *Wirtschaftsethik I - Grundlagen in theologischer Perspektive*, 4. Aufl., Gütersloh 1991, 225를 참조할 것.

4 Y. Spiegel, *Wirtschaftsethik und Wirtschaftspraxis*, 17-23.

배울 준비가 되어 있다는 사실을 뜻한다. 마지막으로 하나의 경제윤리적 견해가 통합성을 갖추고 있다는 것은 그것이 다른 경제윤리적 주장들의 문제 제기들을 진지하게 검토하고, 나아가 그것들이 보유하고 있는 특정한 요소들이 옳은 것으로 판명될 경우 그 요소들을 적극적으로 수용하고 있다는 사실을 의미한다.

네 번째 단계는 사회 안에서 해당 주제를 둘러싸고 상징적 합의양식으로 정착된 개념들을 비판적으로 검토하는 단계이다.[5] 5장에서 서술한 바와 같이 상징적 합의양식이란 사회적으로 강력하고 학문적으로 영향력 있는 집단이 다른 사회구성원들의 저항을 무마시키면서 사회적 합의를 형성해내는 데 사용하는 개념 혹은 표상을 뜻한다. 이 단계에서 슈피겔이 상징적 합의양식을 문제 삼는 이유는 그것의 유포를 통해 어떤 집단의 이해관계가 고려되고 어떤 집단의 이해관계가 무시되는지 따져보기 위함이다.

다섯째 단계는 주제와 관련해서 제1세계의 사회경제적 문제가 제3세계에 끼치는 영향을 고려하는 단계이다.[6] 5장에서 언급한 바와 같이 슈피겔은 독일이란 선진국에 살고 있지만 어떤 사회경제적 문제를 선진국의 콘텍스트 안에서만 접근하는 태도에 반대한다. 그러면서 선진국의 사회경제적 문제가 제3세계에 미치는 영향력을 파악하려고 노력한다. 이런 맥락에서 그는 다음과 같이 질문한다. 현재 선진국이 향유하는 복지의 수준은 얼마만큼 제3세계에 대한 착취에 근거하고 있는가? 선진국은 자신이 해결하지 못한 문제들을 어떤 방식으로 제3세계에 전가

---

5 같은 책, 23-24.
6 같은 책, 24-25.

하는가?

여섯째 단계는 다루어지고 있는 주제와 관련해서 기업의 상황에 대해 비판적으로 문제를 제기하는 단계이다.[7] 경제의 세계화가 가속화되고 있는 오늘의 사회에서 가장 영향력 있는 사회 집단은 역시 기업이다. 사회의 모든 부문에 시장의 원리 혹은 자본의 논리가 관철되고 있는 현재의 상황에서 기업만큼 강력한 대사회적 지배력을 행사하는 집단은 존재하지 않는다. 경제 영역의 경우는 더욱 그러하다. 이런 측면에서 슈피겔은 해당 주제와 관련된 기업의 현안들을 숙고하고 있다.

3. 분배 문제에 대한 경제윤리적 성찰

슈피겔은 이런 여섯 가지 경제윤리적 성찰 단계들에 근거해서 분배 문제에 관한 자신의 윤리적 사고를 진전시키고 있다. 첫 번째 성찰 단계에서 그는 사회구성원들 사이에 소득과 부富[8]가 매우 불균등하게 분배되어 있다는 사실에 주목한다.[9] 그리고 이런 사회적 사실로부터 모든 구성원들이 동등한 삶의 가능성들을 지니면서 사회경제적 삶을 영유하는 데 필요한 수단들을 보다 균등하게 소유해야 한다는 당위적인 요구를

---

7 같은 책, 25-29.
8 소득은 일정 기간 동안 경제 주체에로 흘러들어가는 유동적인 재화(flow)를 가리키는 반면 부는 특정한 시점에 경제 주체가 보유하고 있는 고정적인 재화(stock)를 의미한다. 이에 관해서는 G. Enderle, "Einkommen", in: G. Enderle, K. Homann u.a. (Hg.), *Lexikon der Wirtschaftsethik*, Freiburg im Breisgau 1993, 225와 C. Föhl, M. Wegner und L. Kowalski, *Kreislaufanalytische Untersuchung der Vermögensbildung in der Bundesrepublik und der Beeinflußbarkeit ihrer Verteilung*, Tübingen 1964, 3-4를 참조할 것.
9 Y. Spiegel, *Wirtschaftsethik und Wirtschaftspraxis*, 48.

도출해내고 있다.

물론 여기서 말하는 삶의 가능성이란 소득과 부의 처분 가능성만을 뜻하는 것은 아니다. 그것은 직장에서의 지위에 대한 접근 가능성도 포괄한다. 그럼에도 그가 보기에 삶의 가능성을 현실 사회에서 구체화하는 데 결정적인 영향을 미치는 것은 역시 돈으로 표현되는 소득과 부이다. 이런 의미에서 그는 분배 문제가 사회구성원들이 전체 사회에 존재하는 소득과 부에 동등한 방식으로 참여하는 기회와 관련된다고 규정한다.

두 번째 성찰 단계에서 슈피겔은 독일 사회의 경우 이전에 비해 평균적인 삶의 수준이 더 높아지고 생계의 곤란이 훨씬 줄어들었지만 계층 간의 소득 격차는 더욱 커지고 있다고 진단한다.[10] 그가 제시하고 있는 한 통계에 따르면 1980년 월 소득이 9천 마르크가 넘는 가구의 수가 50만 정도에 불과했는데 1985년에는 그 수가 100만을 넘어섰다. 이 가운데 5만 9천 가구는 월 평균 2만 5천 마르크 이상의 소득을 벌어들인 것으로 집계되었다. 또한 같은 해 100만 마르크 이상의 수입을 올린 가구의 수가 1만을 넘어서 20년 전인 1965년의 경우보다 4배 정도 증가한 것으로 나타났다.

세 번째 성찰 단계에서 슈피겔은 아모스서, 그리고 마가복음과 누가복음을 인용한다.[11] 예언자 아모스는 부자들을 가난한 자들을 착취하는 살찐 암소로 표현한다(4:1). 복음서에서도 부자들을 향한 예언자적 비판이 이어진다. 마가복음 기자는 부자가 하나님 나라에 들어가기 어렵

---

10 같은 책, 49-50.
11 같은 책, 50-51.

다고 경고한다(10:25). 누가복음 기자는 부유한 자들이 이미 존재하고 있는 초대교회 공동체의 상황과 대결하면서 가난한 자들의 행복을 찬양하는 반면 부자들의 불행을 선포한다(6:20-24).

그런데 슈피겔은 초기 기독교가 부에 대해 일방적인 비난만을 가하고 있는 것은 아니라는 사실을 강조한다. 그의 분석에 따르면 초대 교회는 부의 문제에 대해 균형 잡힌 관점을 지니려고 부단히 노력하였다. 초대 교회는 육체노동과 적절한 재산 소유에 대해 긍정적인 입장을 취하였다. 일례로 사도 바울은 수공업에 종사하였고 데살로니가 교인들에게 노동을 권유하였다.

이어서 슈피겔은 교부 알렉산드리아의 클레멘트Clement of Alexandria의 재물관을 언급한다.[12] 클레멘트에게 중요한 물음은 '부자 일반이 구원받을 수 있는가' 하는 것이 아니라 '어떤 부자가 구원받을 수 있는가'였다. 그의 경우 재물은 이웃을 위해 그것을 사용하려는 인간에게 주어지는 하나님의 선물이다. 이런 의미에서 그는 이기적인 목적으로 재물을 소유하는 태도를 거부하였다.

한편 슈피겔은 종교개혁가들의 재물관도 검토한다. 루터M. Luther, 멜랑히톤P. Melanchton, 쯔빙글리U. Zwingli는 많은 재물의 소유가 과도한 이자의 취득과 상거래의 독점화와 연결된다고 판단하였기에 이런 소유 행태에 대해 부정적인 태도를 보였다. 반면 칼뱅J. Calvin은 이들에 비해 부의 소유에 대해 덜 부정적이었다. 그는 재산의 불가침성을 주장하였다. 그렇다고 해서 그가 인간들이 무절제하게 이윤을 추구하고 자기 이해를 관철시켜야 함을 주장했던 것은 결코 아니다.

---

12 같은 책, 51.

슈피겔이 보기에 다른 종교개혁가들과 마찬가지로 칼뱅도 성서적 재물관에 충실하고 있다. 칼뱅에게 모든 재물은 인간이 아니라 하나님께 속해 있다. 그러면서도 재물은 하나님에 의해 인간에게 위탁된 것이다. 따라서 기독교인들은 세상 속에서 공동체를 건설하는 데 재물을 사용해야 한다고 그는 주장하였다.

슈피겔은 18세기 영국의 개신교에서 재물에 대한 긍정적인 평가를 발견한다.[13] 존 웨슬리John Wesley는 "돈의 올바른 사용"이란 설교에서 다음과 같은 삼중의 모토를 제시하였다. 첫째, 할 수 있는 한 많이 벌어라! 기독교인은 건강을 해치지 않고 영혼을 손상시키지 않고 이웃을 속이지 않으면서 가능한 한 돈을 많이 벌어들여야 한다. 둘째, 할 수 있는 한 많이 저축하라! 기독교인은 불필요한 물건을 사거나 감각을 만족시키는 데 돈을 사용하지 말아야 한다. 셋째, 할 수 있는 한 많이 주어라! 기독교인은 절약하고 남은 것을 동료 신앙인들에게 나누어주어야 한다.

네 번째 성찰 단계에서 슈피겔은 분배 문제와 관련된 상징적 합의양식으로 재분배 정책, 소유권, 업적주의를 꼽고 있다. 그는 독일 사회에서 구사되고 있는 재분배 정책의 핵심 수단들로 다음과 같은 것을 지적하고 있다.[14]

첫째는 사회보장제도이다. 사회보장제도는 다시 사회보험과 공공부조로 나뉠 수 있다. 일반적으로 사회보험은 중산층을 주된 대상으로 하는 제도로서 수혜자 기여를 원칙으로 삼는다. 반면 공공부조는 주로

---

13 같은 책, 51-52.
14 같은 책, 53.

빈곤층을 겨냥하는 제도로서 수혜자 비기여를 원칙으로 한다.[15] 둘째는 소득세와 이윤세이다. 이 가운데 소득세는 누진세 형태를 띠고 있어 소득이 많으면 많을수록 그에 적용되는 세율도 높아진다. 이렇게 세율이 높아질 경우 당사자의 업적은 더 이상 보상받지 못하게 된다. 마지막으로 상속세가 거론될 수 있다. 상속세는 총 재정수입에서 차지하는 비중이 그리 크지 않지만 사회정의와 관련해서 중요한 윤리적 의미를 지닌다.

그런데 문제는 독일 사회에서 이러한 재분배 정책을 통해 상당한 정도의 소득 이전이 실현되어왔지만 사회 전체적으로 소득의 불평등이 완화되지 않고 있다는 데 있다.[16] 이로 인해 경제적 평등에 대한 요구가 끊이지 않고 계속되고 있다. 사정이 그러하다면 지금까지 구사되어왔던 재분배 정책은 실효성이란 측면에서 본질적인 한계를 지니며, 그래서 분배 구조를 향상시킨다는 명분과는 달리 실제적으로는 현재의 불균등한 분배 구조를 유지시키는 기능을 수행하고 있다고 판단할 수 있다. 이런 의미에서 슈피겔은 재분배 정책을 하나의 상징적 합의양식으로 간주하고 있는 것이다.

한편 슈피겔은 현대 사회에서 불균등한 분배 구조를 정당화하는 핵심적인 근거로 소유권과 업적주의를 들고 있다. 자본주의적 경제체제를 채택하고 있는 거의 모든 사회에서 소유권은 인간의 천부적인 권리로 주장된다. 이처럼 소유권이 인간에게 선천적으로 부여된 권리로 간주될 때 이미 분배된 소득과 부에 대한 정부의 어떤 정책적인 개입도

---

15 이혁배, 『개혁과 통합의 사회윤리』(서울: 대한기독교서회, 2004), 95-97.
16 Y. Spiegel, *Wirtschaftsethik und Wirtschaftspraxis*, 54.

불가능해진다. 그리고 이 경우 기존의 불균등한 분배 구조는 정당한 것으로 간주된다. 따라서 어떤 제한이나 제약이 가해지지 않는 소유권은 슈피겔에게는 상징적 합의양식으로 비쳐질 수밖에 없다.

그는 소유권을 천부인권으로 이해하는 관점을 형성하는 데 결정적인 영향을 미친 학자로 그로티우스H. Grotius와 로크J. Locke를 들고 있다.[17] 그로티우스에 따르면 인간은 자신의 생명, 육체, 자유를 마음대로 할 권리를 가지고 있고, 그 누구도 인간이 살아가는 데 필요한 것들을 그로부터 빼앗을 수 없다. 그런데 다른 사람들과의 불화로 인해 획득될 수 있는 재화의 양이 줄어들게 되면서 사유재산권에 관한 공동의 계약이 강제되었다는 것이다.

로크에 의하면 인간은 먹고 살기 위해서 자신의 노동을 통해 자연세계의 일부를 획득해야만 했는데 이 과정에서 사유재산권이 생겨나게 되었다. 그리고 화폐의 도입이 구성원들로 하여금 국가의 질서에 관한 공동의 계약을 체결하도록 강제하였는데 이런 국가의 질서를 통해 개인은 기존의 재산을 보호하고 나아가 새로운 재산을 획득할 수 있게 되었다는 것이다.

그런데 슈피겔은 재산을 소유하고 증식할 수 있는 이런 자유가 평등에 대한 요구와 근본적인 갈등관계에 놓여 있다는 사실을 강조한다. 그리고 경제적 차원에서 이런 평등의 요구는 소유권의 사회적 의무로 분명하게 구체화되었다고 주장한다.[18] 독일 헌법은 이러한 소유권의 사회적 의무를 다음과 같이 명기하고 있다. "소유권은 의무 지워져 있다.

---

17 같은 책, 54-55.
18 같은 책, 56.

재산의 사용은 동시에 공공복리에 적합해야 한다."[19]

신학적인 관점에서 보면 소유권이 지닌 사회적 의무는 더욱 분명해진다. 1962년 독일개신교협의회는 "사회적 책임 안에 있는 재산 형성"이란 교회백서를 발간하였다. 이 교회백서는 인간 자신, 그리고 인간이 가진 모든 것이 하나님의 창조물이기 때문에 재산을 획득하거나 가지고 있는 사람은 자신과 모든 재화가 하나님의 소유물이라는 사실을 염두에 두어야 한다고 주장한다.[20] 슈피겔은 이런 신학적 사실에 근거하여 우리 인간이 자신의 재산을 책임적으로 사용해야 한다는 것을 강조한다.[21]

그렇다고 슈피겔이 개인이 지닌 소유권을 전면 부정하는 것은 결코 아니다. 그는 모든 재산을 사회화하려는 시도는 자본주의 사회에서 허용될 수 없다고 주장한다. 그 대신 소유권을 부분적으로 제한하는 방안, 사회적 재산에 사회구성원들을 참여시키는 방안, 노사공동결정제도[22]을 도입하는 방안을 정책 대안으로 제시한다.[23]

슈피겔은 소유권의 불가침성과 함께 경제적 불평등을 정당화하는 계기로 업적주의를 들고 있다.[24] 이 업적주의는 특히 소득의 수준과 관련되는데 다음과 같은 정식으로 표현되고 있다. '많은 업적을 올릴수록 그만큼 더 많은 보수를 받아야 한다.' 업적주의를 내세우는 사람들은

---

19 Art. 14 II GG.

20 Kirchenamt der Evangelischen Kirche in Deutschland (Hg.), "Eigentumsbildung in sozialer Verantwortung: Eine Denkschrift zur Eigentumsfrage in der Bundesrepublik Deutschland", in: *Die Denkschriften der Evangelischen Kirche in Deutschland*, Bd. 2/1, 2. Aufl., Gütersloh 1986, 21.

21 Y. Spiegel, *Wirtschaftsethik und Wirtschaftspraxis*, 56.

22 노사공동결정제도에 관해서는 3장을 참조할 것.

23 Y. Spiegel, *Wirtschaftsethik und Wirtschaftspraxis*, 56-57.

24 같은 책, 58-59.

이런 정식에 근거하여 일하는 사람이 여가를 즐기는 사람보다 더 높은 소득을 얻어야 한다고 주장한다.

역사적인 관점에서 볼 때 업적주의 원칙은 시민계급이 귀족들에 대항하여 사회적인 자기 의식을 형성하는 데 기여했다고 할 수 있다. 이 원칙을 통해 신분에 따른 특권을 해체하려는 분위기가 확산되고 신분에 의해 질서 지어진 사회에 해방적이고 혁명적인 요구가 증대되어 갔던 것이다.

그런데 슈피겔은 명예, 의무, 공로와 같은 전통적인 가치들이 영향력을 상실하면 할수록 업적주의 원칙이 사회적 불평등을 정당화하는 데 더욱 빈번하게 이용되는 경향이 있다고 지적한다. 이런 과정에서 특히 교육제도가 사회구성원들의 계층적 위치를 결정하는 데 중심적인 요인으로 작용한다고 주장한다. 한 개인이 어떤 교육 과정을 이수했는가 하는 것이 미래에 그가 보유하게 될 사회적 안정성, 사회계층적 위상, 소비 가능성에 결정적인 영향을 미친다는 것이다.

업적주의 원칙이 보여주고 있는 이런 특성들을 종합해보면 우리는 이 원칙이 양면성을 가지고 있다는 결론에 이르게 된다. 근세에 들어오면서 업적주의 원칙은 시민계급의 편에서 당시의 신분적인 특권에 저항하면서 평등을 추구해왔다. 그러나 동시에 이 원칙은 오늘날 기존의 사회적 불평등을 정당화하는 기능을 수행하고 있다. 시간이 흐를수록 전자, 곧 혁신적인 역할보다 후자, 곧 보수적인 역할이 더 지배적인 경향이 되어가고 있음은 물론이다.

현대 사회에서 업적주의 원칙이 이처럼 사회적 불평등을 정당화하고 있는 현상은 비판받아야 마땅하다. 그런데 슈피겔이 볼 때 이보다 더 심각한 문제는 업적주의 원칙을 적용하여 소득 수준을 결정하는 경우 다양한 업적들을 일반적으로 평가할 수 있는 분명한 기준이 존재하지 않는다는 점이다. 흔히 업적과 관련해서 소득 수준을 결정하는 기준으로 이수 받은 교육과정의 시간과 질, 노동의 육체적이고 심리적인 강도, 책임의 정도, 노동 조건 등이 거론된다.

그런데 이러한 기준들은 유사한 노동 분야들에서는 적용이 가능하지만 상이한 노동 부문들에서는 적용이 불가능하다. 이와 다른 기준들의 경우도 예외는 아닐 것이다. 그러므로 우리는 전체 사회구성원들 사이에 소득 수준의 차이가 생기는 이유를 명확하게 해명해줄 수 있는 분류 체계는 존재하지 않는다고 규정할 수 있다.

이런 맥락에서 슈피겔은 어떤 노동을 평가하여 소득 수준을 결정하는 일이 객관적인 기준에 기초하고 있는 것이 아니라 경제 부문에 존재하는 암묵적인 합의에 근거하고 있는 것이라고 주장한다. 결국 우리가 흔히 내세우는 업적에 따른 보상이란 단지 원칙에 불과할 뿐이지 결코 보편적으로 발견될 수 있는 현실은 아니라는 것이다. 그러므로 업적에 따른 보상은 요구와 실제가 일치하지 않는 업적 이데올로기라고 할 수 있다.[25]

이처럼 업적주의가 현실을 제대로 반영하지 못하는 이데올로기라는 점에서 우리는 업적에 따른 보상원칙이 사회 전체적으로 내세워지게 된 배후에 사회적으로 강력하고 영향력 있는 집단의 이해관계가 작용하고 있다는 사실을 어렵지 않게 감지할 수 있다. 바로 이런 사실에 근거하

---

25 Kirchenamt der Evangelischen Kirche in Deutschland (Hg.), "Leistung und Wettbewerb – Sozialethische Überlegungen zur Frage des Leistungsprinzips und der Wettbewerbsgesellschaft: Eine Denkschrift der Kammer der Evangelischen Kirche in Deutschland für soziale Ordnung", in: *Die Denkschriften der Evangelischen Kirche in Deutschland*, Bd. 2/2, Gütersloh 1992, 120-121.

여 슈피겔은 업적주의를 상징적 합의양식으로 간주하는 것이다.

다섯 번째 성찰 단계에서 슈피겔은 개발도상국들의 외채위기를 심화시키는 선진국들의 행태를 비판하고 있다.[26] 슈피겔은 제3세계에 속해 있는 국가들의 상당수가 겪고 있는 외채위기의 주요 원인 가운데 하나로 1970년대 선진국들의 보호무역주의를 꼽고 있다. 선진국들의 보호무역주의는 개발도상국들이 수출하는 원자재에 대한 수요를 감소시키게 되었다. 이런 수요 감소로 인해 개발도상국들 간에 수출 경쟁이 심화되었는데 이는 바로 국제 원자재 가격의 폭락으로 이어졌다. 이에 개발도상국들은 재정적 어려움을 타개하기 위해 적지 않은 외자를 도입하게 되었다.

한편 1970년대 말부터 시작된 선진국들, 특히 미국의 첨단무기 개발도 제3세계를 외채위기로 몰아넣는 데 적지 않은 역할을 하였다고 그는 지적한다. 5장에서 언급한 바와 같이 1980년대에 들어서 선진국들은 갈수록 규모가 커지는 국방 프로젝트를 재정적으로 감당할 수 없는 지경에 이르게 되자 제3세계로 첨단 무기를 수출하기 시작하였다.

첨단 무기들이 제3세계에 유입되면서 이를 토대로 후진국들이 이런 무기들을 자체적으로 생산해낼 수 있게 되었다. 현재 파키스탄, 인도, 브라질, 리비아 등과 같은 나라들이 핵무기나 생화학무기를 직접 개발하고 있다. 그런데 제3세계의 이런 무기 개발은 막대한 외자의 도입에 근거해서 이루어지고 있고 그에 따라 외채위기를 가속화하고 있다고 그는 비판한다.[27]

---

26 Y. Spiegel, *Wirtschaftsethik und Wirtschaftspraxis*, 61-62.
27 같은 책, 60.

슈피겔은 제3세계의 외채 문제를 해결하기 위해서 선진국들과 제3세계 국가들 사이에 재분배가 시행되어야 함을 역설한다. 그리고 그는 이런 재분배를 실현하기 위해 선진국들이 시행해야 할 정책 방안들을 여섯 가지로 정리한다.[28] 단기대부를 장기대부로 바꾸어주는 것, 이자를 축소해주거나 채무를 탕감해주는 것, 개발 원조의 규모를 증가시켜주는 것, 개발도상국들이 내놓은 상환금을 그들의 개발 프로젝트에 재투자해주는 것, 채무 상환에 대해 공동으로 책임을 져주는 것, 개발도상국의 수출 이익금을 안정적으로 보장해주는 것이 그것이다.

여섯 번째 성찰 단계에서 슈피겔은 자본주의 경제체제의 근본적인 전제 조건이 이윤의 창출이라는 점을 강조한다.[29] 혹자는 기업가들이나 자본가들이 자신들의 물질적인 성공만을 추구할 뿐 공공의 복리에 대해서는 전혀 관심이 없다고 이야기하고 있지만 이는 소박한 견해에 불과하다고 그는 반박한다. 그의 분석에 따르면 기업의 이익과 관련된 문제 상황은 복잡하고, 실제로 대부분의 기업들이 보이고 있는 실제 이윤율은 저조한 상태에 머무르고 있다.

그는 이 문제와 관련해서 독일연방은행Deutsche Bundesbank이 작성한 한 통계자료를 인용한다. 이 통계자료에 의하면 평균적인 독일 기업의 경우 전체 비용의 66,7%는 원료비로, 16.7%는 인건비로, 4%는 감가상각비로, 3%는 세금으로, 1.5%는 이자 비용으로 소용되고 있어 이윤은 전체 비용의 3%에도 미치지 못하고 있다. 이런 재정 상황에서 기업의 이윤 추구는 비난받을 수 없다고 그는 주장한다.

---

28 같은 책, 65-66.
29 같은 책, 66-67.

기업이 제대로 운영되기 위해서는 직원들에게 임금을 제공하고 하청 업체에 대금을 지불해야 한다. 그리고 새로운 기계를 구입하고 공장도 주기적으로 수리해야 한다. 또한 정부에 각종 세금도 납부해야 한다. 이 모든 것에 비용이 드는데 이를 충당하기 위해서 기업이 이윤을 추구하는 것은 자연스러운 현상이 아닐 수 없다.

그런데 슈피겔은 이런 기업의 이윤이 주주총회에서 주주들이나 은행들의 관심 대상이 되고 임금 협상에서 노동자들과 노동조합의 관심 대상이 되고 있지만 기업 경영의 핵심 사항으로 볼 수는 없다고 주장한다.[30] 과거의 기업과 달리 오늘의 기업들은 이윤 추구라는 경영목표 이외에 환경의 보전, 작업 조건의 개선, 종업원의 건강 보호 등과 같은 목표들도 실현해야 할 임무를 지니고 있기 때문이라는 것이다.

그는 이런 목적들을 달성하기 위해서는 단순한 이익의 획득보다 일반적인 재정 능력의 구축이 훨씬 더 중요하다고 강조한다. 여기서 재정 능력이란 이윤뿐만 아니라 상각, 예비 자금, 숨겨진 여러 형태의 이윤, 자본금, 은행에 지불될 이자, 증자를 통해 얻어질 수 있는 자본금까지도 포함한다. 따라서 재정 능력은 단순한 이윤보다 그 범위에서 훨씬 더 포괄적이라고 할 수 있다.

슈피겔에 따르면 기업의 재정 능력은 기존의 생산량을 유지하거나 확대하기 위한 생산수단을 구입하고 인건비를 충당하고 새로운 제품을 연구하여 개발하고 다른 기업의 인수합병을 통해 생산량을 확대하는 데 결정적으로 기여할 수 있다. 더 나아가 정부의 재분배 정책을 재정적으로 지원해주는 세수를 마련하는 데도 중요한 역할을 수행할 수 있다

---

30 같은 책, 67-68.

는 것이다.

이런 맥락에서 그는 기업의 이윤과 노동자의 임금을 분배하는 문제에 집착하는 것은 그리 의미 있는 일이 아니라고 주장한다.[31] 그리고 이런 기능적 분배 문제에 대해 쉽게 경제윤리적 잣대를 들이대는 행태도 바람직하지 않다는 것이다. 다른 선진국들의 경우와 마찬가지로 독일 노동자의 평균 임금 수준이 이미 상당히 높은 편이기 때문에 기독교 경제윤리는 전체 경제의 시각에서 분배 문제에 접근해야 한다고 그는 강조한다. 그는 노동자들이 임금 인상 협정이나 투쟁을 통해 임금을 조금 더 많이 받는 것보다 기업의 재정 능력을 제고함으로써 일자리를 보전하고 창출하는 것이 분배 문제를 해결하는 데 훨씬 더 중요한 사항이라고 판단하는 것이다.

4. 비판적 평가

지금까지 살펴본 슈피겔의 경제윤리적 성찰은 분배 문제에 대한 경제윤리적 문제 제기나 원칙 정립이라는 과업에만 머무르고 있지 않는다는 점에서 다른 기독교윤리학자들의 경제윤리적 성과물과 차별성을 지니고 있다. 그는 여섯 단계의 경제윤리적 성찰 과정을 통해 분배 문제에 관한 기존의 사회과학적 연구 성과들을 비판적으로 검토하고 나름대로 생각하고 있는 정책 대안을 모색하고 있는 것이다. 이런 점에서 그의 경제윤리는 5장에서 소개한 환경윤리와 마찬가지로 사변적이라기보다

---

31 같은 책, 69.

는 현실적이라고 평가할 수 있다.

이런 장점에도 불구하고 슈피겔의 경제윤리적 성찰은 몇 가지 문제점을 드러낸다. 우선적으로 경제윤리적 성찰 단계들에서 드러나고 있는 비체계성을 문제점으로 지적할 수 있다. 앞에서 확인할 수 있는 바와 같이 여섯 단계에서 도출된 성찰의 결과물들이 유기적이고 긴밀하게 연결되지 못하고 있다.

필자가 보기에 이런 비체계성을 단적으로 보여주고 있는 대목은 세 번째 성찰 단계이다. 이 단계에서 슈피겔은 전통적으로 내려오는 기독교의 재물관에만 초점을 맞추고 있을 뿐 기독교의 분배 이해에 관해 본격적으로 거론하지 않았다. 그가 제시하고 있는 기독교의 재물관은 재물을 개인적으로 어떻게 사용해야 하는가에 주된 관심을 두기 때문에 분배제도나 정책의 차원에까지 나아가지 못하고 있다. 따라서 세 번째 성찰 단계는 나머지 다른 성찰 단계들과 체계적으로 결합되지 못하고 있는 것이다.

필자의 소견으로는 그가 구약성경에 나오는 희년법을 부각했더라면 이런 한계를 돌파해낼 수 있었을 것이다. 희년법의 주된 목적은 토지권과 인권의 회복에 있다.[32] 희년이 되면 모든 이스라엘인은 일시에 이런 회복을 성취시켜야만 했다. 부채로 인해 팔릴 수밖에 없었던 토지와 가옥은 원래의 소유자에게 반환되어야 했고 빚을 갚지 못해 노예가 된 자는 자유로운 몸이 되어 그의 가족과 지파에게로 돌려보내져야 했다.

희년법에 근거한 성서적 재산관은 재산 문제의 개인적인 차원을 넘어서 그것이 지닌 구조적이고 제도적인 차원을 포함한다. 이 법의 모티

---

32 M. Honecker, *Grundriß der Sozialethik*, Berlin 1995, 476-477.

브는 부의 축적에 대한 제도적 제한이다.[33] 희년은 가난한 계층을 희생시켜 상류계층을 부유하게 만드는 사회적이고 경제적인 과정을 중단시키는 것을 목적으로 하는 제도이다. 따라서 희년법의 적용을 통해 부의 축적은 주기적으로 교정될 수 있다.

희년법 사상은 기독교적 분배 이해가 현대 사회의 분배 문제에 대해 유의미한 관점을 제공해줄 수 있음을 입증해준다. 이런 이유에서 슈피겔이 기독교 윤리적 전통을 다루는 세 번째 성찰 단계에서 재물에 대한 기독교인의 사용 문제에만 초점을 맞추지 않고 희년법에 근거한 기독교적 분배 이해도 다루었더라면 분배라는 해당 주제에 관해 보다 일관적인 경제윤리적 논의를 전개할 수 있었을 것이다.

한편 필자는 앞에서 슈피겔이 기존의 기독교윤리학계가 노정하고 있는 관념적이고 추상적인 성향을 극복하기 위해 윤리적 성찰의 범위를 정책 대안을 모색하는 데까지 확장시켰다고 평가하였다. 그럼에도 보다 엄밀한 수준에서 보면 그의 이런 윤리적 기획도 충분하게 구체화되지 못하고 있음을 지적하지 않을 수 없다.

그도 시인하고 있는 바이지만 기존의 재분배 정책이 분배 구조를 향상시키지 못하는 상징적 합의양식이라고 하더라도 재분배 정책 자체가 사회경제적으로 무의미하다고는 단언할 수 없다. 그렇다면 지금의 분배 구조를 실질적으로 보다 균등하게 형성할 수 있는 대안적 재분배 정책은 무엇인가라는 물음을 제기할 수 있다.

이런 질문에 대해 그는 선언적인 차원에서 개인의 소유권을 부분적

---

33 F. Segbers, "··· so lernen die Völker des Erdkreises Gerechtigkeit (Jes 26,9): Bibel-Ökonomie-Ethik", in: K. Füssel und F. Segbers (Hg.), *··· so lernen die Völker des Erdkreises Gerechtigkeit: Ein Arbeitsbuch zu Bibel und Ökonomie*, Luzern 1995, 326.

으로 제한하는 방안, 사회적 재산에 사회구성원들을 참여시키는 방안, 기업의 재정 능력을 제고하는 방안 등을 제시하였다. 하지만 이런 방안들을 어떻게 구체화할 것인지에 대해서는 침묵하고 있다.

필자의 소견으로는 근로장려세제(EITC, Earned Income Tax Credit)가 새로운 형태의 재분배 정책으로 제안될 수 있다. 근로장려세제는 일반 국민과 극빈층 사이에 존재하는 차상위계층에게 근로장려금을 지급해서 빈곤 탈출을 지원하고 근로 유인을 제공하는 제도이다.[34] 이 제도는 세금을 걷는 것이 아니라 반대로 지원해주기 때문에 마이너스 소득세라고도 부른다.

저소득층에게 아무런 조건 없이 생활비를 지급해주는 기존 사회복지 제도는 수혜자의 노동 의욕을 감소시키는 약점을 지닌다. 또한 자체 운영비가 많이 들어가기 때문에 저소득층의 후생을 위해 쓰여야 할 재원을 잠식하는 약점도 갖고 있다. 근로장려세제는 이런 부작용들을 극복할 수 있는 정책 대안으로 1970년대 미국에서 처음 시작되었다. 이후 영국, 프랑스 등 10여 개국에서 이 제도를 도입하였고 한국의 경우도 2008년부터 시행하고 있다.

근로장려세제는 빈곤의 탈출, 근로 유인의 제고, 소득 불균형의 시정, 저소득층 재산의 형성에 긍정적인 효과가 있다는 평가를 받는다.[35] 미국의 경우 근로장려세제는 이런 긍정적 평가에 힘입어 2003년 현재 1,930만 빈곤 가구들에게 총 344억 달러의 급여를 지급하면서 대표적인 빈곤 퇴치 프로그램으로 발전하고 있다.

---

34 김선빈 외,『상생의 경제학 - 더불어 성장하는 따뜻한 시장경제』(서울: 삼성경제연구소, 2009), 627-628.
35 같은 책, 630.

근로장려세제와 아울러 가능성의 재분배도 새로운 형태의 재분배 정책이라고 판단된다. '제3의 길'로 유명한 앤서니 기든스Anthony Giddens에 따르면 유럽의 전통적인 사회민주주의자들이 내세우는 재분배 정책, 곧 이미 형성된 부와 소득을 다시 분배하는 정책은 이제 그 시효를 다했다. 그는 이런 형태의 재분배보다는 앞으로 형성될 부와 소득의 분배에 초점을 맞추는 자세가 더 바람직하다고 주장한다. 이런 의미에서 그는 가능성의 재분배를 실시할 것을 제안한다.[36] 여기서 가능성의 재분배란 인간의 잠재력을 개발하는 방식을 통한 재분배를 의미한다.

가능성의 재분배의 핵심 요소는 역시 교육에 대한 투자이다.[37] 현대 사회를 위협하는 가장 큰 사회 문제라고 할 수 있는 높은 실업률의 결정적 원인 가운데 하나는 노동시장 하층부의 빈약한 학력에 있다.[38] 이런 점에서 교육과 직업훈련에 투자하면서 사회구성원들의 잠재 능력을 개발하여 그들의 고용 가능성을 제고함으로써 새로운 일자리를 창출하는 가능성의 재분배는 효과적인 분배 방안이 아닐 수 없다. 현대 사회에서 일자리 창출이 분배 정책의 핵심이라는 사실을 고려해보면 더욱 그러하다.

---

36 앤서니 기든스, 한상진 · 박찬욱 역, 『제3의 길』(서울: 생각의 나무, 1998), 159.
37 같은 책, 169.
38 같은 책, 183-184.

7장

소 득 양 극 화
성 찰

1. 들어가는 말

6장에서 지적한 바와 같이 소득 양극화가 우리 사회의 심각한 사회경제
적 문제로 대두되고 있다. 소득 양극화란 중산층이 몰락하여 전체 사회
구성원들이 양극단의 소득계층으로 이동하면서 그들 사이에 소득 격차
가 극도로 심화되는 현상을 의미한다. 서민의 입장에서 보면 이런 소득
양극화는 새로울 것이 없다. 일상생활에서 이미 극심한 소득 격차를
실감하고 있기 때문이다. 주위를 조금만 주의 깊게 둘러보아도 우리는
대기업과 중소기업의 근로자 급여 격차, 비정규직과 정규직 노동자의
임금 격차, 실업자와 취업자의 소득 격차, 강남 아파트와 강북 아파트의
양도소득 격차, 상류계층과 하류계층의 이자소득 격차 등을 쉽게 목격

할 수 있다.

사회경제적인 측면에서 소득 양극화는 적지 않은 문제들을 발생시킨다.[1] 첫째, 소득 양극화는 사회 전체의 후생을 감소시킨다. 피상적으로 보면 소득 양극화로 인해 발생된 최저소득층의 후생 감소와 최고소득층의 후생 증가가 상쇄되어 사회 전체의 후생에는 변화가 없을 것이라고 판단하기 쉽다. 하지만 한계효용은 소득이 증가함에 따라 감소하기 때문에 최저소득층의 소득 감소에 따른 후생 감소가 최고소득층의 소득 증가에 따른 후생 증가를 능가하게 된다. 그 결과 소득 양극화는 사회 전체의 후생 감소로 이어지게 된다.

둘째, 소득 양극화는 경제성장을 저해하게 된다. 소득 양극화가 발생하면 저소득층의 소득이 낮아지면서 이들의 수요가 위축된다. 반면 고소득층의 소득은 높아지면서 이들의 수요가 증가하지만 소득이 높아질수록 소비 성향이 낮아지기 때문에 사회 전체의 수요는 감소하게 된다. 또한 소득 양극화가 진행되면 빈곤층이 늘어나기 때문에 이들에 대한 각종 복지 비용이 증가하게 된다. 이로 인해 정부는 재정 압박을 겪게 되면서 더 많은 세금을 부과하게 된다. 그 결과 소득 양극화는 경제성장에 걸림돌로 작용하게 되는 것이다.

셋째, 소득 양극화는 커다란 사회적 비용을 발생시킨다. 소득 양극화는 빈곤층의 고통을 가중시키면서 범죄, 이혼, 자살 등 각종 사회문제들을 일으키게 된다. 실제로 외환위기 이후 우리 사회에는 범죄율과 이혼율이 높아지고 생계형 자살이 급격하게 증가하고 있다. 이런 현상은

---

[1] 윤진호, "소득 양극화의 원인과 정책대응 방향", 서울사회경제연구소 편, 『한국경제: 세계화, 구조조정, 양극화를 넘어』(서울: 도서출판 한울, 2006), 130-135.

소득 양극화가 사회구성원들의 삶에 얼마나 부정적인 영향을 미치는지를 단적으로 보여준다.

이런 사회경제적 부작용들을 고려해보면 현재와 같이 우리 기독교가 소득 양극화에 대해 관심을 갖지 않거나 미온적으로 대응하는 것은 결코 책임적인 태도라고 볼 수 없다. 이에 7장에서는 기독교윤리적 입장에서 소득 양극화 문제에 접근하고자 한다. 이를 위해 우선적으로 소득 양극화가 진행되는 것은 소득 분배가 제대로 이루어지지 않기 때문이라는 전제 아래 기독교윤리적 측면에서 소득 분배 정책의 구체적 목적을 수립할 것이다. 이어서 우리 사회에서 심화되고 있는 소득 양극화의 원인을 경제학적으로 분석할 것이다. 그런 다음 소득 양극화를 해소하기 위해 정부가 수행해야 할 정책적 과제를 제시할 것이다. 마지막으로 소득 양극화를 극복하기 위해 교회가 할 수 있고 해야 할 일들을 정리할 것이다.

2. 소득 분배 정책 목적의 구체화

우리 사회에서 소득 양극화가 심화되는 까닭은 사회구성원들 사이에 소득이 균형 있게 분배되지 않기 때문이다. 따라서 기독교윤리가 소득 양극화에 제대로 접근하기 위해서는 소득 분배 문제로부터 출발해야 한다. 보다 정확히 말해서 기독교윤리는 소득 양극화와 씨름하는 과정에서 소득 분배 정책으로부터 논의를 시작해야 한다. 왜냐하면 시장경제체제에서 소득 분배 문제는 기본적으로 개인적인 문제라기보다는 정책적인 문제이기 때문이다.

일반적으로 경제정책론에서 정책의 목적체계는 네 가지 요소로 구성된다.[2] 사회적 가치, 1차적 목적, 2차적 목적, 하위목적이 그것이다. 사회적 가치는 목적체계를 구성하는 요소들 가운데 가장 상위에 존재한다. 1차적 목적은 이런 사회적 가치에서 유도되는 것으로 사회적 가치와 2차적 목적을 매개하는 연결고리의 역할을 수행한다. 그런데 1차적 목적은 고도의 추상성을 지닌 사회적 가치로부터 도출되기 때문에 조작성 operationality과 구체성이 결여되는 약점을 지니게 된다.

2차적 목적은 1차적 목적이 지닌 이런 문제점들을 극복하면서 구체적인 상황에서 당면 과제를 실제적으로 해결하기 위해 1차적 목적으로부터 도출된 정책적 방향 지침을 가리킨다. 그런데 만일 이렇게 설정된 2차적 목적이 여전히 구체적이지 않고 추상적일 경우 정책 목적을 정책 수단들과 연결시켜주는 매개변수가 필요하게 된다. 이런 매개변수의 역할을 하는 것이 바로 하위목적이다.

기독교윤리적 관점에서 소득 분배 정책을 다룬다고 할 때 우리가 가장 중요시해야 할 사항은 소득 분배 정책이 지향하는 사회적 가치이다. 왜냐하면 이런 사회적 가치는 소득 분배 정책의 1차적 목적과 2차적 목적 혹은 경우에 따라 하위목적이 도출되는 사상적 기초가 되기 때문이다. 기독교윤리가 지향해야 할 소득 분배 정책의 사회적 가치로는 5장에서 제시된 요릭 슈피겔의 '근심 없고 충족된 삶'이 적절하다고 판단된다.[3]

5장에서 서술한 바와 같이 슈피겔에 따르면 근심은 무엇보다도 물질

---

2 안두순, 『경제정책론』(서울: 숲과나무, 1998), 78-81.

3 Y. Spiegel, *Wirtschaftsethik und Wirtschaftspraxis: ein wachsender Widerspruch?*, Stuttgart 1992, 21.

적인 것의 부재나 부족으로 인해 발생한다. 따라서 근심 없는 삶은 일차적으로 물질적인 넉넉함에 의존한다. 우리에게 물질적 배려가 주어지고 우리가 이런 배려를 요구할 수 있는 경제적 수준에 도달하게 될 때 근심 없는 삶을 구현할 수 있는 기본조건이 갖추어지게 되는 것이다.

그런데 슈피겔이 말하는 '근심 없고 충족된 삶'이란 사회적 가치 안에서는 성장과 분배가 배타적인 관계를 가질 수 없다. 경제적 재화가 모든 사회구성원들에게 예외 없이 충분하게 제공될 수 있기 위해서는 분배와 성장이 유기적이고 상승적으로 결합되어야만 하기 때문이다. 여기서 동반 성장이란 지향이 소득 분배 정책의 1차적 목적으로 설정된다. 동반 성장이란 경쟁력 향상을 통해 성장률을 제고하는 동시에 경쟁열위부문과 계층에 대해 나눔과 배려를 강화시켜 나가는 것을 의미한다.[4]

그런데 동반 성장이란 1차적 목적은 자칫 현실의 경제세계에서 공허한 것이 되기 쉽다. 앞에서 지적된 바와 같이 그것에는 조작성과 구체성이 부족하기 때문이다. 따라서 우리는 동반 성장을 현실 경제에 적용하기 위해서 그것으로부터 보다 명확하고 구체적인 2차적 목적을 도출해 낼 필요가 있다. 동반 성장으로부터 유도되는 소득 분배 정책의 2차적 목적으로는 다음과 같은 것들을 제시할 수 있다.[5]

첫째, 소득을 가능한 한 널리 분산시킨다. 둘째, 불로소득을 최대한 억제한다. 셋째, 모든 빈곤계층에게 최저생계비를 지원한다. 넷째, 가계들의 특수한 경제적 부담을 덜어준다. 다섯째, 사회구성원들의 노동소득을 최대한 증대시킨다. 여섯째, 실업자들의 재취업을 적극적으로

---

4 윤상철 외, 『더불어 사는 지혜 함께 푸는 양극화』(서울: 국정홍보처, 2006), 64.

5 H. Lampert, "Verteilungspolitik", in: O. Issing (Hg.), *Allgemeine Wirtschaftspolitik*, München 1993, 113, 118.

지원한다.[6]

3. 소득 양극화 상황

분배란 경제적 재화를 사회구성원들끼리 나누어 갖는 것을 의미한다. 그런데 경제적 재화에는 크게 두 가지 형태, 곧 부富와 소득이 있다. 6장에서 서술한 바와 같이 부란 토지나 주식과 같이 경제 주체가 보유하고 있는 고정적 재화(stock)를 가리키는 반면 소득은 급여나 이자와 같이 한 경제 주체에게 들어왔다가 소비를 통해 다른 주체에게 흘러나가는 유동적 재화(flow)를 의미한다.

이처럼 분배되는 경제적 재화에 두 가지 종류가 있다면 분배도 두 가지 형태로 나뉠 수 있다. 부의 분배와 소득 분배가 그것이다. 그런데 이 장에서는 양자 가운데 소득 분배에 초점을 맞추고자 한다. 그 이유는 다음과 같다. 첫째, 소득 분배와 비교해볼 때 부의 분배는 통계학적으로 정확하게 추계되기 더 어렵기 때문이다. 둘째, 바로 뒤에서 밝혀지겠지만 소득 분배에는 부의 분배가 반영되어 있기 때문이다.

소득에는 여러 가지 형태가 있다. 이 가운데 가장 비중이 높은 소득은 역시 노동 소득, 그리고 부와 관련된 소득이다. 노동 소득은 노동의 대가로 얻어진 소득을 가리키는 반면 부와 관련된 소득은 부로부터 생겨나는 소득을 의미한다. 예를 들어 직장인들이 받는 월급은 노동 소득에,

---

6 첫 번째, 두 번째, 세 번째, 네 번째 목적은 주로 분배 측면과 관련되는 반면 다섯 번째와 여섯 번째 목적은 성장 측면과 밀접히 연관된다.

아파트 양도 소득이나 예금이자는 부와 관련된 소득에 속한다고 할 수 있다.

이렇게 보면 전체 소득은 대체로 노동 소득과 부로부터 발생된 소득으로 구성된다. 이에 따라 전체 소득의 분배는 노동 소득의 분배와 부와 관련된 소득의 분배의 합과 비슷하다고 할 수 있다. 여기서 다음과 같은 식이 도출된다.

전체 소득의 분배 ≒ 노동 소득의 분배 + 부와 관련된 소득의 분배

그렇다면 한국 사회의 경우 전체소득의 분배는 구체적으로 어떻게 이루어지고 있는가? 근자에 들어서, 특히 1997년 말 외환위기 이후로 우리 사회의 소득 분배 상황은 상당한 정도로 악화되고 있다. 그 원인으로는 다음의 몇 가지가 지적될 수 있다.

첫째, 강도 높은 기업구조조정으로 인해 실업자가 양산되었고 이것이 노동 소득의 분배를 악화시키고 있다. 외환위기 직후인 1998년에 실업률은 7.0%, 이듬해 99년에는 6.3%로 집계되었다. 이어 2000년, 2001년, 2002년, 2003년, 2004년의 실업률은 각각 4.4%, 4.0%, 3.3%, 3.6%, 3.7%를 기록하였다.[7]

공시적으로 발표되는 이런 수치들에 근거해보면 실업률이 낮아지고 있다고 판단될 수 있다. 하지만 이런 수치상의 실업률 하락이 실제적인 것으로 이해되어서는 곤란하다. 왜냐하면 적지 않은 사회구성원들이 취업 의사는 있으나 구직을 포기한 실망실업자로서 경제활동 인구에서

---

7 이강국, 『가난에 빠진 세계』(서울: 책세상, 2007), 173.

제외되었기 때문이다.[8] 외환위기 이후 그 수가 급격하게 증가한 실망실업자들로 인해 공식적인 지표실업률과 실제적인 체감실업률 사이에는 작지 않은 괴리가 존재한다. 따라서 현재 3%대로 집계되고 있는 공식적 실업률은 실제의 실업 상태를 과소평가하고 있는 수치로 간주되어야 한다.

둘째, 비정규직 노동자의 양산이 노동 소득의 분배 구조를 왜곡시키고 있다. 한시적 근로자[9]를 포함한 비정규직 노동자의 비율은 2001년 41.3%이던 것이 2004년에는 61.7%까지 증가한 것으로 나타났다.[10] 두루 아는 바와 같이 비정규직 노동자의 급여는 정규직 노동자의 경우에 비해 매우 낮은 편이다. 2004년 비정규직 근로자의 임금은 정규직 노동자 임금의 51.9%에 불과한 것으로 집계되었다.[11]

셋째, 기업 규모별 임금 격차의 확대가 노동 소득의 분배를 불균등하게 만들고 있다. 500인 이상 기업의 1인당 월평균 임금을 100이라고 할 때 20-99인 기업의 경우 1인당 월평균 임금은 1990년 77.2에서 2003년 65.9로 하락하고 10-29인 기업의 경우는 74.1에서 59.4로 내려앉았다.[12] 게다가 학력별 및 직종별 임금 격차도 소폭 확대되는 추세를 보이고 있다.[13]

넷째, 2001년부터 최근까지 지속된 주택시장, 특히 아파트시장에서

---

8 이정우, "경제위기 이후의 분배정책 방향", 이정우 외, 『소득분배와 사회복지』(서울: 여강출판사, 2002), 51.
9 한시적 근로자란 고용계약 기간이 1년 미만인 기간제 근로자와 고용계약 기간이 정해지지는 않았지만 계속 근무하기가 어려운 비기간제 근로자를 가리킨다.
10 유종일, "노 대통령 경제 브레인 유종일 교수의 쓴소리", 『신동아』 2005년 12월, 115.
11 김유선, 『한국노동자의 임금실태와 임금정책』(서울: 후마니타스, 2005), 37.
12 같은 책, 39.
13 같은 책, 41-46.

의 투기로 인해 부와 관련된 소득의 분배 구조가 엄청난 정도로 왜곡되었다. 통계에 따르면 우리 사회의 주택 소유 편중이 매우 심각한 것으로 드러났다. 2002년 말 현재 전체 가구의 16.7%를 차지하고 있는 다주택 가구의 경우 1가구당 평균 2.95채의 주택을 보유하고 있는 반면 50%가 넘는 가구들이 주택을 보유하고 있지 못한 것으로 집계되었다. 특히 전체 가구의 2%도 되지 않는 29만 세대의 경우 1가구당 5채에서 20채까지의 주택을 소유하고 있는 것으로 나타났다.[14]

주택들이 불균등하게 분배됨에 따라 주택으로부터 파생되는 소득의 분배 또한 불균등해지고 있다. 2006년 말 전국 아파트의 평균 가격은 2억 4865만 원으로 2002년에 비해 62.2% 상승한 것으로 집계되었다. 이는 같은 기간 소비자물가 상승률의 4.9배, 국내총생산 증가율의 2.6배에 해당하는 수치이다.[15] 이러한 아파트 가격의 높은 상승률을 통해 발생한 상당한 정도의 소득이 소수의 다주택 소유자에게 귀속되었음은 물론이다.

이와 같이 1997년 경제위기 이후 노동 소득의 분배가 불균등해짐은 물론 부로부터 발생하는 소득의 격차도 빠른 속도로 확대되면서 전체 소득의 분배가 양극화되어가고 있다. 최근의 한 통계조사에 의하면 1997년 4.49배이던 상위 20%와 하위 20%의 소득 격차가 2002년에는 5.18배, 2003년에는 5.22배, 2004년에는 5.41배까지 벌어진 것으로 드러났다.[16]

---

14 이강국,『가난에 빠진 세계』, 155.

15 「경향신문」 2007. 10. 18.

16 이강국, "한국경제, 구조적 저성장과 양극화를 넘어서", 신기남 외,『새로운 진보의 나침반』 (서울: 도서출판 느루, 2007), 145.

4. 정책적 과제

앞에서 설정한 소득 분배 정책의 2차적 목적들을 염두에 두면서 현재 심화되고 있는 소득 양극화를 극복하기 위해 요구되는 정책적 과제들에는 어떤 것이 있을까? 필자가 판단하기에 이런 정책적 과제들은 크게 세 가지로 요약될 수 있다.

첫째, 조세제도와 복지제도를 개선해야 한다. 우리 사회의 경우 부로부터 발생하는 소득은 고소득층에 의해 배타적으로 점유되고 있기 때문에 이런 소득 형태에 대한 저소득층의 접근은 실제적으로 거의 불가능하다. 또한 투기공화국으로 불릴 만큼 경제 전반에 걸쳐 투기가 일반화되고 구조화되어 있다. 이런 특성들로 인해 우리 사회의 분배 구조는 부와 관련된 소득에 대해 과세를 강화하지 않는 한 향상되기 어렵다.[17] 따라서 정부는 부와 관련된 소득, 특히 주택으로부터 창출되는 소득에 대해 철저히 과세할 필요가 있다.

이런 의미에서 고가의 주택에 부과되고 있는 종합부동산세는 바람직한 정책 수단으로 평가될 수 있다. 종합부동산세는 주택의 공시가격 합계액이 6억 원이 넘는 경우에 부과되고 있다. 하지만 보수 언론에서 주장하는 것처럼 그리 무거운 보유세라고 할 수 없다. 2006년 종합부동산세가 1조 3,000억 원이 징수되었다고 하지만 그간 주택 가격의 상승률을 고려해보면 실효세율이 0.06% 정도인 것으로 드러났다. 이는 선진국들에서 적용되는 실효세율의 10%도 미치지 못하는 수치이다.[18]

---

17 이혁배, 『개혁과 통합의 사회윤리』(서울: 대한기독교서회, 2004), 93.
18 김태동 · 김헌동, 『문제는 부동산이야, 이 바보들아』(서울: 궁리출판, 2007), 76-77.

따라서 정부는 과세표준적용률을 하향조정하기보다는 상향조정해야
할 것이다.

전통적으로 조세제도와 복지제도는 소득 분배 구조를 개선할 수 있
는 중심적인 정책 수단으로 간주되어 왔다. 그런데 우리 사회의 경우
자영업자의 소득이 제대로 파악되지 않고 간접세 위주의 조세정책이
구사되고 있기 때문에 조세제도를 통해 소득 분배를 향상시키려는 방안
은 일정한 한계를 지닐 수밖에 없다.[19] 이런 사실을 놓고 보면 우리 사회
에서는 복지제도가 조세제도보다 소득 분배를 향상시키는 데 더 효과적
일 수 있다는 결론이 나오게 된다. 따라서 복지제도를 확대하고 개선하
는 일은 우리 사회의 소득 분배 구조를 정의롭게 형성하는 데 관건이
된다.

복지제도의 대표적인 형태는 공공부조와 사회보험이다. 공공부조는
국가가 소득 상실이나 소득 부재를 겪고 있는 빈곤계층의 최저생활을
보장하는 제도이다. 우리 사회의 경우 공공부조의 중핵은 2000년부터
시행되고 있는 국민기초생활보장제도이다. 이 제도는 빈곤계층에 대한
시혜적 성격에서 벗어나 그들의 정당한 권리를 강조하고 있다는 점과
급여 수준을 최저생계비 이상으로 상향조정한 점으로 인해 긍정적인
평가를 받고 있다.[20]

그런데 이런 장점들에도 불구하고 국민기초생활보장제도는 몇 가지
문제점들을 지니고 있는데 그 가운데 핵심적인 것으로는 이 제도가 통

---

19 조흥식, "빈곤의 심화와 사회복지 – 정책 대안", 이병천 편, 『세계화 시대 한국 자본주의
   – 진단과 대안』(파주: 도서출판 한울, 2007), 292.
20 김진수, "공공부조의 제도 및 재정변화와 발전과제", 이정우 외, 『소득분배와 사회복지』(서
   울: 여강출판사, 2003), 239.

합급여체제를 채택하기 때문에 수급자들보다 월 소득이 약간 많은 차상위계층을 배제시키고 있다는 점을 들 수 있다. 현재 기초생활보장 수혜자들은 생계 급여, 의료 급여, 주거 급여, 교육 급여, 자활 급여 등 20가지가 넘는 급여를 모두 제공받고 있다. 반면 차상위계층은 이런 급여들에 거의 접근하지 못하고 있다.[21]

빈곤계층에 속한 모든 사회구성원들은 예외 없이 정부로부터 경제적 지원을 받을 권리를 가지고 있다. 그러나 국민기초생활보장제도가 지금처럼 통합급여체제를 채택하는 한 수급자 집단에만 한정된 배타적이고 획일적인 지원 방식은 불가피하다. 따라서 통합급여체제로 묶여 있는 각각의 급여를 분리하여 그것이 현재의 수급자들에게 뿐만 아니라 차상위계층에게도 융통성 있게 제공될 수 있어야 한다.[22]

한편 사회보험은 수혜자 비기여를 원칙으로 삼는 공공부조와는 달리 수혜자 기여를 원칙으로 하는 복지 형태인데 우리 사회의 경우 건강보험, 연금보험, 산재보험, 고용보험이 이에 해당된다. 이들 4대 사회보험은 적지 않은 문제점들을 노정하고 있는데 그 가운데 결정적인 것은 재정 적자의 누적이라고 할 수 있다. 이런 문제점을 해결하기 위해서는 저부담-고급여체계로 되어 있는 현재의 재정 구조를 적정부담-적정급여체계로 과감하게 전환해 나가야 할 것이다.

둘째, 일자리 창출에 진력해야 한다. 일자리 창출이 가장 효과적인 소득 분배 방안이라는 사실에는 이론의 여지가 없다.[23] 하지만 새로운

---

21 유시민,『대한민국 개조론』(파주: 돌베개, 2007), 93-94.
22 노대명, "신빈곤 극복의 대안적 복지체제 모형 연구", 신영복·조희연 편,『민주화·세계화 '이후' 한국 민주주의의 대안 체제 모형을 찾아서』(서울: 함께읽는책, 2006), 317
23 이혁배,『개혁과 통합의 사회윤리』, 105.

일자리를 만들어내는 것은 말처럼 그리 쉬운 일은 아니다. 우리 사회의 경우 정보화 사회로 전환되면서 과거와 같이 10%대의 고성장을 달성하는 것은 거의 불가능하다. 실제로 2003년부터 2006년까지 연평균 경제성장률은 4.2%에 머물렀다.[24] 설령 고도성장이 가능하다고 하더라도 산업화 시대에서와 같은 대량 고용은 실현되기 어렵다. 왜냐하면 성장의 고용 흡수력이 낮아지고 있기 때문이다.

근자에 들어 성장의 고용 흡수력이 낮아지고 있는 까닭은 경제성장을 떠받치고 있는 제조업의 일자리 창출 능력이 기술 혁신으로 인해 급격하게 떨어지고 있기 때문이다. 2006년 제조업의 경우 국내총생산에서 차지하는 비중은 28%인데 반해 그 취업자 비중은 18%에 불과한 것으로 드러났다.[25] 이제 우리 사회도 서구 사회와 마찬가지로 고용 낮은 성장의 단계로 진입해 있는 것이다.

이런 상황에서 고용 창출의 핵심 주체인 기업이 사업 역량을 최대한 발휘할 수 있는 분위기를 마련할 필요가 있다.[26] 기업 우호적인 여건 조성을 통해 많은 외국 기업들을 국내로 유인하고 국내 기업의 해외 이전을 예방하는 것이 일자리 창출의 관건임에 분명하다. 이런 기업 환경을 구축하기 위해서 정부는 일자리를 창출하는 기업들에게 세제나 금융의 측면에서 충분한 혜택을 제공해야 할 것이다.

일자리 창출 문제와 관련해서 최근 들어 침체 상태를 벗어나지 못하고 있는 중소기업을 활성화하는 것도 중요한 과제이다. 중소기업은 대기업보다 고용 창출에 훨씬 더 많이 기여할 수 있기 때문에 중소기업의

---

24 유시민, 『대한민국 개조론』, 73.
25 같은 책, 100.
26 이혁배, 『개혁과 통합의 사회윤리』, 106.

발전은 소득 분배 구조의 향상과 긴밀하게 연관되어 있다.[27] 그럼에도 현재 대기업은 높은 이익을 올리고 있지만 중소기업은 그렇지 못한 실정이다. 대기업의 경우 영업이익률이 2000년부터 5년 동안 26%, 23%, 22%, 18%, 24%로 나타난 반면 중소기업의 경우는 -17%, -23%, -27%, -23%, -26%로 집계되었다.[28]

중소기업으로 하여금 이런 침체 상태에서 벗어나게 하려면 우선적으로 대기업과 중소기업 간에 공정 경쟁과 공정 거래를 확립할 필해야 한다.[29] 이를 위해 정부는 대기업의 시장 지배력 남용과 불공정 하도급 거래를 보다 효율적으로 규제할 수 있는 기업집단법을 제정해야 한다.[30] 이와 더불어 혁신형 중소기업이 많이 나올 수 있도록 중소기업의 경쟁력을 제고하는 정책을 체계적으로 담당할 중소기업부를 신설해야 한다.[31]

한편 정부 당국은 일자리의 양을 늘리는 것뿐만 아니라 일자리의 질을 높이는 데도 주력해야 한다. 세계화, 정보화, 금융화 등으로 인해 경제 조건이 급변하는 상황에서 고용의 지속적 보장이나 비정규직의 완전한 철폐를 관철하는 것은 사실상 불가능하다. 따라서 정부는 고용의 유연성flexibility을 유지하면서도 생활의 안정성security을 결합하는 상태, 곧 유연안정성flexicurity을 실현하는 문제를 진지하고 고려해야 한다. 여기서 유연안정성이란 기업 측에 고용의 유연성을 인정해주되

---

27 곽정수 외, 『한국경제 새판짜기』(서울: 미들하우스, 2007), 76.

28 윤상철 외, 『더불어 사는 지혜 함께 푸는 양극화』(서울: 국정홍보처, 2006), 32.

29 유종일, "양극화 극복을 위한 정책 방향", 신기남 외, 『새로운 진보의 나침반』(서울: 도서출판 느루, 2007), 179.

30 곽정수 외, 『한국경제 새판짜기』, 80-81.

31 같은 책, 96-98.

비정규직이라는 사실 때문에 정규직보다 임금이나 사회복지의 측면에서 차별 대우를 받지 않게 해주는 사회적 시스템을 갖추는 것을 의미한다.[32]

비정규직 노동자는 고용을 지속적으로 보장받지 못하기 때문에 이런 리스크에 대해 경제적인 보상을 받아야 마땅하다. 그럼에도 지금처럼 비정규직 노동자가 정규직 노동자보다 더 적은 임금이나 사회복지급여를 받는 것은 불공정하고 비합리적 처사가 아닐 수 없다. 이런 의미에서 유연안정성을 확보하는 일은 노동 부문을 인간화하는 데 필요한 기본 요건이라고 할 수 있다. 유연안정성이 실현될 때 단지 임금비용의 절감만을 위해 비정규직 노동자를 고용하는 기존의 기업 풍토가 극복되고 고용양의 탄력적 조정이란 비정규직 도입의 취지가 살아날 수 있을 것이다. 이와 더불어 일자리의 질이 향상되어 소득 분배 문제도 해결될 수 있을 것이다.

일자리의 창출 문제와 관련해서 주의해야 할 점은 일자리의 공급자인 기업의 측면만을 고려해서는 일자리가 원활하게 만들어지기 어렵다는 사실이다. 보다 많은 일자리가 만들어지기 위해서는 일자리의 수요자인 노동자의 측면도 정책의 중요한 고려 대상으로 간주되어야 한다. 다시 말해서 새로 창출될 일자리에 대한 기업의 요구에 노동자의 능력과 기능이 부합할 수 있어야 한다는 것이다.

오늘의 산업구조는 정보산업 중심으로 급격하게 재편되고 있다. 따라서 새로운 일자리는 제조업 부문에서보다는 IT업 부문에서 훨씬 더 많이 생겨날 수밖에 없다. 이런 상황에서 노동자의 지식 및 기능 수준

---

32 같은 책, 226-227.

향상을 통해 고용 가능성을 제고하는 일이 중요한 정책적 과제로 등장한다. 이런 과제를 실현하기 위해 정부는 고용보험금을 활용하여 노동자들의 평생학습을 적극적으로 지원해야 한다. 나아가 대학을 학문연구 중심 대학과 직업교육 중심 대학으로 재편하여 직업교육 중심 대학의 경우 노동자를 대상으로 한 평생교육기관으로서의 기능과 역할을 대폭적으로 확대시켜나가야 한다.[33]

셋째, 서민금융을 지원해야 한다. 영세 자영업자들의 증가가 소득 양극화를 초래하고 있음은 주지의 사실이다. 현재 우리 사회에서 영세 자영업은 실업의 대안이자 고용의 저수지라고 할 수 있다.[34] 2003년 자영업자 및 무급 가족종사자의 비율은 34.9%로 집계되었다. 이는 다른 나라의 경우와 비교해볼 때 매우 높은 수치이다. 일례로 영국과 미국의 경우 그 비율은 각각 11.7%와 7.2%에 불과하였다.

이런 영세 자영업자들에게 가장 절실한 것은 사업 자금이다. 그런데 이들의 대부분은 담보로 맡길 자산도 없고 신용도도 낮기 때문에 은행 대출 서비스를 이용하기 어려운 처지에 놓여 있다. 결국 은행에서 내몰린 이들이 의지할 곳은 대부업체나 사채업체뿐이다. 이로 인해 영세 자영업자들은 은행 금리의 10배가 넘는 금융 비용을 지불하고 있다.

이런 상황에서 2007년 말 한 시중은행이 소액 신용대출시장에의 진출을 공표하였다.[35] 이 은행은 대부업법상 이자 상한선인 연 49%의 절반인 연 25% 선으로 금리를 결정하였다. 이를 계기로 다른 시중은행들

---

33 같은 책, 93.
34 정건화, "2000년대 한국경제의 쟁점과 민족경제론 – '외국자본 지배론' 비판을 중심으로",
　　유철규 편, 『혁신과 통합의 한국경제모델을 찾아서』(서울: 함께읽는책, 2006), 407.
35 「중앙일보」 2007. 11. 2.

도 서민금융시장의 진출을 적극적으로 검토하고 있다. 시중은행들의 이런 구상이 현실화되면 대부업체나 사채업체의 금리는 상당 정도 인하될 수 있을 것이다. 그럼에도 이런 시중은행의 서민금융시장 진출보다 영세 자영업자들에게 실질적으로 더 큰 도움을 줄 수 있는 방안은 상호저축은행이나 신용협동조합과 같은 전통적 서민금융기관을 정상화하는 것과 마이크로크레디트microcredit를 확대하는 것이다.

외환위기 이후 기존의 서민금융기관은 경영 정상화가 불가능해지자 주택 담보 대출이나 부동산 프로젝트 파이낸싱과 같은 수익성 업무에 치중하고 있다.[36] 이에 따라 전통적 서민금융기관은 영세 자영업자의 자금 수요에 제대로 부응하지 못하고 있는 실정이다. 이런 문제점을 극복하기 위해서는 정부가 그동안 지지부진해왔던 서민금융기관의 구조조정을 적극적으로 지원할 필요가 있다. 나아가 서민금융기관과 시중은행에 대한 감독 정책을 차별화함으로써 실추된 전통적 서민금융기관의 신뢰도를 회복시켜주어야 한다.

한편 최하위 서민계층을 위해 마이크로크레디트를 확대할 필요가 있다. 마이크로크레디트란 제도권 금융기관과 거래할 수 없는 빈민층에게 담보나 보증 없이 이루어지는 소액 신용대출을 의미한다. 다시 말해서 이 사업은 가난한 사람들에게 소액의 종자돈을 빌려주면서 창업을 촉진하고 이를 통해 그들로 하여금 자립할 수 있도록 지원하는 대안금융 프로그램이라고 할 수 있다.[37] 마이크로크레디트는 1976년 방글라데시 무하마드 유누스Muhammad Yunus 박사에 의해 시작되어 1983

---

36 박덕배, "서민도 금융이 필요하다", 「중앙일보」, 2007. 5. 14.
37 윤수영, 『세속 경제학』(서울: 삼양미디어, 2007), 57.

년 그라민 은행Grameen Bank의 설립을 계기로 본격화되었다.[38]

우리나라의 경우 2000년 그라민 은행의 한국 지부인 '신나는 조합'을 통해 처음으로 도입되었다. 그러다가 2009년부터는 정부 차원에서의 마이크로크레디트 사업도 추진되고 있다. 하지만 대출 조건이 까다롭고 대출 절차가 복잡하며 홍보가 미비해서 실적이 매우 저조한 실정이다. 특히 정부가 이 사업에 참여하면서 수행 기관의 수가 늘어난 데 반해 마이크로크레디트를 다룰 전문 인력의 수는 제자리걸음을 하고 있어 대출 회수율을 높이는 데 근본적인 한계를 보이고 있다.

돈을 대출받을 수 있는 것은 인간의 기본권에 속한다.[39] 영세 자영업자를 비롯한 최하위 서민계층의 경우도 여기서 예외가 될 수 없다. 정부는 이 점을 철저히 인식하면서 금융의 공공성을 확립하려는 노력을 게을리 해서는 안 될 것이다. 이 과정에서 정부는 전통적 서민금융기관을 정상화하고 마이크로크레디트 사업을 활성화하는 일에 보다 큰 관심을 기울여야 할 것이다.

5. 교회의 과제

전통적으로 기독교는 개인적인 차원에서의 나눔이나 자선을 지속적으로 강조해왔다. 그런데 이런 개인윤리적인 해결 방식이 사회 전체에서 갖는 의미나 비중은 미미하다. 이런 이유에서 이 장에서는 개인적인

---

38 무하마드 유누스, 정재곤 역, 『가난한 사람들을 위한 은행가』(서울: 세상사람들의 책, 2002).
39 이강국, 『가난에 빠진 세계』, 184-185.

차원을 넘어선 정책적인 측면에서 분배 문제에 접근해보려고 시도했던 것이다. 그렇다면 정책적인 차원에서 분배 문제를 해결하기 위해 교회는 어떤 과제를 수행해야 할 것인가?

냉정히 생각해보면 교회가 분배 제도나 구조를 직접적으로 개선하는 것은 상당히 어려운 일이다. 분배 정책의 시행 주체는 정부이다. 따라서 교회는 시민사회와 더불어 정부가 구사하는 분배 정책이 올바른 궤도에 들어서도록 압력을 행사할 수 있는 권한만을 갖고 있다. 이런 의미에서 교회와 시민사회는 분배 정책의 압력 주체라고 할 수 있다. 따라서 교회가 정책적 차원에서 소득 양극화 해소에 크게 기여할 수 있다는 기대를 갖는 것은 그리 현실적인 태도는 아니다.

이런 제한된 조건에서 소득 양극화를 완화시키기 위해 교회가 담당해야 할 주된 임무는 교회 재정 운영방식의 개선과 대안적 경제 패러다임의 제시로 압축될 수 있다. 첫째, 한국 교회는 구약성서에 나오는 희년법이 지닌 재분배 정신을 재정 운영의 원칙으로 수용하면서 자체 내에 고용되어 있는 이들 사이의 소득 분배 문제와 개별 교회들 간의 빈부 격차 문제를 심각하게 고민해야 한다.

6장에서 지적한 바와 같이 희년법의 모티브는 부나 소득의 축적에 대한 제도적 제한이다. 희년법은 가난한 계층을 희생시켜 상류계층을 부유하게 만드는 사회적이고 경제적인 과정을 중단시키는 것을 목적으로 한다. 따라서 희년법을 통해 부나 소득의 축적은 주기적으로 교정될 수 있는 가능성이 열리게 된다. 이런 의미에서 희년제도는 사회적 약자들을 위한 재분배 정책으로 정의될 수 있다. 이런 희년법 정신에 비추어 볼 때 현재 드러나고 있는 담임 교역자와 부교역자, 그리고 교회 행정 직원과 관리 직원 간의 극심한 사례비 격차는 묵과할 수 없다.

희년법의 관점에서 볼 때 개별 교회들 간에 심화되고 있는 빈부 격차 문제도 정당화되기 어렵다. 한국 기독교의 경우 교단총회에서 개별 교회들의 재정을 통합적으로 관리하지 않고 개별 교회들로 하여금 독자적인 재정 구조를 갖추도록 하는 개교회주의를 그 운영 원리로 삼고 있기 때문에 교회들 간의 빈부 격차도 극심한 실정이다. 근자에 와서 소형 교회들과 중대형 교회들 간에 신도들의 수평 이동이 이루어지면서 이런 빈부 격차는 더욱 가속화되고 있다.

그런데 이렇게 기독교 내부에서 경제적 격차가 지속되는 한 한국 교회가 외부 사회의 소득 양극화에 대해 비판을 가하는 것은 사회적으로 거의 설득력을 가질 수 없다. 이런 수치스런 상태에서 벗어나 우리 교회들이 외부 사회에 선한 영향력을 미칠 수 있는 대안적인 공동체로 변화될 수 있기 위해서는 목회자와 직원의 사례비를 책정하는 과정에서 업무의 성격보다는 근속 기간과 가족 수를 더 비중 있게 반영할 필요가 있다. 또한 개교회주의가 노정하는 반反공동체성을 최소화하면서 교회들끼리 일정 정도 재정을 공유할 수 있는 시스템을 구축할 필요가 있다. 이를 위해 구체적으로 현재 몇몇 교단들에서 시행되고 있는 미자립 교회 목회자들을 위한 생활보장제도를 교계 전체로 확산시키는 방안을 진지하게 검토해야 한다.

더 나아가 개별 교회의 목회자들은 사례비에 대한 소득세를 납부해야 한다. 모든 목회자들이 예외 없이 세금을 내고 있는 외국의 경우와 달리 우리나라의 목회자들은 거의 소득세를 납부하지 않는다. 교회는 비영리 종교 법인이기에 세금 납부의 의무에서 벗어나 있지만 목회자의 경우는 그렇지 않다. 목회자가 받는 사례비는 생활비의 성격을 지니고 있어 개인 소득으로 간주될 수 있기 때문에 과세의 대상이 되는 것이

다.[40]

기독교윤리적 관점에서 보면 목회자의 세금 납부는 사회경제적으로 의미 있는 종교적 상징으로 기능할 수 있다. 그 이유는 두 가지로 요약된다. 먼저 세금은 기독교경제윤리의 핵심 가치인 나눔을 익명화하고 제도화하는 중요한 수단이 되기 때문이다. 이웃과 물질을 나누는 데 주의해야 할 사항은 나눔이 은밀해야 하고 지속적이어야 한다는 점이다. 나눔이 제대로 되려면 그것을 통해 기부자와 수혜자 사이의 영향력 수수관계가 형성되지 않아야 한다. 또한 그것이 일시적이거나 불규칙적이지 않고 상시적이고 규칙적이어야 한다. 세금은 이런 두 가지 조건을 충족시킨다는 점에서 온전한 의미의 나눔을 구현하는 사회경제적 수단이라고 할 수 있다.

그 다음으로 목회자의 세금 납부는 우리 기독교인들이 드러내고 있는 연대의식의 부족을 극복하는 계기를 마련해줄 수 있기 때문이다. 앞으로 우리 사회의 경제 수준이 높아짐에 따라 사회구성원들의 복지 욕구는 계속 증가할 것임에 분명하다. 그런데 이렇게 증가해가는 복지 욕구를 충족시키기 위해서는 세금 부담의 증대가 불가피하다. 그럼에도 세금 납부에 적극성을 보이는 사회구성원들은 그리 많지 않은 실정이다.

2005년 보건사회연구원이 조사한 바에 따르면 복지 증가에 따른 추가적 세금 부담에 대해 찬성한 비율이 19%에 불과한 것으로 나타났다.[41] 지금까지 교회들과 그 구성원들이 보여 왔던 낮은 사회정치적 의

---

40 신동식, "목회자 소득세 신고는 이웃사랑의 실천", http://www.cemk.org/_zb/ zboard.php?no=85&id= CLM_02_CH.
41 이정우, "양극화냐 동반성장이냐?", 이병천 편, 『세계화 시대 한국 자본주의 – 진단과 대안』

식에 근거해볼 때 기독교인의 경우도 예외는 아닐 것이라고 판단된다. 이렇듯 다른 사회구성원들과 마찬가지로 대부분의 기독교인들이 강한 조세 저항을 보이고 있는 상황에서 목회자들의 소득세 납부는 세금에 대한 기독교인들의 부정적인 인식을 바꾸는 데 적지 않게 기여할 수 있을 것이다.

둘째, 한국 교회는 시민사회와 연대하여 분배 친화적인 대안적 경제 패러다임을 만들어내는 데 진력해야 한다. 과거와 같이 양적 투입을 통해 성장률을 높이는 경제 모델이 지속되는 것은 바람직하지 않을 뿐만 아니라 더 이상 가능하지도 않다. 따라서 혁신과 통합을 중심으로 하는 새로운 경제 모델을 개발해야 한다. 이런 경제 모델을 구상하는 과정에서 무엇보다도 중요한 사항은 수출 부문뿐만 아니라 내수 부문도 고려하는 방향으로 경제정책의 전략을 전환시켜야 한다는 사실이다.[42]

한국 경제가 내수 부문을 강화하는 경제 패러다임을 채택하게 되면 국내 경기는 해외 경기 변동에 덜 민감하게 되어 거시적 안정성을 확보하기 훨씬 더 용이해질 것이다. 또한 수출을 담당하는 대기업과 내수를 담당하는 중소기업 간의 연관관계가 강화되면서 대기업의 이익 증가가 중소기업의 이윤 상승으로 이어지게 될 것이다. 이런 장점들을 통해 내수 상화 패러다임은 우리 사회의 소득 양극화를 적지 않은 정도로 완화할 수 있을 것이다.

물론 이런 내수 강화 패러다임을 만들어내는 일은 일차적으로 경제학자들의 몫이다. 그렇다고 경제학자들의 힘만으로 이런 패러다임을

(파주: 도서출판 한울, 2007), 98.
[42] 같은 글, 100-101.

창출해내고 그것에 대한 긍정적 여론을 확산시킬 수는 없다. 여기서 교회의 적극적인 역할이 요구된다. 한국 교회는 효율성과 공공성을 결합하고자 하는 경제학자들, 시민사회 안에 있는 경제전문가들, 경제적인 것과 인간적인 것을 통합하려는 기독교윤리학자들로 구성된 연구위원회를 조직할 필요가 있다. 그리고 이런 연구위원회를 재정적으로 지원하면서 이들로 하여금 수출 일변도 경제 모델을 지양한 내수 강화 패러다임의 내용과 실현 방안을 제시하는 교회백서를 발간하도록 해야한다. 더 나아가 이 교회백서를 통해 대기업 중심주의에 근거한 수출 위주 패러다임이 아니라 대기업과 중소기업의 연관관계에 기초한 내수 강화 패러다임이 소득 양극화를 극복할 수 있는 거시적 대안이라는 사실을 기독교인들을 비롯한 모든 사회구성원들에게 주지시켜나가야한다.

6. 나오는 말

지금까지 우리는 기독교윤리적 관점에서 소득 분배 정책의 목적을 구체화하고 경제학적 측면에서 우리 사회 안에서 소득 양극화가 심화되는 원인들을 분석하였다. 그리고 소득 양극화를 완화시키기 위한 정부의 정책적 과제를 제시하고 한정된 범위 내에서 교회의 과제도 정리하였다.

소득 양극화를 완화하기 위해서 무엇보다도 긴급히 요구되는 사항은 충분한 예산의 확보이다. 그런데 소득 양극화 해소에 소용되는 재원을 조달할 수 있는 가장 바람직한 방법은 다른 나라들에 비해 과도하게 책정되어 있는 국방비를 삭감하는 방안일 것이다.[43] 2008년 국방 예산은 26조 7,082억 원에 달하며 이는 2007년도에 비해 9% 증액된 것으로 나타났다. 이런 증가율은 일반 예산 증가율 7.9%를 웃도는 수치이다.[44]

이처럼 천문학적인 액수를 국방 예산으로 책정하는 것은 한반도 평화통일에 역행하는 것일 뿐만 아니라 소득 양극화로 인해 고통받고 있는 서민들을 경제적으로 지원할 수 있는 여력도 감소시키는 조처가 아닐 수 없다. 국방 예산은 그 자체가 비생산적, 파괴적, 비인간적 성격을 갖는 필요악에 해당하므로 가능한 한 축소되는 것이 바람직하다. 더욱이 소득 양극화의 해소가 시대의 화두가 되고 있는 상황에서 복지 예산과 상충관계에 있는 국방 예산을 늘리는 것은 어떤 형태로든 정당화되기 힘들다. 물론 국방 예산의 무조건적이고 즉각적인 삭감은 현재의 상황에서 실현되기 어려울 것이다. 그럼에도 남북한이 상호 신뢰를 구축하고 다양한 측면에서 상호 협력을 구현하면서 점진적으로 평화 무드를 조성한다면 국방비의 축소는 불가능하지만은 않을 것이다.

바로 이 대목에서 교회의 또 다른 사회적 임무가 도출된다. 평화운동의 전개가 그것이다. 기독교는 이 땅에 평화를 실현하기 위해 존재하는 종교이다.[45] "지극히 높은 곳에서는 하나님께 영광이요 땅에서는 하나님이 기뻐하신 사람들 중에 평화로다"(눅 2:14). 예수 그리스도가 인간 세상에 온 목적은 사람들 가운데 평화를 수립하는 데 있다. 하나님이 그리스도를 지상에 보내신 것은 인간들 사이에 평화를 세우시고 이를

---

43 이정우, 『소득분배론』(서울: 비봉출판사, 1997), 479.
44 심상정, "국방예산 줄여 복지 확충해야",
   http://app.yonhapnews.co.kr/YNA/Basic/article/Press/YIBW_ showPress.aspx?
   contents_id=RPR20071116020100353.
45 손규태, "한국 개신교 평화윤리 서설", 『한국기독교윤리학논총』 4집(2002), 17.

통해 영광을 받으시기 위함이다.

　한국 교회는 전통적으로 기독교가 보유하고 있는 이런 평화적 에토스를 확산시켜 남북한 사이의 화해 분위기 조성에 적극 기여해야 한다. 이를 위해 시민사회와 연대하여 평화운동을 보다 활발하게 전개할 필요가 있다. 이런 평화운동이 결실을 맺게 될 때 국방비는 상당 정도 축소될 수 있을 것이다. 그리고 이를 통해 확보되는 재정적 여력은 점차 심화되어만 가는 소득 양극화를 저지하는 데 적지 않게 기여할 수 있을 것이다.

8장

국 제 금 융 위 기
성 찰

1. 들어가는 말

2008년 9월 미국에서 촉발된 국제금융위기로 세계 경제가 신음하고 있다. 2000년대에 들어서면서 미국 연방준비제도이사회는 침체된 경기를 활성화하기 위해 저금리정책을 구사하였다. 또한 미국 정부는 신자유주의를 내세우면서 금융 부문에 대한 규제를 해제하고 그 감독의 정도를 완화해왔다. 그 결과 시중에 많은 돈이 풀려나왔고 이 돈은 주택시장에 버블을 형성하였다. 그러다가 주택 버블이 꺼지게 되는데 이로 인해 미국의 금융기관들과 기업들이 연쇄적으로 도산하고 있다. 나아가 이런 추세는 세계화된 경제적 연결고리를 매개로 해서 전 세계로 확산되고 있다.

대외 의존도가 높아 세계 경제 흐름에 민감할 수밖에 없는 한국 경제의 경우 미국 발 금융위기의 충격은 상당한 정도에 이르고 있다. 이번 금융위기의 경우 1997년 말 외환위기에서보다 충격의 강도는 더 낮지만 지속 기간은 더 길 것으로 전망된다. 실제로 2008년 말부터 적지 않은 사회구성원들이 실업 증가, 소득 감소, 부채 상승 등으로 인해 어려움을 겪고 있다.

그런 가운데 2009년 4월부터 주식시장과 부동산시장이 상승세를 보이면서 우리 경제가 회복 국면에 들어섰다는 낙관적 분석이 흘러나오고 있다. 물론 우리 경제가 최악의 상태에서 벗어난 것은 분명해 보인다. 하지만 본격적인 경기 회복을 거론하는 것은 시기상조가 아닐 수 없다. 주식시장과 부동산시장이 활기를 띠는 것은 정부가 경기 침체를 막기 위해 많은 돈을 투입한 결과에 불과하다. 그동안 마땅한 투자처를 찾지 못하던 부동자금이 새로이 확대된 유동성과 결합해 주식시장과 부동산시장을 노크하고 있는 것이다.

이런 위기 상황에 한국 정부와 교회는 어떻게 대처해야 하는가? 8장에서는 이런 문제를 다루고자 한다. 이를 위해 먼저 국제금융위기가 어떤 식으로 전개되고 있는지 알아볼 것이다. 이어서 몇 가지 기독교윤리적 기준들에 근거해서 국제금융위기를 평가할 것이다. 그런 다음 이런 경제위기에 적절하게 대처하기 위해 정부가 수행해야 할 과제들을 정리할 것이다. 마지막으로 우리 교회들에게 부여된 과제들에는 어떤 것이 있는지 살펴볼 것이다.

2. 국제금융위기의 진행 과정

2000년대가 시작되자 미국에서는 IT거품이 꺼지면서 IT 관련 주식들이 폭락하는 사태가 벌어졌다. 2000년 4월 IT 관련 주식들이 주종을 이루는 나스닥 지수는 27%나 하락하였다.[1] 경기 침체를 우려한 연방준비제도이사회는 기준금리를 대폭 인하하였다. 그 결과 2003년에는 기준금리가 1% 수준까지 떨어지게 되었다.[2] 그럼에도 수요는 좀처럼 살아나지 않았다.

수요를 진작하기 위해 일반적으로 취해지는 조처는 소득재분배 정책을 구사해서 가계의 구매력을 증대하는 것이다. 하지만 부시 정부는 기득권층의 소득을 감소시킬 수 있는 이런 정책 대신 주택경기 부양정책을 실시하였다.[3] 경제 주체들, 특히 저소득층에 속한 사회구성원들로 하여금 주택시장의 활성화를 통해 파생되는 소득으로 더 많은 소비를 하도록 유도하는 정책을 썼던 것이다.

이를 위해 부시 정부는 '소유자 사회ownership society'라는 정치적 슬로건을 내세워서 저소득층의 주택 소유를 권장하였다.[4] 그러면서 저소득층의 주택 구입을 촉진하기 위해 서브프라임 모기지subprime mortgage에 대한 금융감독을 크게 완화하였다. 서브프라임 모기지란 미국에서 신용등급이 낮은 저소득층을 대상으로 고금리에 주택 자금을 빌려주는 비우량 주택 담보 대출을 가리킨다.[5] 서브프라임 모기지를 통

---

1 자크 아탈리, 양영란 역, 『위기 그리고 그 이후』(서울: 위즈덤하우스, 2009), 43.
2 새로운사회를여는연구원(이하 새사연), 『신자유주의 이후의 한국경제』(서울: 시대의창, 2009), 134.
3 자크 아탈리, 『위기 그리고 그 이후』, 45.
4 유종일, 『위기의 경제』(서울: 생각의나무, 2008), 32.

해 저소득층은 금융기관으로부터 집값의 100%에 가까운 금액을 대출받아 집을 살 수 있게 되었다.[6]

그런데 시중에 유동성이 늘어나면서 물가가 오르고 주택 가격도 오르게 되었다. 이에 많은 미국인들이 앞 다투어 주택을 구입하면서 주택 투기가 일어났다. 소득이 높은 이들뿐만 아니라 낮은 이들도 주택을 구입하면서 투기 대열에 들어섰다. 물론 이때 저소득층의 주택 구입 자금은 서브프라임 모기지에서 비롯되었다.

서브프라임 모기지에 대한 수요가 늘어나면서 금융기관들은 더 많은 대출 자금을 마련해야만 하였다. 이를 위해 금융기관들은 기존의 대출 채권을 기초로 해서 증권을 만들어 판매하고 다시 이 판매 자금으로 신규 대출을 늘려나가는 방식을 채택하였다.[7] 서브프라임 모기지를 비롯한 모든 주택 담보 대출은 주택 구입자의 입장에서는 부채이지만 주택 자금을 대출해준 금융기관의 입장에서는 자산에 해당한다. 그런데 이런 자산은 주택 구입자에게 이미 대출된 것이기에 해당 금융기관이 마음대로 쓸 수 없는 한계를 지닌다. 이런 한계를 돌파하기 위해 금융공학자들은 다음과 같은 방안을 고안해내었다.[8]

주택 자금을 대출해주는 모기지 업체는 별도의 회사를 만들어 모기지들을 넘긴다. 모기지들을 넘겨받은 이 회사는 그것들을 차입자들의 신용도에 따라 몇 가지 그룹으로 분류한 다음 각 그룹을 담보로 해서 새로운 증권을 만들어 헤지펀드와 같은 금융기관들에 매도한다. 이렇

---

5 서지우, 『공황전야』(서울: 지안출판사, 2008), 107.
6 같은 책, 108.
7 새사연, 『신자유주의 이후의 한국경제』, 135.
8 최혁, 『2008 글로벌 금융위기』(서울: K-books, 2009), 4-6.

게 만들어진 증권이 MBS(mortgage-backed securities, 주택담보대출유동화증권)이다. 그리고 이 회사는 MBS를 매도하고 받은 돈을 주택 자금을 대출해준 모기지 업체에 넘겨준다. 이런 방식을 통해 해당 모기지 업체는 묶여 있던 자산을 현금화할 수 있게 된다.

그런데 모기지 이외에도 학자금이나 자동차 구입 대금과 같은 다른 대출 자산들도 같은 방법으로 새로운 증권을 만들어낼 수 있다. 일반적으로 이런 형태의 증권들은 ABS(asset-backed securities, 자산유동화증권)로 통칭된다. 이렇게 보면 MBS는 ABS의 한 종류라고 할 수 있다.

금융기관들은 위험을 분산하기 위해 여러 가지 ABS들과 다양한 종류의 채권들을 묶어서 하나의 풀pool을 만든다. 그런 다음 이 채권 풀 안에서 우선순위가 다른 새로운 증권들을 만들어낸다. 만일 이 채권 풀에 포함된 채권들 중 일부가 이자나 원금을 지불받지 못할 경우 우선순위가 가장 높은 증권부터 이자와 원금을 지급받게 된다. 우선순위가 낮은 증권은 위험도가 높기 때문에 그 대가로 높은 이자를 받게 된다. 이런 방식으로 만들어진 증권을 CDO(collateralized debt obligations, 부채담보부증권)라고 부른다. 그런데 금융기관들이 다양한 채권들이 들어 있는 풀 안에서 우선순위에 따라 다른 증권들을 만들기 때문에 CDO를 사려는 투자자는 해낭 CDO가 근거하고 있는 자산들의 구체적인 사정을 알기 어렵다.

이렇게 만들어진 MBS와 CDO라는 파생상품이 미국 금융시장에 방출되자 날개 돋친 듯 팔려나갔다. 헤지펀드들은 투자자들에게서 모금한 자금에다가 상업은행과 투자은행으로부터 차입한 돈을 합쳐 이것들을 매입하였다.[9] 나중에는 상업은행과 투자은행이 직접 MBS와 CDO를 사들이기도 하였다.[10]

그런데 스탠더드 앤드 푸어스Standard & Poor's, 무디스Moody's, 피치 레이팅스Fitch Ratings 등과 같은 세계적인 신용평가회사들은 이렇게 부실한 MBS와 CDO에 높은 신용등급을 부여하였다.[11] 이런 증권들을 만들어 판매하는 금융기관들로부터 수입을 얻고 있었던 신용평가회사들은 생존 논리상 그것들을 객관적으로 평가할 수 없었기 때문이다. 높은 신용등급을 받은 덕분에 MBS와 CDO는 헤지펀드, 상업은행, 투자은행에 의해 아무런 의심도 받지 않은 채 대규모로 팔려나갔다.

그런데 문제는 2006년 연방준비제도이사회가 물가 상승을 우려해서 기준금리를 대폭 인상했다는 데 있다.[12] 그 결과 같은 해 6월 기준금리는 5.25%까지 상승하게 되었다.[13] 기준금리의 인상은 주택 담보 대출 이자의 상승으로 이어졌다. 그렇게 되자 이자 상환에 부담을 느낀 투자자들이 주택 투기에서 손을 떼게 되었다. 그 결과 투기 열풍은 급속히 식어갔고 이로 인해 주택 가격이 떨어지기 시작하였다.

한편 주택 가격의 상승을 기대하면서 담보 대출을 받은 저소득층 가운데 높아진 이자를 갚지 못하는 사람이 늘어났다. 이에 서브프라임 모기지 연체가 증가하였고 이런 추세와 반비례해서 주택 가격이 큰 폭으로 하락하였다. 결국 2007년 4월 미국 2위 모기지 업체인 뉴센추리파이낸셜New Century Financial이 파산하였다. 같은 해 8월에는 미국 최고의 모기지 업체인 컨트리와이드Country Wide가 뱅크오브아메리카Bank of America라는 상업은행에 인수되었다.[14]

---

9 정운찬, "금융위기와 한국경제", 『지식의 지평』, 5호(2008), 12-14.
10 새사연, 『신자유주의 이후의 한국경제』, 135.
11 자크 아탈리, 『위기 그리고 그 이후』, 66-67.
12 서지우, 『공황전야』, 109.
13 변상근, 『위기와 기회 - 세계 동시 불황, 한국에는 기회다』(서울: 민음사, 2009), 35.

주택 담보 대출의 부실로 인해 이 대출을 근거로 해서 증권화된 파생상품인 MBS와 CDO도 부실화되었다.[15] 그리고 이런 파생상품의 부실은 이것에 대한 투자를 본업으로 했던 헤지펀드들에게 엄청난 손실을 끼쳤다. 나아가 이런 손실은 헤지펀드에 대규모로 투자한 투자은행들을 파산으로 몰고 갔다.

결국 서브프라임 모기지의 증권화에 결정적인 역할을 하였던 5대 투자은행은 모두 사라지게 되었다.[16] 베어스턴스Bear Sterns는 JP모건체이스JP Morgan Chase라는 상업은행에 인수되고, 리먼브라더스Lehman Brothers는 파산 보호 신청을 하고, 메릴린치Merrill Lynch는 뱅크오브아메리카에 병합되었다. 그리고 모건스탠리Morgan Stanley와 골드만삭스Goldman Sachs는 은행지주회사로 업종을 전환하였다.

투자은행은 처음에는 증권회사로 출발하였다. 그러다가 은행으로 변신하였는데 상업은행처럼 예금을 받는 대신 상업어음이나 회사채와 같은 단기자금을 빌려 중장기 사업에 투자하였다. 여기서 자금 조달과 투자 사이에 시간의 불일치가 발생하였는데 이것이 투자은행이 지닌 내재적 한계가 되었다. 집값이 폭락하고 집이 팔리지 않으면서 이런 내재적 한계가 증폭되고 이로 인해 투자은행의 시대가 막을 내리게 된 것이다.

금융기관의 손실과 파산으로 초래된 금융위기는 미국의 실물경제를 극심한 침체 상태에 빠뜨리고 있다. 제조업의 경우 이미 하락 국면에

---

14 새사연, 『신자유주의 이후의 한국경제』, 136-137.

15 같은 책, 138.

16 장상환, "글로벌 경제위기와 이명박 정부 경제정책 비판", 『시민과 세계』, 14호 (2008년 하반기), 270.

들어섰다. 2008년 9월 제조업지수가 7년 만에 최저치를 기록하였고 공장 주문도 2년 만에 최대 감소폭을 나타내었다.[17] 자동차 산업의 매출도 급속하게 감소한 것으로 드러났다. 2008년 7월 자동차 판매실적은 GM의 경우 34%, 크라이슬러의 경우 34%, 포드의 경우 20% 줄어들었다.[18] 자동차 산업을 비롯한 제조업 전반의 침체로 실업률이 급증하고 있다. 2008년 10월 공식 실업자의 수가 1000만 명을 넘어서면서 6.5%의 실업률을 보였다.[19]

더 큰 문제는 서브프라임 모기지에 근거해서 만들어진 MBS와 CDO가 미국을 넘어 세계 곳곳에 퍼져나가면서 미국 발 금융위기가 전 세계로 확산되었다는 데 있다. 이로 인해 현재 글로벌 경제는 미국 경제와 마찬가지로 금융 경색과 경기 침체로 몸살을 겪고 있다. 나아가 이런 금융 경색과 경기 침체는 소비 침체까지 초래하고 있다.[20]

대외 개방 정도가 높은 한국 경제도 여기서 예외일 수 없다. 국제금융위기가 밀려오자 한국 경제는 적지 않은 문제들을 노정하게 되었다.[21] 첫째, 환율이 불안정해졌다. 한국은 세계 6대 외환 보유국임에도 불구하고 2008년 한해 세계에서 두 번째로 큰 폭으로 환율이 폭등한 나라였다. 이렇게 된 데에는 이명박 정부가 환율 정책을 잘못 구사한 탓이 크다. 2008년 3월 정부가 수출 진작을 목적으로 고환율 정책을 실시하면서 7월에는 환율이 1달러당 1100원대까지 상승하였다. 그러다가 리먼

---

17 새사연, 『신자유주의 이후의 한국경제』, 157.
18 가네코 마사루·앤드류 드윗, 이승녕 역, 『세계금융위기』(서울: 지상사, 2009), 104.
19 새사연, 『신자유주의 이후의 한국경제』, 159-160.
20 유종일, 『위기의 경제』, 39.
21 이병천, "내우외환 위기와 한국경제의 진로: MB노믹스의 위험과 그 너머", 『시민과 세계』, 14호(2008년 하반기), 196-198.

브라더스가 파산한 9월부터 환율이 급상승하여 10월에는 1400원 선을 돌파하기도 하였다.[22]

둘째, 주가가 큰 폭으로 하락하였다. 국제금융위기가 본격화되면서 외국인 투자자들은 현금 유동성을 확보하기 위해 주식을 처분하고 한국 자본시장을 빠져나갔다. 이에 당황한 정부는 연기금을 동원해 주가 떠받치기에 나섰지만 역부족이었다. 결국 정부의 주가부양책은 연기금에 커다란 손실만을 안겨다주었다.

셋째, 금융 경색이 초래되었다. 한국은행이 기준금리를 큰 폭으로 낮추고 정부가 은행에 공적 자금을 지원해도 시중금리는 떨어지지 않고 자금도 순환되지 않고 있다. 1997년 외환위기 때에는 대기업의 막대한 부채가 문제가 되었으나 이번 경제위기에는 은행, 가계, 중소기업의 높은 부채율이 문제가 되고 있다. 현재 은행, 가계, 중소기업 모두가 유동성 압박에 시달리고 있기 때문에 당분간 금융 경색이 풀리기는 어려울 것이다.

넷째, 실물경제가 침체되었다. 은행의 부실로 기업의 자금줄이 막히고 세계적인 경기 불황으로 수출이 부진하면서 실물경제도 상당 정도 위축되고 있다. 게다가 경제 주체들이 불황에 대한 불안감을 갖게 되면서 소비 심리가 위축되어 경기가 침체의 늪으로 빠져들고 있다. 그 결과 기업이 더 부실해지고 이에 따라 금융 손실이 더 커지게 될 가능성도 배제할 수 없다.[23]

---

22 새사연,『신자유주의 이후의 한국경제』, 206.
23 유종일,『위기의 경제』, 39.

3. 기독교윤리적 기준에서 본 국제금융위기

국제금융위기의 근본 원인은 경제 주체들의 탐욕에 있다. 다시 말해서 저소득계층의 주택 구입자, 모기지 업체를 비롯한 금융기관, 신용평가회사, 정부 등이 보여준 탐욕으로 인해 이번 금융위기가 발발했다고 할 수 있다. 집을 사지 말았어야 할 사람들이 욕심에 끌려 집을 구입하고, 그들에게 모기지론을 주지 말았어야 할 모기지 업체들이 더 많은 이윤을 창출하기 위해 모기지론을 제공하였다. 그리고 금융기관들의 탐욕은 상환 능력이 거의 담보되지 않은 모지기를 기초로 해서 다양한 증권들을 만들고, 신용평가회사들은 자신의 이익을 위해 이런 부실한 증권들에 어울리지 않는 높은 신용등급을 부여하였다. 또한 부시 정부는 정권을 안정적으로 유지하기 위해 기득권층의 저항을 불러일으킬 수 있는 소득 재분배 정책 대신에 주택경기 부양 정책을 채택하였던 것이다.

이런 탐욕적 현실에 대해 성서는 다음과 같이 비판하고 있다. "욕심이 잉태한즉 죄를 낳고 죄가 장성한즉 사망을 낳느니라"(약 1:15). "부하려 하는 자들은 시험과 올무와 여러 가지 어리석고 해로운 욕심에 떨어지나니 곧 사람으로 파멸과 멸망에 빠지게 하는 것이라 돈을 사랑함이 일만 악의 뿌리가 되나니 이것을 탐내는 자들은 미혹을 받아 믿음에서 떠나 많은 근심으로써 자기를 찔렀도다"(딤전 6:9-10).

이렇듯 성서는 더 부유해지려는 모든 형태의 욕망을 악한 것으로 간주한다. 그 이유는 두 가지이다. 첫째, 부에 집착하는 사람은 하나님을 멀리할 수 있기 때문이다. "한 사람이 두 주인을 섬기지 못할 것이니 혹 이를 미워하고 저를 사랑하거나 혹 이를 중히 여기고 저를 경히 여김이라 너희가 하나님과 재물을 겸하여 섬기지 못하느니라"(마 6:24).

둘째, 부에 대한 집착은 가난한 자들에 대한 착취로 이어질 수 있기 때문이다. "너희가 선을 미워하고 악을 기뻐하여 내 백성의 가죽을 벗기고 그 뼈에서 살을 뜯어 그들의 살을 먹으며 그 가죽을 벗기며 그 뼈를 꺾어 다지기를 냄비와 솥 가운데에 담을 고기처럼 하는도다"(미 3:2-3).

이 장의 주제인 국제금융위기와 관련해서 우리는 두 번째 이유에 주목할 필요가 있다. 모든 탐욕은 도덕적으로 악하다. 그럼에도 때로 어떤 탐욕이 다른 탐욕보다 더 악한지 혹은 덜 악한지를 따져보는 일은 문제가 되는 사태의 핵심을 짚어보는 데 도움을 줄 수 있다.

돈이 없어 주택을 구입할 처지가 안 되는 이들이 남들처럼 번듯한 자기 집을 갖고자 하는 욕망을, 돈 갚을 능력이 없는 이들에게 돈을 빌려주어 집을 사게 만들면서 그들로부터 이자를 받아내는 금융기관의 탐욕과 도덕적으로 동등하게 평가하는 것은 적절하지 않다. 나아가 가난한 이들의 이런 욕구와, 고소득층의 저항에 굴하지 않은 채 소득 재분배 정책을 구사하여 저소득층의 구매력을 높이는 대신 그들에게 집을 구입하게 하여 주택 투기를 유도하고 오른 집값을 근거로 해서 2차 대출을 받아 보다 많은 상품을 구매하게 하면서 수요를 진작시키고 그러면서 기득권층의 지지를 받아 정권을 안정적으로 유지하려는 부시 정부의 욕망 사이에서 양비론을 취하는 것도 온당치 않은 태도이다.

서브프라임 모기지 사태를 직접적으로 초래한 금융기관들과 정책적으로 그것의 근본 원인을 제공하고 그것이 촉발되도록 방치한 정부가 이런 대출 방식을 통해 주택을 구입한 저소득층보다 윤리적으로 훨씬 더 큰 과오를 범하였음에는 이론의 여지가 없다. 객관적으로 판단해보면 저소득층의 주택 구입은 금융기관들의 무리한 영업 전략과 정부의 비정상적인 경기부양 정책에 의해 유도된 경제적 행태라고 할 수 있다. 이런 의미에서 서브프라임 모기지 사태는 가난한 자의 꿈을 이용한 기득권층의 약탈적 머니게임으로 규정할 수 있다.[24]

이런 맥락에서 우리는 3장에서 언급한 바 있는 아르투어 리히의 '공동인간성의 기준'[25]을 생각해볼 필요가 있다. 공동인간성의 기준이란 다른 사람과 더불어 다른 사람을 위해 사는 인간성을 의미한다. 공동존재로서의 인간은 '나'와 '너'의 상호관계 속에만 존재한다. 그런데 만일 이런 상호관계가 무너지고 '너'가 '나'의 이해관계에 의해 지배되거나 '나'가 '너'의 이해관계에 의해 규정되면 '나'와 '너'의 인간성은 말살되고 만다. 이 대목에서 우리가 상기해야 할 원칙은 "네 이웃을 네 자신같이 사랑하라"(마 22:39)이다. 기독교적 인간성의 본질을 요약해주는 이웃 사랑의 원칙은 일방적이고 착취적인 관계가 아니라 대화적이고 공동체적인 관계를 지향한다.

이런 의미에서 가난한 자를 더욱 곤궁하게 만드는 기득권층의 탐욕은 기독교윤리적으로 정당화될 수 없다. 이런 탐욕은 이웃 사랑의 원칙에 정면으로 위배된다. 왜냐하면 그것은 공동인간성을 촉진하기는커녕 도리어 인간 사이의 공동존재성을 파괴하기 때문이다. 나아가 이런 공동존재성에 근거해서 구축되어야 할 연대적 사회의 형성도 방해하기 때문이다.

그런데 더 큰 문제는 현실의 경제세계에서 이런 기득권층의 탐욕이

---

24 변상근, 『위기와 기회 - 세계 동시 불황, 한국에는 기회다』, 38.

25 A. Rich, *Wirtschaftsethik I - Grundlagen in theologischer Perspektive*, 4. Aufl., Gütersloh 1991, 192-193; A. Rich, *Wirtschaftsethik II - Marktwirtschaft, Planwirtschaft, Weltwirtschaft aus sozialethischer Sicht*, 1. Aufl., Gütersloh 1990, 142-143.

부정의하게 질서 지어진 경제제도와 연결되어 자연스런 경제 현상으로 수용되고 있다는 사실에 있다. 실제로 현대 경제에서는 경제 주체의 개인적 탐욕이 탈규제화된 시장을 통해 무제약적으로 허용되고 사회경제적으로 재가되고 있다. 한마디로 말해서 이는 규율되지 않은 시장을 통한 탐욕의 제도적 실현이라고 할 수 있다.

기독교윤리적 관점에서 보면 인간은 불완전한 존재이다. 마찬가지로 이런 인간이 만들고 관리하는 시장이란 제도도 불완전할 수밖에 없다. 따라서 아무리 시장이 자원을 효율적으로 배분하는 탁월한 제도라고 할지라도 기독교윤리적 입장에서 시장절대주의는 정당화될 수 없다. 실제로 시장은 여러 지점에서 실패하고 있다. 이런 이유에서 시장은 정부의 경제정책에 의해 규제되어야 한다. 다시 말해서 시장은 상대화되어야 하는 것이다.

이런 맥락에서 3장에서 서술한 바 있는 아르투어 리히의 '비판적 거리의 기준'[26]을 언급하는 것은 의미가 있다. 비판적 거리의 기준이란 인간이 만든 어떤 형태의 사회제도도 절대시하지 않는 기준을 의미한다. 기독교윤리는 우리 인간이 경제제도를 비롯한 모든 사회제도들에 대해 어떤 환상을 갖는 것을 허용하지 않는다. 기독교윤리는 개인적인 악과 구조적인 악이 인간세계의 뿌리에까지 뻗쳐 있다는 사실에 주목한다. 이런 이유에서 기독교윤리는 인간 세계에 구원을 가져오는 것을 희망할 수밖에 없다. 그리고 이런 희망이 바로 '도래하는 하나님 나라'(막 1:15)에 대한 희망이다.

기독교윤리가 추구하는 신앙적 실천은 이런 하나님 나라의 입장에서

---

[26] A. Rich, *Wirtschaftsethik I*, 179-181.

기존의 경제제도에 대해 비판적 거리를 취한다. 우리는 현재 존재하는 혹은 미래에 존재하게 될 경제제도들을 과신할 수 없다. 왜냐하면 그것들은 한계적 존재로서의 인간들에 의해 형성된 것이기 때문이다. 시장에 대해서도 마찬가지이다. 따라서 이번 국제금융위기에서 드러난 시장절대주의는 어떤 방식으로든 시정되어야 한다.

국제금융위기가 초래하는 또 다른 윤리적 문제는 그것이 '책임성의 기준'을 훼손하고 있다는 데 있다. 위에서 지적된 바와 같이 제도화된 탐욕으로 인해 금융위기가 초래되었다고 하더라도 그것의 단초를 제공한 관련 금융기관들이 윤리적 책임을 면할 수 있는 것은 아니다. 금융위기를 촉발시킨 금융기관들은 의당 자신들의 탐욕과 탈선에 대해 책임을 져야 한다. 나아가 그들이 발행한 MBS나 CDO와 같은 파생상품들에 높은 신용등급을 부여하였던 신용평가회사들도 그래야만 한다.

하지만 이번 국제금융위기를 극복하는 과정에서 금융위기의 원인 제공자와 그 결과에 대한 책임 감당자가 불일치하고 있다. 관련 금융기관들은 위기 전까지 엄청난 이윤을 거두어들였지만 금융위기가 발생한 것에 대해서는 전혀 책임을 지지 않고 있다. 오히려 금융위기로 인해 생겨난 손실과 파괴된 금융 시스템을 복구하기 위한 비용은 전체 사회 구성원들에게 전가되고 있다.[27] 축적된 이윤은 '사유화'된 데 반해 손실과 비용은 '사회화'되고 있는 것이다.

책임성의 기준에서 보면 이런 흐름은 정당화될 수 없다. 기독교윤리적 관점에서 보면 모든 경제 주체는 자율적 존재이다. 여기서 자율적 존재란 자유롭게 판단하고 행동하면서도 동시에 자신의 행동에 대한

---

27 홍성국, 『글로벌 위기 이후』(파주: 이콘출판, 2008), 139, 289.

책임을 감당하는 존재를 의미한다. 고린도전서 6장 12절과 10장 23절에 따르면 인간은 무슨 일이든지 할 자유가 있다. 하지만 인간은 자유의지에 따라 실행한 행동에 대해 책임을 져야 한다.

이런 사실은 에덴동산 이야기(창 3:1-24)에서 분명히 확인된다. 이 이야기에서 아담은 자신의 불순종에 대한 책임을 타자에게 전가한다. 그는 자신이 선악과를 먹으려는 생각을 해낸 원인자가 아니라고 발뺌한다. 그는 하와를 비난하며 그녀가 선악과를 주어서 먹었을 뿐이라고 강변한다. 이런 그의 태도는 희생양을 만들어 자신의 책임을 전가하려는 인간들의 비윤리적인 태도를 상징한다.[28] 결국 하나님은 자신의 책임을 전가하는 아담을 처벌한다.

국제금융위기를 일으킨 금융기관의 경영진들은 성서 속에 나오는 아담에 비유될 수 있다. 그들은 자신의 판단과 행동에 대해 책임을 지지 않고 있다. 다른 사회구성원들에게 자신의 과오에 대한 책임을 전가하고 있는 것이다. 더욱이 책임의 소재를 분명히 밝혀내야 할 정부가 제 역할을 하지 않으면서 이런 책임 전가를 부추기고 있다.

이보다 더 결정적인 문제는 파생상품, 특히 CDO의 경우 책임의 소재를 분명하게 가리기가 거의 불가능하다는 데 있다. 앞에서 지적한 바와 같이 금융기관들은 다양한 채권들이 들어 있는 풀 안에서 우선순위가 다른 증권들을 만들었기 때문에 CDO가 근거하고 있는 자산들의 구체적인 사정이 명확하게 드러나지 않고 있다. 이런 점에서 이번 국제금융위기의 경우 금융기관들은 금융 부문에서 관철되어야 할 책임성의 원칙

---

28 윌리엄 슈바이커, 문시영 역,『책임윤리란 무엇인가 - 책임의 개념, 역사 그리고 과제』(서울: 대한기독교서회, 2000), 35.

을 근원적으로 무력화시켰다고 평가할 수 있다.

4. 정부의 정책과제

경제위기에 직면한 정부는 이중의 임무, 곧 회복과 개혁의 임무를 수행해야 한다.[29] 다시 말해서 해당 정부는 침체된 경기를 정상적인 상태로 되돌려놓는 일뿐만 아니라 문제를 일으킨 기존의 경제제도를 혁신하는 일도 진행시켜야 하는 것이다. 그런데 현실 경제에서 이 두 가지 임무의 수행은 독립적이지 않고 상호의존적이다. 정부는 경제 회복에 성공하여 개혁을 성취할 동력을 확보할 수 있다. 반대로 경제제도가 개혁되면서 경제 상황이 정상화될 수 있다.

이런 관점에서 정부는 경기 회복에 중점을 두면서도 문제를 발생시키는 기존의 경제제도를 개혁하는 일을 등한시해서는 안 될 것이다. 마찬가지로 경제제도의 개혁에만 집착하면서, 많은 경제 주체들을 곤경에 빠뜨리는 경기 침체를 빠른 시일 안에 극복하는 일을 무시하는 오류를 범해서도 안 될 것이다. 위기 대처 방식이 지녀야 할 이런 이중성을 고려하면서 정부가 수행해야 할 과제들을 정리해보면 다음과 같다.

첫째, 정부는 기업의 일자리 나누기job sharing를 적극적으로 지원해야 한다. 경제위기를 극복할 수 있는 최고의 방책은 역시 일자리이다. 그러나 경제위기 시에 기업들이 새로운 일자리를 창출하는 것은 그리 쉬운 일이 아니다. 도리어 기업들은 인력 감축을 시도할 가능성이 높다.

---

29 존 메이나드 케인스, 정명진 역, 『설득의 경제학』(서울: 부글북스, 2009), 15.

하지만 이런 인력 감축은 내수 침체와 투자 부진을 불러와 불황을 심화할 수 있다. 나아가 가계대출의 연체율을 높이면서 금융기관의 부실화를 증폭할 수 있다.

이런 상황에서 정부는 기업들로 하여금 기존의 일자리를 나누도록 유도해야 할 것이다. 물론 일자리를 나누려는 시도에 대해 노사 양측이 반대할 가능성이 높다. 노조는 기존 근로자의 임금이 하락한다는 이유로, 경영진은 업무 처리와 노동자 관리가 복잡해지고 대외적으로 자체의 구조조정이 지지부진하게 보인다는 이유로 일자리 나누기를 기피하기 쉽다.

이런 부정적 상황을 타개하기 위해서 정부는 일자리를 나누는 기업을 보다 적극적으로 지원할 필요가 있다. 이를 위해 정부는 직원의 임금을 삭감하거나 노동시간을 단축하면서 기존의 일자리를 나누는 방안을 수용하는 기업들에게 보조금을 지급하고 세제 혜택을 제공해야 한다. 특히 공기업의 경우 일자리 나누기의 모범을 보이도록 유도해야 할 것이다.

다행스럽게도 1997년 말 외환위기 때와 달리 요즘 우리 기업들 사이에는 일자리 나누기 문화가 확산되고 있다. 그런데 일자리 나누기를 공언하면서 기존 종업원들의 임금을 삭감한 기업에 대해 정부는 실제로 일자리 나누기가 실행되고 있는지 철저하게 감시할 필요가 있다. 또한 지나친 임금 축소가 해당 가계의 구매력을 감소시킬 수 있는 만큼 정부는 임금을 과도하게 삭감하는 기업에 제재를 가해야 할 것이다.

둘째, 정부는 건설업계에 대한 과감한 구조조정을 단행해야 한다. 한국 경제의 경우 토건업의 비중이 지나치게 큰 편이다. OECD 국가들 가운데 우리나라가 전체 GDP에서 건설업이 차지하는 비중이 가장 높다.[30] 또한 최근 10-20년간 토건 분야에 상당한 투자가 이루어졌기 때문에 투입 대비 효용이 낮은 편이다.[31] 게다가 주지하는 바와 같이 전 세계적으로 부동산 버블이 붕괴되고 있는 실정이다.

사정이 이러함에도 불구하고 이명박 정부는 그린벨트 해제, 재건축 규제 완화, 종합부동산세 축소 등을 통해 건설 경기를 부양하려고 애를 쓰고 있다. 더 심각한 것은 정부가 금번 경제위기로 인한 경기 침체에 대규모 토목사업으로 대응하고 있다는 점이다. 정부는 2009년 1월부터 50조 원을 투입해서 친환경적 성장을 이루겠다는 '녹색뉴딜사업'을 시행하고 있다. 그런데 녹색뉴딜사업 가운데 85% 이상이 사회간접자본 사업인 것으로 드러났다. 이렇게 보면 녹색뉴딜사업은 녹색산업에 대한 본격적인 투자라기보다는 침체된 건설업체들에 유동성을 공급하는 사업이라고 보는 것이 더 정확할 것이다.

이제 정부는 재정 지출의 방향을 돌이켜 건설업계를 살리는 대신 기술 개발에 투자할 필요가 있다. 더욱이 근자에 와서 경쟁력이 약화되고 있는 제조업을 살리기 위해서도 기술 개발에 매진해야 한다.[32] 보다 구체적으로 정부는 낙후된 소재부품산업과 지식집약적인 IT산업에 투자해야 한다.[33] 특히 녹색산업 발전에 주력하는 세계적인 흐름에 발맞추어 태양 에너지나 풍력 에너지와 같은 신재생 에너지 사업에 재정을 투입해야 할 것이다.

기술 개발 이외에 정부는 사회복지 분야에도 재정 지출을 확대해야

---

30 유종일, 『위기의 경제』, 87.
31 새사연, 『신자유주의 이후의 한국경제』, 363.
32 서지우, 『공황전야』, 83.
33 같은 책, 383.

한다. 사회복지 분야에 대한 정부의 투자는 경제위기로 인해 가장 큰 타격을 받고 있는 취약계층을 위한 효과적인 지원책이 될 수 있다. 또한 선진국의 절반 수준에도 못 미치는 사회복지 부문의 인프라를 확충하는 데도 기여할 수 있다. 나아가 사회복지 부문은 고용 창출의 효과가 가장 크게 나타날 수 있는 만큼 이 부문에 대한 정부의 재정 지출은 효율적인 일자리 창출 방안이 될 수 있다.[34]

셋째, 정부는 중소기업을 활성화해야 한다. 지금까지 이명박 정부가 구사해온 경제정책은 지나치게 재벌 중심적이다. 정부가 추진하는 친기업 정책의 내용을 보면 그것은 친기업적인 성향을 갖기보다는 친재벌적인 성향을 지닌다고 할 수 있다.

그런데 재벌 중심적 성장 전략은 다음과 같은 문제점을 지닌다.[35] 첫째, 재벌이 시행하고 있는 사업 다각화와 총수 위주 경영이 구시대적이라는 점이다. 현 단계에서는 다각화 경영방식보다 핵심역량 위주의 경영 방식이, 총수에 의한 그룹 경영보다는 전문 경영인에 의한 독립적인 계열사 경영이 더 효과적이다. 둘째, 재벌 위주의 성장은 고용 없는 성장이 될 가능성이 높다는 점이다. 실제로 지난 1996년부터 2006년까지 중소기업은 약 250만 개의 일자리를 창출한 데 반해 대기업은 약 130만 개의 일자리를 없앤 것으로 드러났다.

이렇게 보면 정부의 경제정책은 중소기업을 강화하는 방향으로 수립되는 것이 바람직할 것이다. 현재 경제위기에 직면한 이명박 정부는 기존의 일자리를 유지하면서 새로운 일자리를 창출하려고 노력하고 있

---

34 새사연, 『신자유주의 이후의 한국경제』, 363-364.
35 유종일, 『위기의 경제』, 85-86.

다. 그런데 이런 노력이 결실을 맺으려면 정부는 재벌 중심적인 전략보다는 중소기업을 강화하는 전략을 채택할 필요가 있다.

중소기업을 강화하기 위해서 정부는 하도급 거래에 대한 감시를 강화하고, 대기업과 중소기업의 상생 협력을 강화하고, 납품 단가의 원자재 가격 연동제를 시행할 필요가 있다.[36] 특히 요즘과 같이 금융기관이 자신의 유동성 압박을 해소하기 위해 대출을 꺼리는 상황에서 정부는 중소기업을 위한 특별기금관리기구를 만들어 공적 자금을 중소기업에 직접 지원하는 조치를 취해야 한다.[37]

넷째, 정부는 고용보험제도를 정비해야 한다. 지금과 같은 경제위기 시에는 기업들이 적극적으로 일자리 나누기를 시도한다고 하더라도 실업자가 양산될 수밖에 없다. 더욱이 기업들의 과감한 구조조정이 이루어질 경우 실업자의 발생은 불가피할 것이다. 실제로 우리 사회의 경우 앞에서 언급한 바와 같이 실업률이 급증하고 있다.

이런 상황에서 무엇보다도 절실한 것이 사회복지제도, 특히 고용보험제도의 확충이다. 최근 통계에 따르면 고용보험에 가입한 노동자의 수는 940만 명 정도인 것으로 드러났다.[38] 전체 노동자의 수가 대략 1600만 명이라는 점을 감안해보면 고용보험 적용률은 60%에도 미치지 못하는 셈이다. 이런 사회복지적 조건에서는 어떤 형태의 해고도 정당화되기 힘들다.

이제 정부는 고용보험제도를 근본적으로 개혁하여 고용보험의 적용률을 획기적으로 제고해야 한다. 이를 위해 정부는 무엇보다도 현재

---

36 같은 책, 85.

37 새사연, 『신자유주의 이후의 한국경제』, 191.

38 김병권, "전국민 고용보험제로 고용대란 방어해야", 『창비주간논평』(2009. 2. 25).

임의 가입 방식으로 되어 있는 일용 노동자들과 폐업률이 급격하게 높아지고 있는 영세 자영업자들, 그리고 미래 우리 사회의 활력을 약화시킬 수 있는 청년 실업자들을 포괄할 필요가 있다. 그런데 이런 과제를 수행할 경우 문제가 되는 것은 역시 재원 마련 방안이다. 현재 고용보험 기금을 확충할 수 있는 유일한 길은 공적 자금을 투입하는 것이다. 정부는 실업자의 경제적 생활 안정이 개인의 문제가 아닌 공공의 문제라는 사실을 인식하면서 공적 자금을 동원하여 고용보험 기금을 대폭적으로 확대해나가야 할 것이다.[39]

다섯째, 정부는 신자유주의적인 방향에서 금융 부문의 규제를 완화하려는 계획을 전면 재검토해야 한다. 지난 10여 년 동안 한국 정부는 미국식 금융시장경제를 바람직한 경제 모델로 모방해왔다.[40] 그리고 이명박 정부는 이런 모방을 완결하려고 하고 있다. 이런 목적 아래 자본시장통합법의 시행, 금산 분리의 완화, 파생상품 규제의 완화 등을 관철시키면서 금융 부문에 존재하고 있는 규제들을 철폐해나가고 있다.

분명한 점은 금번 국제금융위기가 과거의 경제위기들과 마찬가지로 기존의 경제 모델, 즉 신자유주의적 경제 패러다임에 대한 문제 제기라는 사실이다.[41] 이런 의미에서 정부가 구현하고자 하는 신자유주의적인 금융규제 완화 방안은 사회구성원들로 하여금 정부의 경제정책적 판단력을 의심하게 만드는 처사가 아닐 수 없다. 단언컨대 근자에 구사되고 있는 정부의 금융정책은 시대정신을 거역하는 역주행이다.

---

39 같은 글.

40 장진호, "미국식 금융자본주의는 한국의 미래가 될 수 있는가?", 사민+복지 기획위원회 편, 『한국 사회와 좌파의 재정립』(서울: 산책자, 2008), 259.

41 자크 아탈리, 『위기 그리고 그 이후』, 49.

미국 모기지 업체와 투자은행의 파산에서 보듯이 금융회사의 건전성이나 금융시스템의 안정성을 확보하지 않은 채 일방적으로 규제를 완화하고 선진금융기법들을 무분별하게 활용하는 것은 예상하지 못한 큰 금융위기를 불러올 수 있다. 이런 위기를 예방하기 위해 정부는 먼저 금융기관들이 판매하는 파생상품의 구조를 보다 단순하고 투명하게 할 수 있는 방안을 마련해야 한다.[42] 지금처럼 신용등급이 다른 자산들을 복잡하게 혼합해서 파생상품을 만드는 방식이 허용되는 한 금융 부문은 불안정성, 불투명성, 그리고 무책임성으로부터 벗어날 수 없다.

우리 사회의 일각에서는 이런 문제점을 내세우며 증권화를 통한 파생상품의 형성을 금지해야 한다고 주장하는 이들이 존재한다. 하지만 이런 주장은 설득력이 떨어진다. 오늘의 금융세계에서 파생상품의 거래는 보편화되어 있을 뿐만 아니라 그 비중이 상당한 정도에 이르고 있기 때문이다. 이런 상태에서 파생상품의 거래를 금지하는 것은 현실적으로 거의 불가능하다. 따라서 정부는 법적인 조치를 통해 금융기관으로 하여금 파생상품의 구조를 보다 단순화하고 투명화해서 그 책임의 소재를 명확히 밝힐 수 있는 방향으로 나아가도록 유도해야 할 것이다.

또한 정부는 선진국 금융기관의 자금 회수에 통제를 가할 필요가 있다.[43] 국제금융위기가 발발한 직후 선진국 금융기관들은 신흥 개도국으로부터 대대적으로 자금을 회수하였다. 그래서 우리나라와 같은 개도국들은 하마터면 국가 파산으로까지 내몰릴 뻔하였다. 이런 문제점을 극복하기 위해 우리 정부는 일시적인 자본 통제권을 행사할 수 있어야

---

42 변상근, 『위기와 기회 – 세계 동시 불황, 한국에는 기회다』, 136.
43 신장섭, "돈 빼가는 외국인, 보고만 있을 것인가", 「중앙일보」, 2009. 3. 5.

한다.

채권자는 이익을 위해 돈을 빌려주었다가 돈이 다시 필요하게 되면 언제고 채무자로부터 돈을 회수할 수 있는 것은 아니다. 그래서 각국의 법원에서는 국내 금융기관들로 하여금 급격히 자금을 회수해서 기업들이 어려움에 빠지지 못하도록 하고 있다. 같은 논리도 각국의 정부는 외국 자본에 대해 마찬가지 조처를 취할 수 있어야 한다. 실제로 미국 정부는 2008년 리먼브라더스 파산 직후 자본 통제를 시행하였다. 따라서 우리 정부도 필요에 따라 외국 채권자들에게 채무 지급을 보증해주면서 자금이 급격하게 유출되는 것을 제한하는 조치를 취할 필요가 있다.

한편 정부는 금융업 중심으로 산업구조를 재편하는 문제에 대해 보다 신중해야 한다. 이명박 정부의 기본적인 경제노선은 기존의 제조업 중심 시스템을 금융업 중심 시스템으로 전환하는 것이다.[44] 이런 정책 전환이 이루어지면 재벌의 금융자본화가 실현될 가능성이 높다. 재벌 대기업은 번거로운 기존의 제조업보다는 편하고 수익률이 높은 금융업을 선호하기 때문이다. 그러나 재벌이 금융업에 주력하게 될 때 제조업을 비롯한 실물경제가 부실해질 위험성이 높다. 따라서 정부는 금융업 중심으로의 정책 선환을 전면적으로 재검토해야 할 것이다.

여섯째, 정부는 남북 경협을 활성화해야 한다. 이명박 정부가 들어선 뒤 남북관계는 상당한 정도로 경색되고 있다. 그러나 경제적인 관점에서 보면 이는 북한은 물론이고 남한에게도 불이익으로 다가올 것이다.

---

44 장하준·이종태, "시장을 시장주의자에게 맡겨둘 수는 없다", 사민+복지 기획위원회 편, 『한국 사회와 좌파의 재정립』(서울: 산책자, 2008), 154.

앞에서 지적한 바와 같이 남한의 경제 구조는 지나치게 수출 지향적이라고 할 수 있다. 그런데 이런 수출 지향성이 남한의 경제 구조를 국제금융위기의 충격에 더 취약하도록 만들었던 것이다.

이런 상황에서 정부는 우리 경제의 패러다임을 내수 강화 모델로 혁신할 필요가 있다. 하지만 지금의 남한 인구만 가지고는 본격적인 내수 강화를 실현할 수 없다. 이런 인구의 한계를 돌파하기 위해 요즘 우리 사회의 일각에서는 비욘드 코리아Beyond Korea 전략이 제시되고 있다. 비욘드 코리아 전략이란 중국과 일본의 소비 인구를 끌어들여 한국 내에서 소비시키는 전략을 의미한다.[45] 하지만 이런 소비 전략도 이들 국가의 경기와 환율에 의존할 수밖에 없기 때문에 안정적으로 내수를 강화하는 데 분명한 한계를 지닌다.

결국 내수시장을 대대적으로 확대하기 위해서는 북한 시장의 도움을 받을 수밖에 없다. 따라서 정부는 경제적 시야를 넓혀 한반도 차원에서의 거대시장 형성을 추구할 필요가 있다.[46] 이런 거대시장이 확보되면 우리 경제의 안정성이 크게 제고될 것임에 분명하다. 이에 이명박 정부는 강경 일변도의 대북정책 방향에서 돌이켜 남북한 화해 분위기를 조성하면서 양자 간의 경제협력을 활성화하는 데 진력해야 할 것이다.

---

45 변상근, 『위기와 기회 – 세계 동시 불황, 한국에는 기회다』, 220-221.
46 전병유, "신자유주의와 사회적 양극화", 최태욱 편, 『신자유주의 대안론』(파주: 창비, 2009), 116-117.

5. 교회의 과제

사회학에서 이야기되는 3분 모델에 따르면 사회는 국가, 시장, 그리고 시민사회로 나뉠 수 있다. 여기서 시민사회란 사회구성원들의 소비 및 여가 그리고 문화생활이 이루어지는 생활공간이자 정치적 여론이 형성되는 장場을 의미한다.[47] 이런 시민사회에는 NGO를 비롯하여 동우회, 종교단체, 지역단체, 동문회 등이 속해 있다. 기독교인들의 신앙공동체인 교회도 마찬가지이다.

이런 의미에서 한국 교회는 현재의 경제위기를 극복하기 위한 자신의 사회경제적 과제를 설정하는 과정에서 시민사회와 적극적으로 소통할 필요가 있다. 교회의 사회경제적 과제가 시민사회의 존재를 염두에 두고 수립되어야 한다는 말이다. 시민사회와 단절된 상태에서 교회가 자신의 사회경제적 과제를 세우는 것은 독단적이고 무의미하다. 시민사회와 적극적으로 연대하면서 한국 교회가 수행해야 할 과제로는 다음과 같은 것을 들 수 있다.

첫째, 한국 교회는 자체의 복지 활동을 보다 강화해야 한다.[48] 지금과 같은 경제위기에는 정부가 사회적 안전망의 확충을 통해 사회구성원들의 경제적 생활을 안정시키는 일이 무엇보다도 중요하다. 하지만 정부 홀로 이런 과업을 감당하기에는 분명한 한계가 있다. 따라서 복지제도의 보장성을 높이기 위해서는 인력, 시설, 그리고 재정 측면에서 공공부문과 민간부문의 역할 분담이 절실히 요구된다.

---

47 유팔무, "한국의 시민사회론과 시민사회 분석을 위한 개념틀의 모색", 유팔무·김호기 편, 『시민사회와 시민운동』(서울: 도서출판 한울, 1995), 242.
48 이혁배, 『개혁과 통합의 사회윤리』(서울: 대한기독교서회, 2004), 110.

실제로 세계 여러 나라들은 복지 제공을 공공부문이 전담하는 '복지 국가'에서 복지 제공의 담당 주체가 다양해지는 '복지사회'로 전환하고 있다.[49] 이런 세계적 흐름에 따라 우리 교회들도 자신의 복지 임무를 보다 적극적으로 수행할 필요가 있다. 그리고 이런 임무 수행을 통해 한국 교회는 정부의 복지 활동을 보완해주는 민간부문의 중추적 복지기 구로 자리 잡아야 할 것이다.

둘째, 한국 교회는 자체적으로 일자리를 창출하는 방안을 마련하는 데 내부 역량을 집중시켜야 한다.[50] 앞에서 언급한 바와 같이 경제위기 를 극복하기 위한 핵심 방안은 일자리의 유지 내지 창출이다. 그래서 정부도 기업들로 하여금 일자리를 나누고 만들도록 유도하고 있는 것이 다. 교회는 일차적으로 개인의 영혼을 돌보는 종교기관이다. 하지만 경 제적인 관점에서 보면 교회는 기업과 마찬가지로 근로자를 고용하는 기관임에 분명하다.

이런 의미에서 한국 교회는 개별 교회 혹은 교회 기관 내에서 지출되 는 인건비에 대해 부정 일변도의 시각을 거두어들여야 한다. 물론 이때 인건비는 적절하고 공평하게 지급될 필요가 있다. 하지만 인건비를 건 축비처럼 교회의 대사회적 활동을 위축시키는 비용으로 간주하는 태도 는 온당치 않다. 국민경제적 측면에서 보면 교회의 인건비 지출은 일자 리를 공급하는 일과 긴밀하게 연결되어 있기 때문이다. 이런 맥락에서 한국 교회는 일자리 공급자로서의 자신의 위상을 분명하게 인식할 필요 가 있다. 나아가 이런 인식을 토대로 해서 개별 교회들 내에서, 그리고

---

49 안종범, "맞춤형 복지로 효율성 높여야", 『월간 NEXT』(2004년 3월), 18.
50 이혁배, 『개혁과 통합의 사회윤리』, 110.

교회 기관들 내에서 더 많은 일자리가 창출되도록 노력해야 할 것이다.

셋째, 한국 교회는 정부를 향해 경제정책 거버넌스의 구축을 요구할 필요가 있다. 거버넌스governance란 정부가 일방적으로 통치하는 대신 시민사회와 협력하여 국정을 운영하는 방식을 의미한다. 따라서 경제 정책 거버넌스는 경제정책의 형성 과정에서 정부와 시민사회가 협력하는 방식을 뜻한다.

경제 영역에서 시장도 실패하지만 정부도 실패한다. 지금과 같은 경제위기 시에도 정부가 실패할 가능성은 낮지 않다. 이런 이유에서 시장의 실패를 역설하며 정부의 개입만을 내세우는 입장은 적절치 않다. 정부의 실패를 줄이기 위해서는 경제정책의 형성 과정에 시민사회가 관여할 필요가 있다. 경제정책을 수립하는 데는 전문가적 지식뿐만 아니라 시민적 지식도 필요하다. 다시 말해서 추상적이고 일반화된 전문 지식 외에 시민들이 생활현장에서 경험하면서 습득한 지식도 요긴하게 사용된다는 말이다. 이런 이유에서 경제정책을 형성하는 과정에서 시민적 지식을 반영할 수 있는 통로가 필수적이라고 할 수 있는데 경제정책 거버넌스가 이런 통로의 역할을 수행하는 것이다.

이런 맥락에서 한국 교회는 시민사회와 연대하여 정부를 향해 경제정책 거버넌스의 구축을 강력하게 요청해야 한다. 그래서 교회를 비롯한 시민사회의 주체들이 경제정책에 관한 정부의 각종 정보를 제한 없이 제공받으면서 경제정책 수립 과정에 참여하는 상시적 통로를 확보할 수 있어야 한다. 이를 위해 교회는 무엇보다도 시민사회를 강화시킬 필요가 있다. 시민사회의 영향력이 미미한 상태에서는 정부가 경제정책 거버넌스 구축에 응할 리가 없기 때문이다. 따라서 교회는 시민사회의 다른 구성 주체들, 특히 NGO를 적극적으로 지원해야 할 것이다.

넷째, 한국 교회는 대안적 경제 패러다임의 형성 문제를 진지하게
고민할 필요가 있다. 한국 경제가 외환위기 11년 만에 또 다시 경제위기
를 겪게 되면서 그동안 표준적인 경제 패러다임으로 간주되어왔던 미국
식 시장경제 모델에 대한 회의가 확산되고 있다. 이에 한국 교회는 정치
민주화에 주력해왔던 과거의 전통을 살려 보다 민주적이고 인간적인
시장경제 모델을 주조해내는 데 기여할 수 있어야 한다.

이런 과정에서 교회가 유의해야 할 점은 시장경제체제 안에서 경제
신학적 고민을 진척시켜야 한다는 것이다. 진보신학계의 일각에서 주
장하는 것처럼 현재의 금융위기가 시장경제체제 자체를 지양해야 함을
함축한다는 식으로 논의를 전개하는 태도는 적절하지 않다. 현대 사회
에서 실제적으로 기능해온 경제체제에는 두 가지 형태만이 존재할 뿐이
다. 곧 중앙관리 경제체제와 시장경제체제가 그것이다.

이런 정황에서 시장경제체제를 악마화하면서 부정한다는 것은 중앙
관리 경제체제의 수용으로 귀결될 수밖에 없다. 그런데 1980년대 말
동구 사회주의국가들의 몰락으로 중앙관리 경제체제의 비효율성이 역
사적으로 입증되었다. 따라서 우리는 현실적으로 중앙관리 경제체제의
도입을 주장할 수 없다. 그렇다면 남은 길은 시장경제체제를 채택하여
그것을 인간화하는 것이다.

그렇다면 시장경제체제를 인간화할 수 있는 방안은 무엇인가? 무척
까다로운 질문이다. 이런 질문에 답변하기에 앞서 우리는 시장경제체
제가 단일한 형태로 존재하지 않는다는 사실을 상기할 필요가 있다.
현실 세계에 존재하는 시장경제체제는 다양한 형태들을 지니고 있다.
그런데 3장에서 서술한 바와 같이 이런 형태들 가운데 중요한 것은 다음
의 네 가지이다.

첫 번째는 **자유주의적 시장경제**이다.[51] 이는 미국의 경제 모델로서 시장에서의 자유로운 경쟁을 강조한다. 따라서 이 경제 모델은 시장에 대한 정부의 개입을 최소화한다. 그렇다고 이 경제 모델이 철저한 자유방임주의를 추구하는 것은 아니다. 정부는 사회구성원들 사이의 소유관계를 규정하고 경제와 관련된 법률을 개정할 수 있는 수단을 보유한다. 또한 정부는 계약의 준수를 강제하고 경쟁을 촉진하고 통화제도를 마련한다. 이렇게 보면 자유주의적 시장경제는 시장의 자율성을 보장하기 위해 정부의 개입을 최대한 자제하는 시장경제 유형이라고 할 수 있다.

자유주의적 시장경제에서 기업들은 은행보다는 자본시장을 통해 자금을 조달한다. 기업들이 간접금융보다는 직접금융에 의존하는 것이다. 따라서 이 경제 모델에서는 주주가치shareholder value가 가장 중요한 경영지표로 간주된다.[52] 그런데 주주는 자신이 투자한 기업이 이익을 보장하지 않으면 곧바로 투자처를 바꾸기 마련이다. 이런 이유에서 이 경제 모델에서 투자 자본은 단기적인 성격을 지닌다.

두 번째는 **사회적 시장경제**이다. 이는 독일의 경제 모델로서 시장에서의 자유경쟁과 사회적 조정을 결합시키는 것을 그 목적으로 한다. 다시 말해서 이 모델은 경제 주체들의 개인적 자유를 보장하되 이것을 절대적으로 고집하지 않고 사회적 책임과 연관시키려고 하는 것이다. 이 경제 모델의 하위목표는 두 가지로 요약할 수 있다. 경제 주체의 사업

---

51 3장에서 필자는 리히가 표현한 바 있는 '자본주의적 시장경제'라는 개념을 사용하였다. 하지만 여기서는 이를 '자유주의적 시장경제'라는 용어로 대체하고자 한다.
52 김균·박순성, "자본주의 경제의 신자유주의적 재편과 사회민주적 대안", 전창환·조영철 편,『미국식 자본주의와 사회민주적 대안』(서울: 당대, 2001), 18-19.

의욕이나 혁신 마인드를 고양하여 효율적인 경제를 가능하게 하는 것과 사회적 생산물을 공정하게 분배하는 것이 그것이다.

사회적 시장경제에서 기업들은 자본시장보다는 은행을 통해 자금을 조달한다. 자유주의적 시장경제에서와 달리 기업들이 간접금융에 의존하는 것이다. 따라서 경영자들은 단기 이익을 요구하는 주주들의 압력으로부터 벗어나 장기적인 경영 전략을 세울 수 있다. 장기적인 성과를 중시하는 금융 부문은 실물 부문을 뒷받침하는 본래의 역할에 충실할 수 있다. 이런 특성으로 인해 금융 부문은 실문 부문으로부터 독립되기 어렵고, 그래서 금융 부문에 대한 실문 부문의 우위성이 관철된다.[53]

세 번째는 **민주주의적 시장경제**이다. 이는 스웨덴의 경제 모델로서 생산 영역에서는 자유경쟁을 허용하지만 분배 영역에서는 정부의 강력한 개입을 관철시킨다. 그런데 정부의 이런 간섭은 주로 두 가지 정책, 곧 연대적 임금 정책과 평등주의적 재정 정책을 통해 구체화된다.

연대적 임금 정책은 모든 기업에서 동일 노동에 대해 동일 임금이 지불되는 정책이다. 평등주의적 재정 정책은 사회 전체적으로 복리를 균등하게 분배하는 정책이다. 연대적 임금 정책의 시행으로 노동의 종류에 따른 임금의 차이가 발생하게 되는데 이때 생겨난 임금 격차는 평등주의적 재정 정책을 통해 재조정되는 것이다.

분배 영역에서 민주주의적 시장경제는 사회적 시장경제와 차이를 보이지만 금융 영역에서는 유사한 성격을 지닌다.[54] 민주주의적 시장경

---

53 Harold Meyerson, "Building a Better Capitalism", http://www.washingtonpost. com/wp-dyn/content/article/2009/03/11/AR2009031103218.html

54 조영철, 『금융세계화와 한국경제의 진로 – 민주적 시장경제의 길』(서울: 후마니타스, 2007), 401–402.

제에서 기업들은 자본시장보다는 은행, 특히 상업은행을 통해 자금을 조달한다.[55] 따라서 기업들은 단기적 이익에 집착하는 주주들의 이해관계로부터 자유로울 수 있다. 이런 의미에서 이 경제 모델의 경우 기업에 투자되는 자본의 인내성이 높다고 할 수 있다.

네 번째는 **사회주의적 시장경제**이다. 이는 중국의 경제 모델로서 생산수단의 공동소유가 관철되는 시장경제를 지향한다. 사회주의적 시장경제는 생산수단의 공동적 소유를 강조한다는 면에서 다른 시장경제 형태들과 차이점을 갖는다. 하지만 이 경제 모델이 생산수단의 개인적 소유를 완전히 부정하는 것은 아니다. 생산수단의 개인적 소유는 정의로운 사회경제적 질서의 수립을 방해하지 않는 한 원칙적으로 긍정된다.

그런데 여기서 유의해야 할 사항은 사회주의적 시장경제가 자원 배분을 완전히 시장에 맡기지 않는다는 점이다. 이런 이유에서 시장은 정부에 의해 상당한 정도로 규제되고 있다. 이 경제 모델이 추구하는 최우선 목표는 국가 안정을 강화하는 경제 발전에 있다. 이런 목적을 달성하기 위해 정부는 금융 부문의 자유화를 부정적으로 평가하면서 이 부문에 대해 엄격한 통제를 가한다. 또한 수입 부문의 완전한 자유화에도 반대하면서 선택적으로 수입을 규제한다.[56]

이 네 가지 시장경제 모델 가운데 자유주의적 시장경제는 시장에서의 경쟁에서 밀려난 사회경제적 약자의 처지를 이해하면서 그들을 전체 사회 안으로 통합시킬 수 없다는 약점을 지닌다. 더욱이 이번 미국의

---

55 전창환, "스웨덴 사민주의, 금융위기 그리고 유럽통화동맹", 전창환·조영철 편, 『미국식 자본주의와 사회민주적 대안』(서울: 당대, 2001), 409.

56 Jonathan Holslag, "The Rise of the Beijing Consensus", http://www.project-syndicate.org/ commentary/holslag1.

금융위기를 계기로 시장의 자율성이 시장의 자기 조정으로 연결되지 않고 오히려 파괴적일 수 있음이 입증되었다. 한편 사회주의적 시장경제는 생산수단의 공동 소유를 주장하기에 현재 한국의 경제 상황에서는 실현되기 어려운 이상주의적인 경제 모델이라고 할 수 있다.

결국 남은 것은 사회적 시장경제와 민주주의적 시장경제이다. 물론 우리 사회는 독일이나 스웨덴과 역사적 경험, 사회경제적 조건, 정신문화적 수준 등에서 많은 차이를 보인다. 따라서 이 두 경제 모델을 우리 사회에 기계적으로 도입하는 것은 불가능하다.

그럼에도 독일과 스웨덴의 경제 모델들은 한국 사회가 미국식 자유주의적 시장경제에서 벗어나 새로운 경제 패러다임을 구축하는 데 적지 않은 참고가 될 수 있다. 특히 이 두 경제 모델이 내세우는 투자자본의 높은 인내성은 우리 경제에 시사하는 바가 크다. 따라서 한국 교회는 시민사회와 더불어 앞으로 한국 경제가 추구해야 할 모델을 숙고하는 과정에서 사회적 시장경제와 민주주의적 시장경제의 구조나 내용을 심도 있게 검토할 필요가 있다.

6. 나오는 말

지금까지 우리는 국제금융위기의 전개 과정을 살펴보고 이런 위기 상황에서 한국 정부와 교회가 수행해야 할 과제들을 정리해보았다. 냉정히 생각해보면 이번 금융위기는 기본에 충실하지 못해 생겨난 것이라고 할 수 있다. 금융기관의 본래적 기능은 저축과 투자를 중개해서 자원을 효율적으로 배분하는 것이다.[57] 그런데 1980년대 이후 미국의 금융부문은 본말이 전도된 모습을 보여주었다. 금융 부문이 실물경제를 뒷받침하는 본분에서 벗어나 실물 부문을 주도하고 선진 금융 기법이라는 미명 아래 금융 중개보다 금융 투기에 진력하였다.

미국의 모기지 업체는 서민들의 주택 마련을 지원하는 원래의 목적을 저버린 채 채무자의 상환 능력을 고려하지 않고 무조건 돈을 빌려주는 투기적 영업을 실시하였다. 헤지펀드는 위험 분산이라는 본래의 취지에서 벗어나 증권 투기에 주력하였다. 투자은행은 장기적인 전망을 가지고 기업에 투자하기보다 단기적인 이윤 획득을 위해 인수합병의 성사와 파생금융상품의 판매에 열중하였다. 보험회사는 생명보험이나 연금보험과 같은 전통적인 보험상품의 판매보다는 금융거래와 관련된 보험상품의 판매를 선호하였던 것이다.[58]

하지만 돈은 그 자체만으로는 돈을 벌 수 없다.[59] 다시 말해서 금융 영역은 새로운 가치를 창출할 수 없다. 실물 부문이 주어진 돈을 가지고 새로운 가치를 창출해내고 금융 부문은 거기서 나온 수익을 나눠가질 뿐이다. 따라서 제아무리 뛰어난 금융상품이라고 할지라도 실문 부문으로부터 독립해서 자체적으로 이익을 산출해낼 수 없다.

전 세계를 공포로 몰아넣은 미국 발 국제금융위기는 이러한 경제의 기본 진리를 외면한 결과이다. 탐욕에 눈이 먼 모기지 업체, 헤지펀드, 투자은행, 상업은행 등이 서로 공모하여 새로운 가치의 창출이 불가능한 부문에 돈을 투자하고 그것을 근거로 해서 어마어마한 가공의 이익을 창출했던 것이다. 따라서 이제 금융 영역은 기본으로 돌아가야 한다.

---

57 유종일, 『위기의 경제』, 36-37.
58 장하준, "미국식 신자유주의 끝장났다", 『사회공헌과 시민사회』, 26호(2008년 겨울), 22.
59 김종수, "제자리로 돌아가자", 「중앙일보」, 2008. 12. 17.

자신의 본래 위치인 예금자와 생산자의 중개 기능에 충실해야 한다. 그러면서 실물 부문이 새로운 가치를 창조할 수 있도록 지원해야 한다.

그런데 문제는 금융시장이 스스로 과오를 시정할 수 없고 자체적으로 규율하기 어렵다는 사실에 있다. 여기서 정부의 개입이 요청된다. 각국 정부들은 금융시장에 대한 적절한 규제를 통해 금융 부문으로 하여금 본래의 자리로 돌아가도록 유도할 필요가 있다. 더 나아가 국제금융질서를 관장하는 국제기구를 만들어낼 필요가 있다.

현재의 상황에서 개개의 국가 안에서 금융 부문을 규제하는 것은 가능하지만 국제적 차원에서 금융거래를 규율하는 것은 지난한 일이 아닐 수 없다. 그럼에도 국제금융시장의 안정성을 높이기 위해서는 국제적 차원에서의 금융거래를 규제하는 일이 필수적이다. 그렇지 않을 경우 지금과 같은 국제금융위기가 또 다시 발발할 수 있다. 이에 각국 정부들은 국제금융거래를 규율할 국제기구를 형성하는 문제를 진지하게 고려해야 한다.

그렇다면 이런 국제기구는 어떻게 만들어질 수 있을까? 두 가지 방안이 제시될 수 있다. 하나는 새로운 국제기구를 만드는 방안이고 다른 하나는 기존의 국제기구, 곧 국제통화기금IMF을 혁신하고 강화하는 방안이다. 필자가 판단하기에 후자가 더 현실적으로 보인다. 이런 의미에서 각국 정부들은 국제통화기금을 강화하여 국제 금융거래를 감독하는 기관으로 혁신할 필요가 있다.

이를 위해 무엇보다도 여러 기구들에 분산되어 있는 금융거래와 관련된 감독 권한들을 국제통화기금으로 집중시킬 필요가 있다. 그러면서 기존의 신용평가회사들을 비영리기관으로 바꾸고 국제통화기금을 이런 회사들을 감독하는 상위기관으로 정립시켜야 한다.[60] 나아가 현재 국제통화기금 내에서 미국이 차지하고 있는 지분을 축소시켜 신흥 개도국들에게 더 많은 권한을 부여하고 총재직도 미국과 유럽이 아닌 국가들에게 개방해야 한다.

국제사회가 개별국가들의 경제적 이해관계가 첨예하게 대립하는 공간이란 사실을 고려해보면 이런 과제들을 구체화하면서 국제통화기금을 국제금융거래를 규율하는 기구로 탈바꿈시키는 일은 그리 만만치 않을 것이다. 경우에 따라서 이런 시도가 이상주의적으로 비칠 수도 있을 것이다. 그럼에도 분명한 점은 이런 과업을 달성하는 것이 국제금융질서의 불안정성과 불확실성을 근본적으로 제거할 수 있는 유일한 길이라는 사실이다.[61]

이제 한국 정부는 G20 정상회의의 차기 의장국으로서 이런 경제적 사실을 유념하면서 다른 회원국들을 설득하여 국제통화기금을 국제 금융거래를 규제하는 국제기구로 혁신하는 데 진력해야 한다. 또한 한국교회도 세계 교회 및 국제시민단체와 연대하여 각국 정부들로 하여금 국제통화기금을 국제금융거래를 감독하는 권위 있는 국제기구로 승격시키는 데 동참하도록 압력을 행사해야 한다. 그리하여 한국 정부와 교회는 국내 금융기관들을 비롯한 전 세계의 금융기관들로 하여금 탐욕과 탈선의 유혹에서 빠져나와 본연의 길로 들어서게 하는 데 적극 기여할 수 있어야 할 것이다.

---

60 자크 아탈리, 『위기 그리고 그 이후』, 160-162.
61 같은 책, 146-147.

4부

재 산 과 이 자

9장

재 물 의
영 적 중 립 성

1. 들어가는 말

최근 들어 우리 사회에 물질만능주의가 급속하게 뿌리를 내리고 있다.
얼마 전까지만 해도 금전 문제에 대해 노골적으로 이야기하는 것이 금
기시되어 왔던 우리의 문화 풍토를 거스르면서 '부자 되세요'라는 덕담
이 유행하고 있다. 정신적 가치를 확대시켜야 할 출판계가 도리어 온
국민을 상대로 돈 벌기 열풍을 불어넣고 있다. 오로지 학문적 진리만을
연구하는 상아탑이라는 대학에서도 돈벌이와 관계없는 인문학 분야의
학과들은 고전을 면치 못하고 있다.

우리 교회들의 경우도 예외는 아니다. 그리스도의 몸이라고 고백되
는 교회들이 세속사회로부터 밀려들어오는 배금주의를 막아내기에는

역부족인 것으로 보인다. 보다 정확히 말해서 그들은 물신주의를 극복하기는커녕 오히려 다른 사회집단들과 마찬가지로 철저하게 상업화 내지 시장화되어가고 있다. 그래서 이제 교회들의 지상목표는 종교적이고 영적인 것들에서 경제적이고 물질적인 것으로 바뀌고 있다.

이런 사회종교적 상황에서 우리 신앙인들은 기독교적 재물관을 분명히 정립할 필요가 있다. 그리고 이를 위해서 우리는 먼저 기독교인의 신앙생활에 표준이 되는 성서가 재물에 대해 어떤 입장을 가지고 있는지를 살펴보아야 할 것이다. 물론 이런 성서의 재물 이해가 어떤 매개 과정을 거치지 않고 곧바로 기독교의 재물관으로 이어질 수는 없다. 기독교적 재물관은 오늘의 사회경제적 맥락에서 성서적 재물 이해를 재해석하는 작업의 결과물이기 때문이다. 그럼에도 성서적 재물 이해가 현대 기독교의 재물관을 정립하는 데 결정적인 역할을 수행한다는 사실에 대해서는 어느 누구도 이의를 제기할 수 없을 것이다. 따라서 재물에 관한 모든 신학적 논의는 성서의 재물 이해에서 출발해야 할 것이다.

그런데 문제는 신·구약성서가 재물에 대한 일관적인 견해를 제시하지 않는다는 데 있다. 신·구약성서에서 재물은 긍정적인 측면만을 가지고 있거나 부정적인 측면만을 지니고 있는 것이 아니라 이 양 측면을 모두 포괄하고 있다. 좀 더 구체적으로 말하면 성서에서 재물은 하나님이 내려주신 축복의 선물일 뿐만 아니라 하나님과 대립하는 절대화된 악한 세력이기도 하다.[1]

---

[1] K. Lehmann, "Geld – Segen oder Mammon? Biblische Aspekte", in: H. Hesse und O. Issing (Hg.), *Geld und Moral*, München 1994, 133

재물에 대한 신·구약성서의 상반되는 입장은 신학자들의 재물 이해에도 그대로 반영되고 있다. 그래서 어떤 신학자들은 재물에 대한 긍정적인 성서 구절들에 입각해서 부의 긍정적인 측면만을 부각시키는 데 반해 다른 신학자들은 재물에 관한 부정적인 성서 구절들에 근거해서 부의 부정적인 측면만을 내세우고 있다. 또 다른 신학자들은 재물에 관한 긍정적인 성서 구절들과 부정적인 성서 구절들을 통합하려는 이론적 시도를 포기한 채 그것들 모두를 나열하는 것에 만족하고 있다.

그런데 보다 근원적인 관점에서 보면 재물을 긍정적으로 보느냐 부정적으로 보느냐 하는 문제는 재물의 영적 중립성을 인정하느냐 거부하느냐에 달려 있다고 할 수 있다. 재물을 긍정적으로 보는 이들은 재물이 신앙적으로 중립적인 것이기에 재물에 대한 소유자의 태도가 재물의 선악을 결정한다고 생각한다. 반면에 재물을 부정적으로 보는 이들은 재물이 영적으로 비중립적인 것이기에 재물은 소유자의 태도와 상관없이 그 자체로 악하다고 규정한다. 이렇게 보면 기독교의 재물관을 정립하는 데 관건이 되는 사항은 재물이 신앙적으로 중립적인가 아니면 비중립적인가라는 물음이라 하겠다. 이에 9장에서는 재물의 영적 중립성 문제를 천착함으로써 통합적이고 균형적인 기독교의 재물관을 정립하는 데 기여하고자 한다.

2. 재물의 영적 중립성에 대한 상반된 두 견해

성서, 특히 구약성서에는 재산의 긍정적인 면을 강조하는 구절들이 많이 존재한다. 율법서는 재물을 하나님이 인간에게 내려주신 축복으로 이해한다.[2] "여호와께서 나의 주인에게 크게 복을 주시어 창성하게 하시되 소와 양과 은금과 종들과 낙타와 나귀를 그에게 주셨고"(창 24:35). "이삭이 그 땅에서 농사하여 그 해에 백배나 얻었고 여호와께서 복을 주시므로 그 사람이 창대하고 왕성하여 마침내 거부가 되어 양과 소가 떼를 이루고 종이 심히 많으므로 블레셋 사람이 그를 시기하여"(창 26: 12-14).

성문서의 경우도 역시 마찬가지이다.[3] "여호와께서 욥의 말년에 욥에게 처음보다 더 복을 주시니 그가 양 만 사천과 낙타 육천과 소 천 겨리와 암나귀 천을 두었고"(욥 42:12). "여호와께서 주시는 복은 사람을 부하게 하고 근심을 겸하여 주지 아니하시느니라"(잠 10:22). "또한 어떤 사람에게든지 하나님이 재물과 부요를 그에게 주사 능히 누리게 하시며 제몫을 받아 수고함으로 즐거워하게 하신 것은 하나님의 선물이라"(전 5:19).

대부분의 신학자들은 재물에 관한 이런 성서의 긍정을 수용하면서 재물을 하나님의 선물로 인식하고 있다. 그들에게 재물은 하나님이 만드신 피조물이기에 유익한 것이 아닐 수 없다. 그런데 영적으로 불의한 사람들이 소유하고 있는 재물도 유익한 것이라고 할 수 있는가? 하나님과의 관계를 소원하게 만드는 일에 소용되는 재물도 이로운 것이라고 말할 수 있겠는가? 물론 그럴 수 없다. 그렇다면 우리는 재물이 영적으로 선한 것일 수도 있고 악한 것일 수도 있다는 결론에 도달하게 된다.

그런데 재물은 언제 신앙적으로 선한 것이 되고 언제 영적으로 악한

---

2 이상원, "청부론과 청빈론을 넘어서", 『한국기독교윤리학논총』 6집(2004), 63-64.
3 같은 글, 64.

것이 되는가? 이런 물음 앞에서 많은 신학자들은 재물을 대하는 인간의 태도를 거론한다. 곧 인간이 선한 목적을 가지고 선한 방식으로 재물을 사용할 때 그것은 영적으로 의로운 것이 되지만 악한 목적 아래 악한 방법으로 재물을 이용할 때 그것은 신앙적으로 불의한 것이 된다는 것이다.

앞에서 이미 지적한 바와 같이 재물의 긍정적인 측면을 강조하는 신학자들이 전개하고 있는 이런 재물관은 재물의 영적 중립성에 그 기초를 두고 있다. 그들은 재물 그 자체가 영적으로 선하지도 악하지도 않은 중립적인 사물이기 때문에 그것을 사용하는 소유자의 자세에 따라 재물은 선한 것이 되기도 하고 악한 것이 되기도 한다고 주장한다. 이런 주장의 대표적인 예로 몇 년 전 우리 교계에서 뜨거운 논쟁을 불러일으켰던 청부론清富論을 거론할 수 있다.

청부론에 따르면 재물에는 하나님이 정해주신 세 가지 몫이 있다. 첫째는 하나님의 몫이고, 둘째는 다른 사람의 몫이고, 셋째는 자신의 몫이라는 것이다. 우리 신앙인들이 하나님의 몫과 다른 사람의 몫에 욕심을 부리지 않고 그것을 올바로 사용한다면 그 다음에 남는 자신의 몫은 그것이 아무리 많더라도 정당한 것이라고 한다. 그러나 재물에 대한 욕심 때문에 하나님의 몫과 다른 사람의 몫까지 제 몫으로 삼으려고 할 때 그 재물은 부정한 것이 된다고 청부론은 주장한다.[4]

청부론의 이런 주장은 근본적으로 재물의 영적 중립성에 근거해 있음에 분명하다. "돈은 선도 아니고 악도 아니다. 복도 아니고 화도 아니다. 돈은 그냥 돈이다. 돈은 선과 악 그리고 화와 복이 될 만한 것이

---

4 김동호, 『깨끗한 부자』(서울: 규장문화사, 2001), 121.

못 된다. 정직하게 벌고 하나님의 뜻대로 바로 쓰면 돈은 선이 되고 복이 된다. 그러나 정직하게 벌지 않고 하나님의 뜻대로 쓰지 못하면 악이 되고 화가 된다. 악과 선, 화와 복은 사람에게 달린 것이지 돈 자체에 달린 것이 아니다."[5]

한편 재물의 긍정적인 측면보다 그 부정적인 측면에 강조점을 두는 일련의 신학자들이 존재하는데 그 대표적인 인물은 리처드 포스터 Richard J. Foster라고 할 수 있다. 포스터에 따르면 재물의 긍정적인 면을 부각시키는 주류 신학적 흐름은 두 가지 잘못을 범하고 있다.[6]

먼저 이런 주류적 흐름은 하나님의 풍성이란 성서적 가르침의 한 측면을 성서 전체의 메시지로 간주하는 성급한 일반화의 오류를 범하고 있다. 앞에서 언급한 것처럼 이 흐름은 재물을 하나님이 내리시는 축복의 표시로 이해하고 있다. 그런데 이런 이해가 지속되게 될 때 기독교는 한갓 번영의 종교로 전락할 위험성이 있다고 포스터는 경고한다. 이런 맥락에서 그는 예수가 재물 그 자체가 하나님의 은총에 대한 보증이 될 수 없음을 분명히 하였다고 강조한다.

또한 이런 주류적 흐름은 재물이 가지고 있는 악마적인 힘을 간과하는 문제점을 지니고 있다. 이 흐름은 재물을 영적으로 중립적이고 비인격적인 것으로 간주하면서 기독교인들에게 재물을 하나님의 뜻에 맞게 제대로 사용하는 청지기 의식만을 고취하고 있다. 그러나 포스터가 보기에 이런 제안은 신앙인들로 하여금 타락하여 하나님과 대립하는 정사들과 권세들principalities and powers에 의해 지배되고 있는 재물의 영

---

5 같은 책, 37.
6 리처드 포스터, 김영호 역, 『돈, 섹스, 권력』(서울: 두란노서원, 2006), 32-33.

적인 속성을 직시하지 못하도록 만든다는 것이다.

이런 비판에 이어 포스터는 재물을 긍정적으로 이해하는 주류신학자들과 마찬가지로 재물에 대한 성서 구절들, 특히 신약성서의 구절들에 근거하여 자신의 재물관을 전개한다. 그의 분석에 따르면 복음서는 재물이 하나님과 인간 사이의 관계를 위협하는 것임을 분명하게 밝힌다.[7] "다시 너희에게 말하노니 낙타가 바늘귀로 들어가는 것이 부자가 하나님의 나라에 들어가는 것보다 쉬우니라 하시니"(마 19:24). "그러나 화 있을진저 너희 부요한 자여 너희는 너희의 위로를 이미 받았도다"(눅 6:24). "너희를 위하여 보물을 땅에 쌓아 두지 말라 거기는 좀과 동록이 해하며 도둑이 구멍을 뚫고 도둑질하느니라"(마 6:19). "그들에게 이르시되 삼가 모든 탐심을 물리치라 사람의 생명이 그 소유의 넉넉한 데 있지 아니하니라 하시고"(눅 12:15). "한 사람이 두 주인을 섬기지 못할 것이니 혹 이를 미워하고 저를 사랑하거나 혹 이를 중히 여기고 저를 경히 여김이라 너희가 하나님과 재물을 겸하여 섬기지 못하느니라"(마 6:24). "내가 너희에게 말하노니 불의의 재물로 친구를 사귀라 그리하면 그 재물이 없어질 때에 그들이 너희를 영주할 처소로 영접하리라"(눅 16:9).

포스터가 이런 복음서 구절들 가운데 특별히 주목하는 것은 다섯 번째와 여섯 번째로 인용된 구절이다. 그는 이 두 구절을 결정적인 증거로 삼아 재물의 영적 중립성을 부정한다. 먼저 그는 마태복음의 기자가 재물을 지칭할 때 사용한 아람어 '맘몬'[8]이 비인격적인 사물이 아닌 하나님

---

[7] 같은 책, 29, 34, 64.

[8] 여기서 맘몬은 '부' 혹은 '소유'를 나타내는 말로서 원래는 '위탁한다'는 의미를 가지고 있었다. 재물은 본래 수동적인 형태로 '위탁된 것'을 뜻하는데 본문에서는 능동적인 형태로 인간

과 대립하는 인격적이고 영적인 존재를 의미한다는 사실을 지적한다.[9]

포스터에 따르면 이런 영적인 존재로서의 맘몬은 우리에게 안일함을 주고 죄의식을 유발시킬 수 있다. 또한 그것은 자유를 가져다주고 힘을 주며 어느 곳에나 존재하는 것으로 보인다는 것이다. 그런데 그가 보기에 맘몬의 가장 심각한 문제는 그것이 지고의 위치를 점유하려는 데 있다. 맘몬은 우리가 가치 있게 여기는 다른 것들과 나란히 머무르려고 하지 않고 그것들을 밀쳐내면서 최고의 자리를 차지려고 한다는 것이다. 이런 이유에서 그는 맘몬을 그리스도에게로 향하기 위해서는 돌아서야만 하는 우상으로 규정한다.[10]

한편 포스터는 누가복음의 기자가 재물을 '불의의 재물unrighteous mammon'로 표현하고 있음에 주목한다.[11] 대부분의 기독교인들은 재물에는 인간을 지배하려는 어떤 힘이나 권위도 없다는 것을 믿고 싶어한다. 그러나 그가 보기에 이러한 견해는 순진한 것이다. 누가복음은 재물이라는 단어 앞에 '불의한'이란 형용사를 위치시키면서 이런 순진한 생각을 차단하고 있다는 것이다. 누가복음의 이런 서술 의도에 근거하여 그는 재물이 그 자체로 불의한 것이기에 소유자의 태도와 상관없이 영적으로 악한 존재라고 결론짓는다.

동일한 맥락에서 쟈크 엘룰Jacques Ellul은 맘몬의 특징을 다음의 네

이 '위탁하는 것'으로 그 의미가 변화되어 있다. 또한 아람어에서 재물은 소문자 'mammon'으로 표기되는 것이 보통이나 본문에서는 특별히 하나의 인격체 혹은 신격을 나타내는 대문자 'Mammon'으로 명기되고 있다. 여기서 우리는 재물이 단지 사물 자체로 끝나는 것이 아니라 우리 자신을 위탁하는 신적 존재로 승격되고 있음을 확인할 수 있다. 이에 관해서는 황호찬, 『돈, 그 끝없는 유혹』(서울: IVP, 1996), 39를 참조할 것.

9 리처드 포스터, 『돈, 섹스, 권력』, 34.

10 같은 책, 36-37.

11 같은 책, 63-65.

가지로 요약한다.[12] 첫 번째 특징은 방금 언급한 **불의**다. 이는 맘몬이 하나님의 의와 전혀 일치하지 않는다는 것을 의미한다. 물론 정직하게 얻은 부가 있을 수 있다. 이런 이유에서 적지 않은 기독교인들이 이 누가복음의 구절을 단지 불의하게 획득한 재물에만 해당하는 것으로 국한시키는 경향이 있다. 그러나 그것은 성서 본문의 진정한 의도에서 벗어나 있는 태도다. 이 구절이 의도하는 바는 불의가 맘몬의 필연적인 속성이라는 것이다. 불의에서 나와 불의를 상징하는 것이 맘몬인 것이다.

두 번째 특징은 **별것 아님**이다. 기독교의 하나님은 유일신이기에 기독교적 존재론에서 선신과 악신의 이원론은 성립하지 않는다. 따라서 맘몬은 결코 하나님에 대항할 만한 신적 존재가 아니다. 맘몬은 행태의 측면에서 하나님과 대립하지만 결코 하나님과 동등할 수 없다. 맘몬은 하나님의 손 안에 있으므로 종국에는 제거될 존재에 불과한 것이다.

세 번째 특징은 **거짓**이다. 맘몬은 어둠의 세상에 속해 있고 인간을 어둠으로 인도하는 거짓 세력이다. 맘몬은 자기가 결코 만족시키지 못하는 욕구를 인간의 마음속에 불러일으킨다. 맘몬의 이런 기만적인 행태가 인간으로 하여금 맘몬을 숭배하게 한다. 그리하여 인간은 하나님 사업의 거짓 복사체인 맘몬의 사업을 믿음과 소망과 사랑을 가지고 받아들이게 된다.

네 번째 특징은 **사탄에의 예속성**이다. 맘몬은 사탄에 속해 있기 때문에 인간은 결코 맘몬, 곧 재물을 소유할 수 없다. 재물은 우리에게 매여 있지 않기 때문에 우리 손에서 빠져나가기 마련이다. 재물을 조정하는 주체는 사탄이다. 재물의 주인으로서 사탄은 재물을 이용하여 인간마

---

12 쟈크 엘룰, 양명수 역, 『하나님이냐 돈이냐』(서울: 도서출판 대장간, 1991), 120-122.

저 소유함으로써 인간의 주인으로까지 승격하고자 한다.

3. 두 견해의 통합 가능성

앞에서 우리는 재물의 긍정적인 측면과 부정적인 측면에 대해 살펴보았다. 그런데 우리는 이 두 측면 가운데 어느 쪽을 선택해야 하는가? 우리는 재물의 영적 중립성과 영적 비중립성 가운데 어느 것을 지지해야 하는가? 필자는 성서 안에 재물에 대한 긍정과 부정이 공존하고 있다는 점을 진지하게 고려하면서 재물이 영적으로 중립적이면서 동시에 중립적이지 않다는 통합적인 태도을 취한다. 좀 더 상세히 말해서 필자는 적정한 수준의 재물은 신앙적으로 중립적이지만 그 정도가 지나칠 경우 재물은 영적으로 중립적일 수 없다는 생각을 가지고 있다.

그러면 먼저 재물이 중립적인 경우에 관해 살펴보기로 하자. 적정한 수준의 재물이 영적으로 중립적일 수 있다면 우리가 우선적으로 해결해야 할 문제는 재물의 적절한 수준이 어떤 상태를 의미하는가 혹은 보다 정확히 말해서 재물의 적정한 수준이 어떤 방식으로 결정되는가 하는 것이다. 이 문제는 쉽게 대답할 수 없는 까다로운 물음이다. 우선 거칠게나마 접근해보면 재물의 적정한 정도는 객관적인 조건과 주관적인 조건을 통해 결정된다는 주장이 가능할 것이다.

필자가 제시하는 재물의 적당한 수준을 결정짓는 객관적인 조건이란 포괄성과 제한성을 가리킨다. 포괄성이란 보유하고 있는 재물의 정도가 소유자를 비롯한 그 가족구성원들의 기본적인 욕구를 충족시키는 것을 의미한다. 포괄성의 조건에서 보면 부의 규모가 가정의 의식주에

수반되는 기본 생계비를 포함해서 문화적, 교육적, 종교적 생활에 필요한 비용을 충당할 수 있을 때 그 재물은 적정한 것이 된다.

제한성이란 재물의 크기가 소유자와 그 가족의 기본적인 욕구 충족을 넘어서는 불필요한 소비 활동까지 가능하게 해서는 안 된다는 것을 의미한다. 제한성의 조건에 의거하면 소유자로 하여금 무절제하고 무분별한 소비 행위나 과시적 소비 행태에 접근하기 어렵게 하는 재물의 정도는 부의 적절한 수준으로 간주된다.

필자가 내세우는 적절한 재물의 수준을 결정하는 주관적인 조건은 제어 가능성과 반성 가능성으로 이루어져 있다. 제어 가능성이란 소유자가 자신의 부를 통제할 수 있는 영적 능력을 뜻한다. 다시 말해서 하나님에 대한 신뢰를 돈독하게 함으로써 재물에 대한 탐욕으로부터 거리를 둘 수 있는 신앙적 능력을 의미하는 것이다. 제어 가능성의 조건에 근거하면 개인의 영적 통제력이 규제할 수 있는 재물 규모는 적정한 것이나 그럴 수 없는 정도의 재물은 적절하지 않은 것이다.

반성 가능성은 재물의 규모가 재물에 대한 소유자의 통제 능력의 한계 안에 머물러 있는지를 비판적으로 검토할 수 있는 정신적 능력을 의미한다. 반성 가능성의 측면에서 보면 소유자가 이런 검토 능력을 충분히 구비한 경우 자신에게 적절한 재물의 정도를 가늠해서 그것을 초과하는 부를 소유하지 않도록 신중을 기할 수 있게 되고, 나아가 재물에 대한 자신의 통제 가능성을 제고할 수 있는 기회를 갖게 된다. 반대로 이러한 검토 능력을 제대로 갖추지 못한 경우 소유자는 자신에게 적절한 재물의 수준을 가늠할 수 없고 자신이 소유한 부의 정도가 자기의 제어 능력을 넘어서는 경우에도 어떤 경계의식이나 비판의식을 갖지 못하게 된다.

그런데 여기서 우리가 주의해야 할 사항은 이런 주관적인 조건들이 위에서 언급한 객관적인 조건들보다 더 중요하다는 점이다. 객관적 조건인 포괄성이나 제한성은 실제의 경제생활에 적용될 경우 경제 주체의 판단에 그리 큰 도움을 주지 못할 수 있다. 왜냐하면 사람마다 자신이 상정하고 있는 기본적인 욕구의 범위가 다르기 때문이다. 따라서 적절한 재물의 기준을 설정하는 작업은 주관적인 조건에 더 많이 의존하게 된다. 이런 이유에서 부의 적절한 수준은 각 개인의 주관적인 상태를 고려하지 않고 일률적이고 무차별적으로 결정될 수 없다.

기독교인이 적절한 양의 재물을 소유하고 있는 경우 부에 대한 그의 태도가 재물의 선악을 결정하게 된다. 즉 하나님의 뜻에 맞게 사용될 때, 다시 말해서 개인의 기본적인 욕구, 개인의 영적이고 정신적인 성숙, 이웃의 복리를 위해 사용될 때 그 경우 재물은 선한 것이 될 수 있다. 또한 하나님을 의지하면서 물질에 대한 염려와 욕심으로부터 자유로운 마음 상태를 가질 때 그 재물은 선한 것이 된다. 그러나 재물 사용에서 하나님의 뜻이 아닌 자기의 의지나 이해관계가 관철될 때 부는 악한 것이 되고 만다.

재물에 대한 개인의 태도와 관련해서 성서가 무엇보다도 강조하는 바는 재물에 대한 집착으로부터의 자유다. 성서는 우리에게 그리스도를 통한 이 세상과의 신앙적 결별을 요구한다. "내가 그리스도와 함께 십자가에 못 박혔나니 그런즉 이제는 내가 사는 것이 아니요 오직 내 안에 그리스도께서 사시는 것이라 이제 내가 육체 가운데 사는 것은 나를 사랑하사 나를 위하여 자기 자신을 버리신 하나님의 아들을 믿는 믿음 안에서 사는 것이라"(갈 2:20). 기독교인은 현실 세계로부터 자유 롭듯이 세계에 존재하는 재물에 대해 초연할 수 있어야 한다.

그런데 재물에 대한 초연함은 인간 세계에 존재하는 모든 재물의 진정한 소유주는 오직 하나님 한 분이라는 성서적 진리(출 19:5; 대상 29:11; 욥 41:11; 시 24:1, 50:10-12)에 대한 깨달음에서 비롯된다. 이런 성서적 진리를 터득한 기독교인은 주어진 재물이 자신의 것인 양 여겨 왔던 착각에서 벗어나 물질적인 부에 집착하지 않게 된다. 그리고 재물로부터 진정으로 자유롭게 되어 자기 재산을 이웃과 하나님 나라를 위해 사용할 수 있게 된다. 한마디로 그는 성서가 강조하는 청지기로서의 자기 위상(창 1:28)을 정립하게 되는 것이다. 이런 의미에서 청지기로서의 신앙인이 소유하고 있는 적정한 재물은 앞에서 리처드 포스터가 주장하는 바와 달리 영적으로 선한 것이 된다고 할 수 있다.

반면 재물이 적절한 수준을 넘어서게 될 때 재물은 영적인 중립성을 지닐 수 없게 된다. 과도한 부는 소유자의 태도와 상관없이 그 자체로 영적인 악이 된다. 왜냐하면 앞에서 살펴본 바와 같이 이때 재물은 단순한 사물이 아닌 신적인 맘몬으로 변하게 되기 때문이다.

기독교적 세계관에 따르면 인간은 창조주 하나님에 의해 피조된 존재이다. 따라서 무한하고 완전하신 하나님과 달리 인간은 유한하고 불완전하다. 인간의 이런 본래적 한계로 인해 너무 많은 재물은 맘몬, 곧 우상이 된다. 우상으로서의 재물은 인간의 선한 동기나 태도를 무력화시킨다. 따라서 탁월한 영적 능력의 소유자인 경우를 제외하고 대부분의 인간들은 물질이 과도한 상태에서는 영적으로나 정신적으로 아무리 발버둥을 쳐봐도 맘몬에 사로잡히게 마련이다.

인간이 맘몬의 지배를 받을 때 재물에 대한 인간의 욕구는 만족을 모르고 끊임없이 확대되는 경향이 있다. 아무리 큰 부자라도 '이 정도의 재산이면 족하다'는 사람은 거의 존재하지 않는다. 재물을 향한 부유한 이들의 갈증은 가실 줄 모른다. 부자들의 이런 실존적 정황을 전도서 기자는 이렇게 묘사한다. "은을 사랑하는 자는 은으로 만족하지 못하고 풍요를 사랑하는 자는 소득으로 만족하지 아니하나니 이것도 헛되도 다"(5:10).

과도한 재물을 소유하고 있는 사람은 더 큰 부를 소원하면서 맘몬에 더욱 의존적으로 되어간다. 이런 사람은 철저하게 맘몬의 지배 아래 들어가기 때문에 그에게 구원에 이르는 길은 봉쇄되어 있다. 앞에서 인용된 마태복음의 경고와 같이 지나치게 부유한 사람이 하나님 나라에 들어가는 것은 낙타가 바늘귀로 들어가는 것보다 더 어려운 법이다.

그렇다면 이런 구원의 배제를 극복하기 위해 어떤 방도들이 제시될 수 있는가? 다음의 두 가지 방안이 제시될 수 있다. 첫째는 헌금의 행위 를 통해 맘몬을 축출할 수 있는 계기를 마련하는 것이다.[13] 기독교인에 게 헌금은 근본적인 영적 행동이며 최고의 형태로 드리는 예배 행위이 다. 헌금을 드리는 행위를 통해 기독교인은 하나님이 자신의 모든 삶을 주관하시는 주인이심을 고백하는 것이다. 이런 측면에서 헌금 행위는 맘몬과 대립한다. 맘몬은 봉헌에 의해 쫓겨나고 그 악함이 만천하에 명백하게 드러나게 된다. 이런 축귀적인 성격을 지닌 헌금 행위는 과 도한 부를 소유한 기독교인에게 맘몬을 폐위시킬 수 있는 기회를 제 공한다.

둘째는 적극적인 나눔을 통해 부의 규모를 끊임없이 축소시키는 것 이다. 부자들은 더 부유해지지 않도록, 나아가 덜 부유해지도록 자기

---

13 앙드레 비엘레, 박성원 역,『칼빈의 사회적 휴머니즘 – 칼빈의 경제신학』(서울: 대한기독교 서회, 2003), 62-63.

재산을 가난한 자에게로 끊임없이 흘러들어가게 해야 한다. 이런 의미에서 예수는 큰 재물을 가진 부자 청년에게 소유를 팔아 가난한 자들에게 나누어줄 것을 권고하였다(마 19:21). 또한 예수는 자기 재산의 반을 가난한 사람들에게 나누어주겠노라고 결단한 삭개오에게 구원을 선포하였다(눅 19:9).

4. 극복 대상으로서의 가난

재물의 부정적인 측면에 주목하는 신학적 흐름 안에 기독교를 금욕적인 종교로 이해하면서 청빈淸貧의 삶을 구현할 것을 제안하는 일련의 견해들이 존재한다. 이 주장들은 부유함보다 가난함이 성서적인 가르침에 더 근접해 있다고 간주하면서 신앙인들에게 자발적 가난을 독려하고 있는데 그 대표적인 사례로 청부론과 날카로운 대립각을 세우고 있는 영성적 가난론을 지적할 수 있다.

영성적 가난론은 가난의 유형을 세 가지로 분류한다.[14] 첫째는 **탁빈濁貧**이다. 이것은 나태하고 안일한 생활 태도 때문에 혹은 사회적 환경 때문에 겪게 되는 가난이다. 둘째는 **청빈**이다. 이것은 정직하고 정의롭게 살고자 하는 확고한 태도 때문에 당하게 되는 가난이다. 셋째는 **영성적 가난**이다. 이것은 분에 넘치는 재물을 모으려 힘쓰지 않고 자신의 재물을 가난한 사람들과 나누면서 이르게 되는 가난이다. 영성적 가난론이 추구하는 것은 물론 세 번째 유형이다.

---

14 김영봉, 『바늘귀를 통과한 부자』(서울: IVP, 2003), 49-56.

그럼에도 영성적 가난론은 어떤 형태의 가난이든 가난은 신앙인들에게 많은 유익을 가져다준다고 주장한다.[15] 특히 가난이 신앙인들을 겸손하게 만든다는 것이다. "가난한 사람은 자신의 한계를 알고 하나님께 의지할 줄 안다. 도움의 손길을 감사히 여기며 다른 사람을 도울 줄도 안다. 필요한 것을 스스로 모두 해결할 수 있는 사람은 하나님의 도움도, 이웃의 도움도 원치 않는다. 그것은 스스로 부의 감옥에 갇히는 것이다."[16]

필자가 보기에 이런 영성적 가난론은 일종의 종교적 엘리트주의이다. 영성적 가난론이 추구하는 목표는 고상하다. 그러나 모든 기독교인들이 이런 고상한 목표에 도달할 수 있는 것은 아니다. 보다 냉정히 생각해보면 이러한 고결한 이상에 접근할 수 있는 기독교인은 소수에 불과하다. 모든 가족구성원들의 입고 먹고 자는 문제를 배려하고 자녀를 교육시키고 부모를 돌보아야 하는 보통의 기독교인들에게 가난—그것이 원치 않는 가난이건 스스로 택한 가난이건 간에—을 강조하는 것은 윤리적으로 과도한 요구가 아닐 수 없다.

더욱이 영성적 가난론의 입장은 재물에 대한 예수의 기본 관점을 충실히 반영한 것으로 볼 수 없다. 복음서를 꼼꼼히 읽어 보면 우리는 예수가 금욕주의를 지지하지 않았음을 알 수 있다.[17] 계층적 관점에서 볼 때 예수는 그 당시 날품팔이나 소작농과 같은 하류계층 출신이 아니라 중산층인 숙련노동자 출신이었다.

---

15 같은 책, 56.

16 같은 책, 57.

17 마르틴 헹엘, 이정희 역, 『초대교회의 사회경제사상』(서울: 대한기독교서회, 1981), 49-52.

예수가 제자로 부른 이들도 그와 비슷한 계층에 속하였다. 야고보와 요한의 아버지 세배대는 자신의 가업을 위해 아들들과 함께 삯군들을 고용했을 만큼 부유한 인물이었다(막 1:20). 다른 제자인 레위는 세리 출신이었다(막 2:14). 또한 예수의 주위에 있던 사람들 가운데 일부는 부유한 계층에 속해 있었다. 예수와 그 제자들은 유복한 여인들로부터 원조를 받았다(눅 8:2-3). 몇몇의 재력 있는 바리새인들이 예수를 자신의 연회에 초대하였다(눅 7:36, 11:37, 14:1).

한편 예수는 축제적인 분위기를 즐기는 인물이었다. 그는 세례 요한이나 바리새인들과는 달리 금식을 거부하였다(막 2:18-22). 그리고 잔치에 참여하는 것을 좋아하였다(요 2:1-11). 이런 태도로 인해 그는 당시 경건한 사람들의 조롱거리가 되었다. "인자는 와서 먹고 마시매 말하기를 보라 먹기를 탐하고 포도주를 즐기는 사람이요 세리와 죄인의 친구로다 하니"(마 11:19).

기독교는 예수가 그러하였듯이 금욕적 엄격주의를 수용하지 않는다. 따라서 가난은 기독교인이 추구해야 할 목표가 아니다. 왜냐하면 과도한 부가 영적으로 위험하듯이 가난 또한 건전한 신앙에 위협적이기 때문이다. 아무리 신앙이 돈독한 기독교인이라고 하더라도 물질이 너무 없어 의식주 문제조차 해결할 수 없을 때 죄를 지을 수밖에 없다. '사흘 굶으면 남의 집 담장 안 넘어갈 사람 없다'는 속담도 있지 않은가.

한국 기독교의 최대 문제점으로 지적되고 있는 기복 신앙도 과거에 우리 사회의 구성원들이 너무 가난했기 때문에 생긴 종교문화라고 할 수 있다. 물질적 가난은 건강한 기독교인을 만들어내지 못한다. 먹을 양식이 없고 아픈 곳을 치료하기 위한 병원비가 없는데 어찌 기복적인 기도를 드리지 않을 수 있을까. 하지만 기복적인 기도는 결코 성숙한 신앙인의 기도일 수 없다. 따라서 가난한 이들의 재정적인 안정 없이는 우리 교회들의 기복 신앙도 극복될 수 없을 것이다.

이런 맥락에서 우리는 디트리히 본회퍼Dietrich Bonhoeffer가 말하는 궁극적인 것ein Letztes과 궁극 이전의 것ein Vorletztes의 관계에 대해 살펴볼 필요가 있다. 본회퍼에게 궁극적인 것이란 죄인으로서의 인간이 하나님의 은총으로 의롭게 되는 것을 뜻한다.[18] 반면 궁극 이전의 것은 궁극적인 것 이전에 일어나는 모든 것이며 궁극적인 것에 의해 제약되는 모든 것을 의미한다.[19]

그런데 본회퍼에 따르면 궁극 이전의 것은 궁극적인 것, 곧 은총에 이르는 길을 예비하는 것이라고 한다.[20] 따라서 그에게 궁극 이전의 것을 파괴하는 것은 궁극적인 것에 대한 심한 손상을 입히는 것이 된다. 어떤 사람이 인간으로서 향유해야 할 생활여건을 박탈당할 때 그가 은총에 의해 의롭게 되는 것이 상당한 정도로 방해를 받게 되기 때문이다. 예를 들어 한 가난한 사람이 먹고사는 것에 급급해서 하나님의 말씀을 들을 시간적 여유나 정신적 여유가 없다면 그는 결코 말씀을 통해 의롭게 되는 신앙에 이를 수 없게 된다. 그러므로 우리는 궁극적인 것이 방해받지 않도록 궁극 이전의 것, 특히 물질적인 것에 대해서도 관심을 가져야 한다.

궁극적인 것과 궁극 이전의 것의 관계라는 측면에서 볼 때 지속적으로 가난한 상태에 머물러 있는 것은 하나님의 은총을 경험하는 데 적지 않은 장애를 가져온다. 이런 의미에서 가난은 기독교적 신앙과 상응하

---

[18] 디트리히 본회퍼, 손규태 역, 『기독교윤리』(서울: 대한기독교서회, 1995), 102.
[19] 같은 책, 114.
[20] 같은 책, 115-123.

지 않는다. 따라서 가난 그 자체는 축복이 아니라 극복되어야 할 대상이 아닐 수 없다.

그렇다면 기독교인들이 가난을 극복할 수 있는 방안은 무엇인가? 그 것은 다름 아닌 노동이다. 가난한 기독교인들은 자신의 빈곤을 해결하기 위해 성실하고 근면하게 노동해야 한다. 창조사건에서 드러나듯이 하나님은 일하시는 분이다. 예수도 하나님을 '일하시는 존재'(요 5:17)로 묘사하셨다. 하나님이 일하시듯이 하나님을 따르는 우리 기독교인들 또한 열심히 일하는 것이 마땅하다.

이런 맥락에서 성서는 노동을 기독교인의 중요한 의무로 이해한다. 사도 바울은 데살로니가 교회에 쓴 편지에서 다음과 같이 권면한다. "우리가 너희와 함께 있을 때에도 너희에게 명하기를 누구든지 일하기 싫어하거든 먹지도 말게 하라 하였더니"(살후 3:10). "또 너희에게 명한 것 같이 조용히 자기 일을 하고 너희 손으로 일하기를 힘쓰라 이는 외인을 대하여 단정히 행하고 또한 아무 궁핍함이 없게 하려 함이라"(살전 4:11-12). 이처럼 가난한 기독교인들은 노동을 통해서 궁핍함에서 벗어날 수 있고, 바로 그럴 때 기복 신앙으로부터 보다 자유로울 수 있고 궁극적인 것이 방해받지 않을 여건을 조성할 수 있는 것이다.

부유한 기독교인들의 나눔이 가난한 기독교인들의 이런 자조적인 노력에 힘을 더할 수 있음은 물론이다. 이런 이유에서 기독교는 부를 소유한 기독교인들이 나눔 활동에 적극적으로 나설 것을 요구한다. 나눔의 생애를 살아간 예수를 본받아 유복한 기독교인들이 궁핍한 기독교인들을 향해 나눔을 실천할 때 그들은 비인간적인 생활 조건과 왜곡된 신앙 행태에서 벗어나 삶과 믿음의 건강성을 확보할 수 있는 가능성을 얻게 된다.

5. 나오는 말

지금까지 우리는 재물의 영적 중립성 문제가 기독교의 재물관을 정립하는 데 관건이 된다는 전제 아래 이 문제를 중점적으로 논의해보았다. 논의 과정을 통해 기독교에서 적절한 수준의 재물은 영적으로 중립적이어서 소유자의 태도에 따라 선할 수도 있고 악할 수도 있다는 사실과 과도한 수준의 부는 신앙적으로 비중립적이어서 소유자의 태도와 상관없이 악한 것이라는 사실이 확인되었다. 그리고 적절한 규모의 재물에 선한 가치를 부여하는 데나 과도한 정도의 재물이 지닌 마성을 제거하는 데 물질의 나눔이 결정적인 역할을 할 수 있다는 사실도 분명하게 드러났다.

냉정하게 생각해보면 우리는 자신이 지니고 있는 재산의 정도가 과도한지 혹은 적절한지를 명확하게 판단할 수 없다. 거대한 부를 소유하고 있으나 앞에서 제시한 객관적인 조건과 주관적인 조건을 모두 충족시키는 신앙인들이 있는가 하면 평균 이하의 부를 소유하고 있지만 이런 조건들을 충족시키지 못하는 기독교인들도 존재하기 때문이다. 결국 우리가 가진 재물이 적정한지 아니면 과도한지 혹은 우리가 맘몬으로부터 어느 정도 거리를 두고 있는지 아니면 맘몬에 의해 포획되어 있는지를 정확하게 알 수 있는 존재는 우리 자신이나 동료 인간이 아니라 하나님 한 분뿐이라고 단정할 수 있다.

그렇다면 맘몬과의 단절을 보다 확실하게 하기 위해서 우리 신앙인들이 수행해야 할 임무는 나눔의 생활을 일상화하는 것이라고 할 수 있다. 물론 영적으로 중립적인 적절한 재물을 소유한 경우보다 영적으로 비중립적인 과도한 재물을 보유한 경우에 더욱 과감한 나눔이 요구된다는 것은 분명하다. 그럼에도 이 양자에 있어서 해결 방안의 성격은 일치한다. 이렇게 보면 성서의 재물관은 결국 나눔의 가치로 귀착된다고 할 수 있다. 우리가 나눔의 가치를 적극적으로 구현할 때 자신의 재물을 신앙적으로 선하게 만들 수 있고, 더 나아가 맘몬의 지배로부터 놓임을 받을 수 있는 것이다.

그런데 신앙공동체 전체의 측면에서 보면 기독교가 이처럼 나눔의 실천을 강조하는 것은 공동체에 속한 기독교인들로 하여금 재산의 평균적 상태를 지향하도록 하기 위함이다. "이제 너희의 넉넉한 것으로 그들의 부족한 것을 보충함은 후에 그들의 넉넉한 것으로 너희의 부족한 것을 보충하여 균등하게 하려 함이라"(고후 8:14). 같은 이유에서 칼뱅은 다음과 같은 주장을 내세운다. "하나님께서는 우리 가운데 균형과 공평이 있기를 바라시는데, 곧 각 사람이 그의 자산의 정도에 따라 궁핍한 자와 나눔으로써 아무도 너무 많이 갖지 않고 아무도 너무 적게 갖지 않기를 원하신다."[21]

기독교인들이 이와 같은 경제적 균형 상태에 접근하게 될 때 그들 모두는 적정한 수준의 재물을 보유하게 될 것이다. 그리고 그 결과 맘몬은 교회공동체 안에서 설 자리를 잃게 될 것이다. 그러므로 이런 이상적인 공동체적 상황을 추구하는 기독교인의 기도는 다음과 같아야 할 것이다. "나를 가난하게도 마옵시고 부하게도 마옵시고 오직 필요한 양식으로 나를 먹이시옵소서"(잠 30:8).

---

21 앙드레 비엘레, 『칼빈의 사회적 휴머니즘 - 칼빈의 경제신학』, 63.

10장

금 리 정 책 의
윤 리

1. 들어가는 말

과거 기독교윤리는 이자라는 주제를 다루면서 이자 취득을 정당화하는 문제에만 골몰하였다. 하지만 오늘날 이자 취득은 경제적인 측면에서뿐만 아니라 윤리적인 측면에서도 정당한 것으로 수용되고 있다. 이로 인해 이자 문제는 현대의 기독교윤리에서 주변적인 주제로 밀려 나 있다.

이런 상황에서 다음과 같은 질문이 제기될 수 있다. 기독교윤리는 이자 문제에 관해 더 이상 아무런 발언도 할 수 없는 것인가? 이자 문제에 대한 기독교윤리적 문제 제기는 이제 완전히 무의미해진 것인가? 이자 문제는 단지 경제적인 문제일 뿐 기독교윤리적인 문제는 아닌 것인가?

필자는 기독교윤리에서 이자 문제를 다루는 것은 여전히 가능하고 의미 있다고 생각한다. 그렇다고 해서 필자가 이자 취득의 문제를 다시 거론하려는 것은 아니다. 필자는 다른 기독교윤리학자들과 마찬가지로 이자 취득이 경제적으로 옳고 윤리적으로 정당하다는 사실에 동의한다.

오늘날 경제 상황은 점점 더 복잡해지고 있다. 그리고 이런 사실은 기독교윤리로 하여금 경제학적 이론들에 더욱 의존하도록 만들고 있다. 그런데 현대 경제학은 원활한 화폐 순환을 위해서 경제 주체들의 이자 취득이 인정되어야 한다고 주장한다. 이런 상황에서 기독교윤리가 이자 취득이 정당화될 수 있는지 묻는 것은 무의미하다. 타당한 것으로 입증된 경제이론은 경제학에서뿐만 아니라 기독교윤리에서도 수용되어야 하기 때문이다.

이런 맥락에서 기독교윤리가 이자 문제를 의미 있게 다루기 위해서는 이자 취득의 허용을 둘러싼 이제까지의 논의들과는 다른 방향성을 취해야 한다. 필자의 소견으로 이자 문제는 중앙은행이 구사하는 금리정책의 맥락에서 기독교윤리적으로 새롭게 논의되어야 한다. 다시 말해서 오늘의 기독교윤리에서는 이자 취득의 윤리가 아니라 금리정책의 윤리가 전개되어야 한다는 것이다.

10장에서는 대부분의 통화정책전문가들이 모범적인 중앙은행으로 평가하고, 실제로 유럽중앙은행이 설립될 당시 표준 모델이 된 독일 분데스방크Deutsche Bundesbank의 금리정책을 기독교윤리적으로 성찰하고자 한다. 이를 위해 먼저 전통적으로 서구 신학자들, 특히 기독교윤리학자들이 전개해온 이자관을 정리할 것이다. 이어서 분데스방크,

특별히 1990년대 분데스방크의 금리정책을 경제학적 관점에서 분석할
것이다. 마지막으로 기독교윤리적 관점에서 분데스방크의 금리정책에
대해 몇 가지 문제를 제기할 것이다.

2. 기독교윤리적 전통에서 본 이자 문제

과거 서구 기독교는 이자 취득을 금지하였다. 서구 기독교가 이자 취득
을 금지해오면서 기대고 있던 이론적 근거는 두 가지이다. 이자 취득을
금지하는 성서의 구절들과 아리스토텔레스의 화폐불임설貨幣不姙說이
그것이다.[1] 성서는 이자 취득자를 어려운 이웃을 희생시켜 부를 축적하
는 착취자로 간주한다. 따라서 성서에서 이자 취득은 빈자 보호와 이웃
사랑에 위배되는 행위이다. 한편 아리스토텔레스에 따르면 화폐는 본
래 새끼를 낳지 못하기 때문에 스스로 증식할 수 없다.[2] 따라서 이자
취득을 통한 화폐의 증식은 자연법칙에 위배된다는 것이다.

　성서의 이자취득금령과 아리스토텔레스의 화폐불임설은 종교개혁
가 마르틴 루터Martin Luther의 이자관에 영향을 미친다.[3] 루터는 빌려
준 금액보다 더 많이 갚을 것을 요구하는 대부에 반대한다. 그는 이런
대부 활동을 통해 얻는 이자를 고리高利라고 비판한다. 하지만 과부나
고아와 같이 일자리가 없는 사람들의 이자 취득은 허용한다. 그는 이들

---

[1] M. Honecker, *Grundriß der Sozialethik*, Berlin 1995, 491.

[2] Aristoteles, *Politik*, 7. Aufl., München 1996, I, 10.

[3] A. Pawlas, "Luther zu Geld und Zins", in: *Zeitschrift für Betriebswirtschaft*, 60. Jg. 2/1996,
　137-138.

이 획득하는 이자를 불가피한 이자로 규정한다.[4] 한편 그는 영리활동에 돈을 빌려주는 생산적 대부와 생계비 충당에 돈을 빌려주는 소비적 대부를 구분한다.[5] 그리고 전자에 반대하면서 후자만을 허용한다.[6]

그런데 현실 경제에서 이자금령은 화폐 순환을 방해하게 된다. 사람들이 처벌을 피하기 위해 자신이 빌려준 돈에 대해 어떤 이자도 요구하지 못할 경우 그들은 더 이상 다른 이에게 돈을 빌려주지 않게 된다. 이런 분위기가 확산되면 교환수단으로서의 화폐가 시장에서 빠져나가면서 경제 거래의 규모에 비해 그것이 턱없이 부족해진다. 그리고 이미 빌려준 돈에 대한 이자율이 과도하게 상승하게 된다.[7] 그 결과 기업의 투자가 부진해지고 전체 경제는 침체 상태에 빠지게 된다.

17세기 말에 들어와 칼뱅주의는 이자금령이 초래하는 경제적 부작용을 심각하게 인식하면서 결국 이자 취득을 허용하게 되었다. 이후 시간이 흐르면서 교회들과 신학자들은 이자금령을 점차 완화시켜나갔다. 그 결과 오늘날 대부분의 기독교윤리학자들은 이자 취득을 윤리적으로 정당한 것으로 간주하기에 이르렀다.

가톨릭윤리학자 베른하르트 헤링Bernhard Häring은 이자 취득을 다음과 같이 정당화한다. "오랫동안 돈은 비생산적인 교환수단에 불과하였다. 따라서 이자는 고리로 간주되었다. (중략) 하지만 현대 경제에서 (중략) 대부는 완전히 다른 의미를 지니고 있다. 돈을 빌린 사람은 그 돈으로 영리 활동을 하면서 이윤 획득을 추구한다. 그러면서 그는 자기

---

4 M. Honecker, *Grundriß der Sozialethik*, 492; R. Kramer, *Ethik des Geldes*, Berlin 1996, 57.

5 R. Dewes, *Das Zinsproblem in der deutschsprachigen Moraltheologie*, Tübingen 1976, 68.

6 A. Pawlas, "Luther zu Geld und Zins", 137.

7 H. Creutz, *Das Geld-Syndrom: Wege zu einer krisenfreien Marktwirtschaft*, München 1993, 78.

이윤의 일부를 돈을 빌려준 사람에게 떼어주는데 이것이 바로 대부이자이다. 오늘날 돈, 곧 자본은 그것을 빌린 사람에게 생산적인 것이다. 현대 경제에서 자본은 단순히 경제적 어려움에 처해 있는 사람들을 돕는 수단으로만 기능하지 않는다. 오늘날 대부자본이 없다면 경제 발전은 불가능하다. 자본의 대부는 성서가 이야기하는 대부와는 완전히 다른 윤리적 의미를 지닌다.”[8]

또 다른 가톨릭윤리학자 발터 케르버Walter Kerber는 다음과 같이 이야기한다. “대부이자는, 대부를 통해 생산수단을 구입하고 그것으로 노동생산성을 향상시킬 수 있다는 점에서 정당화된다. 한편 돈은 희소하기 때문에 그것을 생산자본으로 이용하고자 하는 수요는 언제나 존재한다. 돈을 빌려준 사람은 이자 수취를 통해 돈을 빌린 사람이 벌어들인 이윤의 일부를 가져가는 것이다. 이렇게 이자는, 양量은 희소하지만 수요가 많은 재화를 이용하도록 해준 데 따른 대가이기에 정당한 것이 될 수 있다.”[9]

한편 개신교윤리학자 하인츠-호르스트 슈라이Heinz-Horst Schrey는 다음과 같이 이자 취득을 정당화한다. “이자는 이중적 과제를 수행한다. 사람들로 하여금 자신의 돈을 저축해서 경제 활동에 자본으로 사용되도록 하는 과제와 기업가로 하여금 자본을 수익성이 좋은 사업에 투자하도록 하는 과제가 그것이다. (중략) 기업가가 벌어들인 이윤의 관점에서 보면 이자는 기업 이윤의 파생물로 이해될 수 있다. (중략) 경제적인 잠재력을 발휘할 수 있도록 돈을 빌려주는 것은 서비스를 제공하는

---

8 B. Häring, *Frei in Christus: Moraltheologie für die Praxis des christlichen Lebens*, Bd. 3, Freiburg im Breisgau 1981, 338-339.
9 W. Kerber, *Sozialethik*, Stuttgart 1998, 145.

것과 마찬가지로 값을 치를 만한 가치가 있다. 시장에서 형성되는 이자율은 경제적으로 올바르고 도덕적으로 정당한 것으로 인정되어야만 하는 물질적 보상이다."[10]

개신교윤리학자 아르투어 리히도 이자 취득이 경제윤리적으로 수용될 수 있다고 주장한다. "이런 형태의 대부(소비적 대부 - 필자 첨가)는 경제가 아닌 생명과 관련된 것이다. 다시 말해서 그것은 리스크가 동반된 이윤 획득 가능성을 지닌 경제적 영리 활동을 지원하는 것이 아니라 기본적인 생계비를 제공해주는 것이다. 이런 소비적 대부에 대해 이자를 부과하는 것은 가난한 이들에게 큰 부담이 된다. (중략) 반면 이익을 가져오는 영리 활동을 위한 대부에 대해 이자를 부과하는 것은 결코 가난한 이들의 착취로 이어지지 않는다. 오히려 이런 이자 부과는 대부금 덕택에 생겨난 기업이윤에 채권자가 참여하는 것을 의미한다. (중략) 생산적 대부 혹은 상업적 대부에 구약성서의 이자금령을 일반화해서 적용하는 태도는 적절하지 않다. 왜냐하면 이런 태도는 오늘날의 복잡한 경제흐름을 중단시킬 수 있기 때문이다."[11]

또 다른 개신교윤리학자 마르틴 호네커Martin Honecker도 이자 문제에 관해 앞의 학자들과 비슷한 견해를 피력한다. "교회의 이자금령은 화폐가 아직 경제를 지배하지 못했던 전자본주의적 농업경제와 관련된다. 이런 경제 안에서 생활하는 사람들은 단지 소비적 대부만을 생각했을 뿐 (중략) 투자적 대부를 염두에 두지 못하였다. 그리고 채권자와

---

10 H.-H. Schrey, "Kapital und Zins VII: Kapital und Zins als ethisches Problem",
   in: *Evangelisches Soziallexikon*, 7. Aufl., Stuttgart 1980, 672.
11 A. Rich, *Wirtschaftsethik I: Grundlagen in theologischer Perspektive*, 4. Aufl., Gütersloh 1991,
   238-239.

채무자 사이에 개인적인 관계만이 존재하였다. 그래서 익명적 대부는 성립할 수 없었다. 이 모든 것은 오늘날 더 이상 존재하지 않는 경제관계를 전제한다. 오늘날 엄격한 이자금령은 자본 형성을 위축시키고 경제를 파괴하게 된다. 현대의 이자 문제는 더 이상 개인들 간의 계약관계라는 관점에서 접근될 수 없다. 이자는 투자된 자본의 수익성을 표시한다. 이자는 기업적인 행동에 대한 보상이다."[12]

3. 독일 분데스방크의 금리정책

중앙은행이 수행하는 통화정책은 상업은행이 관장하는 화폐의 양과 가격을 결정하면서 금융시장과 자본시장에 영향을 미친다. 그런데 이런 통화정책의 수단들은 크게 유동성정책수단과 금리정책수단으로 나뉜다.

유동성정책은 주로 은행유동성과 통화 공급에 영향을 미친다. 유동성정책의 주요한 수단에는 네 가지가 있다. 지급준비율의 결정, 재할인될 어음 총액의 제한, 롬바르드 대출금 총액의 제한, 환매조건부채권 거래량의 결정이 그것이다.[13]

상업은행은 고객의 예금 인출에 대비해서 예금의 일정 비율에 해당하는 금액을 중앙은행에 무이자로 맡겨두어야 한다. 이때 상업은행이 얼마만큼 예치해야 하는지는 중앙은행이 결정하는 지급준비율에 따른

---

12 M. Honecker, *Grundriß der Sozialethik*, 493-494.

13 H. Adam, *Wirtschaftspolitik und Regierungssystem der Bundesrepublik Deutschland*, 3. Aufl., Opladen 1995, 104-107.

다. 중앙은행의 지급준비율 변경은 상업은행의 유동성 공급에 영향을 미친다. 상업은행이 중앙은행에 지불준비금을 많이 예치해야만 하면 할수록 시중에 공급되는 자금 규모와 금융기관이 제공할 수 있는 여신 규모가 그만큼 더 축소된다. 반대로 지급준비율이 하락하면 시중에 유동성이 풍부해진다.

중앙은행이 재할인되는 어음 총액을 제한하는 것도 시중의 유동성을 조절할 수 있다. 상업은행은 자신이 기업으로부터 할인해서 매입한 어음을 중앙은행에 의뢰해 다시 할인받아서 자금을 조달할 수 있다. 이런 자금조달 방식은 재할인으로 불리는데 이때 중앙은행이 적용하는 할인율이 바로 재할인율이다. 그런데 중앙은행은 상업은행의 어음을 무제한적으로 할인해주지 않는다. 재할인되는 어음 총액은 중앙은행에 의해 제한되는데 이를 통해 중앙은행은 상업은행의 유동성에 영향을 미친다.

롬바르드 대출금 총액의 제한도 이와 비슷하다. 상업은행은 중앙은행에 특정한 유가증권을 담보로 제공하면서 자금을 대출받는다. 이때 중앙은행이 적용하는 대출금리가 롬바르드Lombard 대출금리이다. 그런데 재할인되는 어음 총액이 제한되는 것과 마찬가지로 롬바르드 대출금 총액도 중앙은행에 의해 한정된다. 그리고 이런 한정을 통해 상업은행의 유동성이 조절된다.

마지막으로 중앙은행이 환매조건부채권의 거래량을 결정하는 것도 유동성 정책의 중요한 수단이다. 환매조건부채권이란 중앙은행이 상업은행에 다시 매입할 것을 약속하고 판매하는 채권을 가리킨다. 중앙은행은 상업은행에 특정한 날 환매조건부채권을 판매할 것이라고 고지한다. 이에 상업은행은 어느 정도의 이자율에 얼마만큼의 채권을 매입할 의향이 있는지 공시한다. 중앙은행이 상업은행이 제시한 이런 조건들을 수용하면 거래는 성사된다. 이러한 거래를 통해 중앙은행은 상업은행의 유동성을 조절할 수 있다.

다른 유동성 정책 수단들과 달리 환매조건부채권 거래는 제도 변경에 따른 행정적 절차를 거칠 필요가 없이 중앙은행과 상업은행의 즉각적인 매매협상을 통해 성립될 수 있다. 또한 중앙은행은 이 거래를 통해 자신의 주도 아래 능동적으로 시중의 유동성을 조절할 수 있다. 나아가 중앙은행은 이 거래의 실시 시기, 빈도, 조건 등을 수시로 조정할 수 있다. 이런 장점들로 인해 최근에 와서 많은 중앙은행들이 환매조건부채권 거래를 주된 유동성 정책 수단으로 활용하고 있다.

유동성 정책 수단들은 상업은행의 유동성과 시중의 통화량에 영향을 미치는 것을 목적으로 삼는데 반해 금리정책 수단들은 이자 수준과 대출 비용에 영향력을 행사하는 것을 목표로 한다. 금리정책의 대표적 수단에는 세 가지가 있다. 재할인율의 확정, 롬바르드 대출금리의 확정, 환매조건부채권금리의 결정이 그것이다.[14]

앞에서 언급한 바와 같이 재할인율은 상업은행이 할인한 어음을 중앙은행에 의뢰해서 다시 할인할 경우 중앙은행이 적용하는 할인율을 뜻한다. 롬바르드 대출금리는 상업은행이 중앙은행에 특정한 유가증권을 담보로 자금을 대출받을 때 적용되는 금리이다. 환매조건부채권금리는 중앙은행이 상업은행에 다시 매입할 것을 약속하고 판매하는 채권에 적용되는 금리를 가리킨다. 금리정책은 롬바르드 대출금리, 재할인

---

14 G. Franke, "Notenbank und Finanzmärkte", in: Deutsche Bundesbank (Hg.), *Fünfzig Jahre Deutsche Mark*, München 1998, 272.

율, 환매조건부채권금리의 수준과 관련된 중앙은행위원회의 모든 결정이라고 할 수 있다.[15]

한편으로 중앙은행은 유동성 정책 수단들을 통해 상업은행의 유동성에 영향을 미친다. 그리고 상업은행의 유동성은 다시 기업과 가계의 자금 대출에 영향을 준다. 다른 한편으로 중앙은행은 금리정책 수단들을 통해 이자 수준과 대출 비용에 영향을 끼친다. 그런데 이자 수준과 대출 비용은 대출 수요를 결정한다. 그리고 대출 수요는 다시 소비재나 투자재에 대한 수요에 영향을 준다.

이 대목에서 다음과 같은 문제가 제기될 수 있다. 통화정책 혹은 금리정책의 최종목표는 무엇인가? 이런 물음에 다양한 답변들이 제시될 수 있다. 왜냐하면 다양한 통화정책적 견해들이 존재하기 때문이다. 따라서 논의할 대상의 범위를 제한할 필요가 있다. 이 장에서 필자는 독일 분데스방크의 통화정책적 입장에 근거해서 논의를 진행하고자 한다. 서두에서 언급한 바와 같이 대부분의 통화정책 전문가들이 분데스방크를 모범적이고 표준적인 중앙은행으로 간주하기 때문이다.

분데스방크가 내세우고 있는 금리정책의 최상위 목표는 통화 가치의 안정을 확보하는 데 있다. 분데스방크는 금리정책의 목표가 복수로 되는 것에 반대한다.[16] 예를 들어 통화 가치의 안정과 더불어 실문 부문이나 환율의 조정이 금리정책의 목표가 되는 데 반대한다. 분데스방크가 구사하는 금리정책의 과제는 독일 경제의 전체 수요가 물가 안정을 저해하지 않도록 통화시장에서 상업은행의 자금 조달 비용을 조정하는

---

[15] T. Büsching, *Unabhängigkeit und Zinspolitik der Deutschen Bundesbank im Prozeß der deutschen Vereinigung (1989-1992)*, Frankfurt am Main 1997, 20.
[16] 같은 책, 71.

것이다.[17]

분데스방크는 금리정책 수단들을 금융시장의 지렛대로 삼고 있다. 예를 들어 통화량이 팽창되는 경우 분데스방크는 재할인율, 롬바르드 대출금리, 환매조건부채권금리를 올린다. 그러면서 상업은행에 자금 대출을 줄이지 않으면 긴축적인 통화정책을 구사할 것이라는 신호를 보내는 것이다.

여기서 우리가 주목해야 할 점은 분데스방크가 위의 세 가지 금리 가운데 환매조건부채권금리를 가장 중요시한다는 사실이다.[18] 한 통계 조사에 따르면 독일의 경우 환매조건부채권금리가 금융시장금리와 거의 동일한 것으로 드러났다.[19] 이런 사실은 분데스방크의 환매조건부채 권금리가 이자율과 자금 수요에 결정적으로 영향을 미치고 있음을 보여준다. 이로 인해 현재 환매조건부채권금리는 분데스방크의 기준 금리로 기능하고 있다.

분데스방크는 금리정책 수단들이 통화가치를 안정시킬 수 있기 위해서는 무엇보다도 중앙은행의 독립성이 확보되어야 한다고 주장한다. 간단히 말해서 안정지향적인 금리정책은 분데스방크의 제도적 독립을 전제한다. 1980년대 말 이래로 경제학에서는 중앙은행 자율성과 통화가치 안정의 관계를 둘러싸고 많은 논의가 진행되어 왔다. 그러는 가운데 대부분의 경제학자들은 물가 안정이 중앙은행의 독립과 밀접한 관련이 있음을 인정하게 되었다.

많은 경제학자들은 중앙은행이 자율성을 지니지 못한다면 대개의

---

17 같은 책, 24.

18 G. Franke, "Notenbank und Finanzmärkte", 273.

19 T. Büsching, *Unabhängigkeit und Zinspolitik der Deutschen Bundesbank*, 92.

경우 통화팽창으로 이어지는 단기적인 정치적 고려의 압력에서 벗어날 수 없음을 강조한다. 이런 의미에서 분데스방크 이사회의 일원인 오트마르 이씽Otmar Issing은 다음과 같이 주장한다. "중앙은행이 독립적이면 독립적일수록 평균 인플레이션율과 물가 불안정성이 보다 더 낮아진다."[20]

분데스방크법은 제12조에서 중앙은행의 독립성에 관해 다음과 같이 규정하고 있다. "분데스방크는 이 법에 따른 권한을 행사하는 과정에서 독일 정부의 지시로부터 독립되어 있다." 이런 맥락에서 중앙은행의 제도적 독립은, 분데스방크의 통화정책이 단지 물가 안정이란 최종목적에 봉사해야지 결코 외부의 지시에 좌우되어서는 안 된다는 식으로 해석되고 있다.[21]

이 대목에서 주목해야 할 점은 분데스방크가 정책 수단의 차원에서 준칙적 통화정책을 강하게 내세우고 있다는 사실이다. 이는 분데스방크가 상황에 따라 정치적이고 제도적인 독립성을 재량적 통화정책을 옹호하는 근거로 오용할 수 있는 가능성을 차단하기 위함이다. 여기서 우리는 분데스방크의 통화주의적 성격을 읽어낼 수 있다.

통화주의Monetarism에 따르면 인플레이션은 통화량이 생산잠재력보다 더 빨리 증가하는 데서 발생한다. 따라서 통화주의에 기대고 있는 통화정책 전문가들은 통화량을 생산가능성과 조화시키기 위해 노력한다.[22] 이런 맥락에서 통화주의의 창시자 가운데 한 명인 밀턴 프리드먼

---

20 O. Issing, "Unabhängigkeit der Notenbank und Geldstabilität", in: *Auszüge aus Presseartikeln*, Nr. 79/1992, 3.

21 T. Büsching, *Unabhängigkeit und Zinspolitik der Deutschen Bundesbank*, 28.

22 H. Adam, *Wirtschaftspolitik und Regierungssystem der Bundesrepublik Deutschland*, 138-139.

Milton Friedman은 중앙은행 당국자들이 재량discretion에 따라 통화량을 조절하는 방식을 반대한다. 대신 정해진 준칙rule에 따라 통화량을 증가시키는 방식을 제안한다.

분데스방크는 프리드먼의 통화량 준칙을 수용해서 매년 통화량 증가율을 고시한다. 분데스방크에 따르면 준칙에 근거한 통화량 증가는 정부를 포함한 모든 경제 주체들로 하여금 중앙은행의 통화정책 방향을 명확하게 예측할 수 있게 해준다. 그리고 이런 예측가능성의 확보는 경제흐름을 안정화시키는 데 기여할 수 있다는 것이다.[23]

근자에 와서 몇몇 독일 통화정책 전문가들은 통화량 증가에서뿐만 아니라 금리 결정에서도 준칙을 수립할 것을 주장하고 있다. 그 대표적 인물로 함부르크 주州 중앙은행에 근무했던 틸로 뷔슁Thilo Büsching을 들 수 있다. 그는 분데스방크가 준칙에 근거한 금리통로Zinskorridor를 도입할 것을 제안한다. 여기서 준칙에 근거한 금리통로란 환매조건부채권금리로 하여금 재할인율 및 롬바르드 대출금리와 고정된 관계를 유지하도록 하는 방안이다.[24] 예를 들어 분데스방크가 2%의 금리통로를 선택했다고 가정해보자. 이 경우 롬바르드 대출금리는 기준금리인 환매조건부채권금리보다 1% 높게 설정하고, 재할인율은 환매조건부채권금리보다 1% 낮게 설정하게 된다.

뷔슁은 준칙에 근거한 금리통로를 도입할 경우 금리정책이 보다 더 투명해질 수 있다고 주장한다.[25] 그에 따르면 분데스방크가 재할인율과 환매조건부채권금리, 그리고 롬바르드 대출금리의 관계를 고정시킬 때

---

23 T. Büsching, *Unabhängigkeit und Zinspolitik der Deutschen Bundesbank*, 74.
24 같은 책, 202.
25 같은 책, 203.

금융시장을 향해 앞으로의 금리정책 흐름에 관한 분명한 신호를 보낼 수 있다. 그리고 이런 신호를 통해 시장 참여자들의 기대가 보다 안정화될 수 있다는 것이다.

4. 분데스방크의 금리정책에 대한 문제 제기

분데스방크의 금리정책은 기독교윤리적 관점에서 어떻게 평가될 수 있는가? 필자의 소견으로 이런 윤리적 평가는 세 가지 방향에서 테마화될 수 있다. 금리정책의 목적으로서의 통화가치 안정과 고용 촉진 간의 우선순위, 분데스방크의 독립성이 민주주의에 대해 갖는 함의, 준칙에 따른 금리정책의 적합성 여부가 그것이다.

1) 통화가치 안정과 고용 촉진 간의 우선순위

오늘날 실업의 해소는 정부의 경제정책이 수행해야 할 가장 큰 과제 가운데 하나이다. 그런데 앞에서 언급한 바와 같이 통화가치의 안정은 분데스방크가 구사하는 통화정책 혹은 금리정책의 최종목표이다. 따라서 독일 정부의 다른 경제정책들을 뒷받침해주어야 한다는 통화정책의 임무는, 그것이 통화가치 안정과 갈등을 일으키지 않는 한에서만 고려될 수 있다.[26] 이런 이유에서 고용 촉진이란 목적도 분데스방크에 의해 제한적으로만 수용되고 있다.

여기서 다음과 같은 질문이 제기될 수 있다. 통화가치 안정과 고용

---

[26] H. Adam, *Wirtschaftspolitik und Regierungssystem der Bundesrepublik Deutschland*, 110.

촉진은 어떤 관계가 있는가? 통화가치 안정과 고용 촉진이 서로 갈등을 일으킬 때 기독교윤리는 어느 것을 더 우선시해야 하는가?

경제학자 존 케네스 갈브레이스John Kenneth Galbraith에 따르면 연대적 사회는 통화가치 안정을 실현하기 위해서 어떤 집단을 실업 상태에 빠뜨려서는 안 된다. 오히려 물가 상승을 차악次惡으로 받아들여야 한다는 것이다. 이런 입장에서 그는 물가 상승을 동반한 높은 고용률의 실현이 낮은 고용률을 대가로 해서 확보한 통화가치 안정의 확보보다 더 바람직하다고 결론을 내린다.[27]

반면 개신교윤리학자 롤프 크라머Rolf Kramer는 통화가치 안정이 고용 촉진보다 더 중요하다고 주장한다. "노동에 대한 권리를 관철시키는 것과 통화가치안정을 확보하는 것 사이에 갈등이 발생할 경우 우리는 전자보다 후자를 우선시해야 한다. 왜냐하면 통화가치의 절하는 개인뿐만 아니라 전체 사회와 관련된 악이기 때문이다."[28]

금리정책 목표들 간의 우선순위를 둘러싸고 상이한 견해들이 존재하는 상황에서 우리는 기독교윤리적인 관점에서 분데스방크의 금리정책이 지향하는 최종목표를 어떻게 평가할 수 있는가?

2) 분데스방크 독립성의 민주주의적 함의

전술한 바와 같이 분데스방크의 독립성은 법조항으로 명문화되어 있다. 따라서 분데스방크는 정치적으로 자유롭게 활동할 수 있는 권한을 가지고 있다. 이런 의미에서 분데스방크는 '통화정책을 수행하는 부속

---

27 J. K. Galbraith, *Die solidarische Gesellschaft: Plädoyer für eine moderne soziale Marktwirtschaft*, Hamburg 1998, 58-59.
28 R. Kramer, *Arbeit: Theologische, wirtschaftliche und soziale Aspekte*, Göttingen 1982, 47.

정부'로 불리기도 한다.[29] 이런 분데스방크의 자율적인 위상은 독일 정부시스템 내에서 유일한 것이다.

그런데 정부 부처들과 달리 분데스방크는 자체의 자율성으로 인해 잘못 구사된 정책에 대해 책임을 질 필요가 없다. 통화정책 혹은 금리정책과 그것의 결과에 대해 책임을 지는 것은 분데스방크가 아닌 정부이다. 정부는 통화정책을 수행하지 않았음에도 불구하고 의회가 정부에게만 책임을 추궁할 수 있기 때문이다.

이에 정치학자 헤르만 아담Hermann Adam은 분데스방크의 자율성이 민주주의적 책임과 통제의 원리에 위배된다는 사실을 지적한다. 그러면서 분데스방크가 정부 혹은 의회의 하부기관이 되어야 한다고 주장한다. "그것(분데스방크의 자율성 - 필자 첨가)은 단지 독일중앙은행과 관련된 부정적인 역사적 경험에 의해서만 이해될 수 있다. 과거 중앙은행은 민주주의의 관점에서 정당화될 수 없는 정부들에 종속되어 있었다. 그리고 이런 정부들은 군수산업과 전쟁 수행을 재정적으로 지원하는 데 중앙은행을 철저하게 이용하였다. 그 결과 통화제도는 완전히 붕괴되고 엄청난 정도의 인플레이션이 발생하였다. 그런데 오늘날 많은 민주국가들에서도 중앙은행은 철저하게 자율적이지 않고 해당 정부와 의회의 하부기관으로 되어 있다. 그럼에도 이들 국가에서는 통화제도가 제대로 작동되고 있다."[30]

헤르만 아담과 달리 틸로 뷔싱은 분데스방크의 자율성이 필수적이라고 강조한다. 뷔싱은 분데스방크와 정부가 서로 협력할 경우 장점보다

---

29 T. Büsching, *Unabhängigkeit und Zinspolitik der Deutschen Bundesbank*, 32.

30 H. Adam, *Wirtschaftspolitik und Regierungssystem der Bundesrepublik Deutschland*, 110-111.

단점이 훨씬 많아질 것이라고 전망한다. 양자 간의 협조가 복합적인 상호의존관계를 초래할 것인데 이는 결국 중앙은행에 대한 정부의 지배로 이어질 것이라고 예측한다.[31]

전 분데스방크 부총재 헬무트 슐레징어Helmut Schlesinger는 정부와 여론을 모두 불신한다. 그에게 독립성은 대중의 뜻을 거슬러 행동할 수 있는 권력을 의미한다. "독일에서도 통화가치 안정과 관련된 여론은 항상 신뢰할 만한 것은 아니다. 따라서 중앙은행은 통화가치안정을 실현하기 위해 진력해야 한다. 또한 통화가치 안정에 대한 긍정적 여론이 조성되도록 모든 노력을 기울여야 한다."[32]

분데스방크의 자율성을 둘러싸고 상이한 입장들이 존재하는 상황에서 우리는 기독교윤리적인 관점에서 분데스방크의 제도적 독립, 그리고 통화정책적 수행자와 책임감당자의 분리를 어떻게 평가할 수 있는가?

3) 준칙에 따른 금리정책의 적합성 여부

오늘날 분데스방크는 통화정책을 수행할 때 중앙은행 당국자들의 자의적 결정을 최소화하려고 한다. 그러면서 정책 수단의 영역에서 통화정책이나 금리정책을 준칙에 근거해서 구사하려고 노력한다.

오트마르 이씽은 통화정책이나 금리정책에서 준칙이 필수적으로 요구된다고 주장하면서 재량적 통화정책의 문제점을 다음과 같이 지적하고 있다. 첫째, 완전히 중앙은행 당국자들의 재량에 맡겨진 통화정책은

---

[31] T. Büsching, *Unabhängigkeit und Zinspolitik der Deutschen Bundesbank*, 32.

[32] H. Schlesinger, "Deutsche Währungsgeschichte als Lehrstück für eine Europäische Währungsunion", in: *Auszüge aus Presseartikeln*, Nr. 85/1991, 3.

모순되는 정보들을 적절하게 다룰 수도 없고, 통화정책적인 수단들의 효과가 지체되어 나타나는 것을 제대로 평가할 수도 없기 때문이다.

둘째, 재량적 통화정책이 수행되는 경우 중앙은행은 정치집단의 압력에 대항하기 어렵기 때문이다. 대부분의 정치집단은 대중적 지지도를 중요시하기에 통화량 증가를 통해 경기가 활성화되는 상황을 선호하는 경향이 있다. 그런데 만일 중앙은행이 준칙에 근거하지 않는 통화정책을 구사하게 되면 통화량을 늘려달라는 정치집단의 로비를 쉽게 뿌리칠 수 없게 된다.

셋째, 재량적 통화정책은 동태적 비일관성time inconsistency[33]을 초래할 수 있기 때문이다. 재량적 통화정책이 수행되는 경우 중앙은행은 실업률을 낮추기 위해 이미 발표한 물가 안정 목표치를 어기는 수가 많다. 따라서 중앙은행이 인플레이션률을 낮추겠다고 발표해도 경제 주체들은 그 발표를 잘 믿지 않는다. 경제 주체들은 항상 실제의 인플레이션률이 중앙은행이 달성하겠다고 발표한 수준보다 높을 것으로 예상하면서 자신의 경제활동을 전개한다. 이로 인해 재량적 통화정책은 경기를 활성화하지 못한 채 인플레이션률만 높이게 되는 부작용을 가져온다.[34]

반면 몇몇 통화정책 전문가들은 준칙지향적인 통화정책이나 금리정책을 비판하면서 이것보다 재량적인 통화정책이 더 낫다고 주장한다. 그들이 내세우는 이유는 다음과 같다. 첫째, 중앙은행은 뜻밖에 전혀

---

[33] 동태적 비일관성이란 경제정책의 담당 주체가 공개적으로 발표한 내용과 실제적으로 취한 조처가 서로 일치하지 않는 현상을 가리킨다.

[34] O. Issing, "Ethik der Notenbankpolitik - Moral der Notenbanker?", in: H. Hesse und O. Issing (Hg.), *Geld und Moral*, München 1994, 65.

새로운 경제적 조건에 직면할 수 있기 때문이다. 새로운 경제적 조건이 형성될 때 중앙은행이 설정한 기존의 준칙이 그것을 충분히 고려할 수 없다. 이때 능력을 갖춘 중앙은행 당국자들을 신뢰하면서 그들에게 재량권을 부여하는 것이 훨씬 더 낫다.

둘째, 동태적 비일관성이 현실적으로 큰 의미를 지니는지 분명하지 않기 때문이다. 많은 경제 주체들이 중앙은행이 발표하는 물가 안정 목표치를 믿지 않는다고 하더라도 중앙은행이 자신의 통화정책을 꾸준히 수행해나가다 보면 결국 경제 주체들의 신뢰를 얻을 수 있다. 1990년 대 미국 연방준비제도이사회는 인플레이션률을 낮추겠노라고 공지하였다. 이에 미국인들은 공식적으로 발표된 것보다 더 높은 인플레이션률이 전개될 것이라고 예상하였다. 하지만 연방준비제도이사회는 그들의 예상과는 달리 인플레이션률을 낮추려고 상당히 노력하였다. 그 결과 인플레이션률을 낮추는 데 성공하였다. 이 사례에서 우리는 중앙은행이 준칙적인 통화정책을 수행해야만 통화가치 안정을 확보할 수 있는 것은 아니라는 사실을 확인할 수 있다.

셋째, 실제로 재량적 통화정책을 준칙적 통화정책으로 대체하는 것은 그리 쉬운 일이 아니기 때문이다. 재량적 통화정책을 준칙적 통화정책으로 바꾸려면 우선적으로 어떤 준칙이 좋은 것인지에 관해 통화정책 전문가들의 의견이 일치되어 있어야 한다. 하지만 아직 이런 의견의 일치는 존재하지 않는다. 따라서 현재로서는 신뢰할 만한 중앙은행 당국자들에게 재량권을 부여하는 수밖에 없다.[35]

통화정책이나 금리정책이 무엇에 근거해야 하는지를 둘러싸고 상이

---

[35] N. G. Mankiw, *Grundzüge der Volkswirtschaftslehre*, Stuttgart 1999, 833-834.

한 견해들이 존재하는 상황에서 우리는 기독교윤리적 관점에서 분데스방크의 준칙적 통화정책 혹은 금리정책을 어떻게 평가할 수 있는가?

5. 나오는 말

필자는 오늘의 기독교윤리에서는 이자 취득이 아니라 중앙은행의 금리정책이 테마화되어야 한다는 전제 아래 경제학적 관점에서 분데스방크의 금리정책을 분석하였다. 그리고 분데스방크의 금리정책을 둘러싸고 기독교윤리적 관점에서 제기될 수 있는 문제들을 세 가지로 요약해보았다.

이 세 가지 문제에 대해 모든 기독교윤리학자가 동의할 수 있는 답변을 제시하기는 불가능하다. 왜냐하면 이런 물음들 자체가 일반적인 것이 아니고 상황적인 것이기 때문이다. 따라서 기독교윤리학자들은 자신이 처해 있는 경제 상황에서 이 문제들에 대한 답변을 추구해나가야 할 것이다. 이에 필자는 한국의 경제 상황을 염두에 두고 이런 문제들에 대한 답변을 시도해보고자 한다.

첫 번째 문제는 금리정책 목표로 통화가치 안정이 우선적이냐, 아니면 고용 촉진이 우선적이냐 하는 것이다. 한국의 경제상황에서 금리정책의 최종목표는 통화가치 안정이 되어야 한다. 경제 개발이 본격화된 1960년대 이래로 한국 경제는 높은 인플레이션률을 경험해왔다. 이로 인해 경제 주체들, 특히 서민층은 극심한 물가 상승과 만성적인 부동산 투기에 시달려왔다. 이런 상황에서 한국은행은 고용 촉진과 통화가치 안정이란 두 가지 목표 가운데 후자를 명실상부한 최종목표로 자리매김

할 필요가 있다.

두 번째 문제는 중앙은행이 정부로부터 완전히 자율적이어야 하는지, 그리고 자율성을 보장할 경우 이로 인해 생겨날 수 있는 중앙은행의 정치적 무책임성을 어떻게 해결할 것인지 하는 것이다. 아직까지 한국은행은 정부로부터 완전히 독립되지 못하고 있다. 이런 상황에서 한국은행은 자율적인 판단 아래 통화정책이나 금리정책을 수행하지 못하고 있다.

따지고 보면 앞에서 지적한 높은 인플레이션율도 한국은행의 제도적 독립성이 제대로 실현되지 못한 데 따른 결과이다. 따라서 한국은행은 자체의 자율성을 실질적으로 확보할 필요가 있다. 이를 위해서는 먼저 새로 지명되는 한국은행 총재와 금융통화위원들로 하여금 국회의 청문 절차를 거치도록 해야 한다. 그 다음으로 금융통화위원의 임기(4년)를 대통령의 임기(5년)보다 더 길게 연장해야 한다. 참고로 미국의 금융통화위원 임기는 14년이고 독일과 유럽 중앙은행의 경우는 8년이다.[36]

세 번째 문제는 통화정책이나 금리정책이 준칙에 근거해야 하는지, 아니면 중앙은행 당국자들의 재량에 따라야 하는지 하는 것이다. 필자의 소견으로 한국은행에 적합한 통화정책 혹은 금리정책은 준칙적인 것보다는 재량적인 것이다. 오늘의 한국 경제에 결정적으로 영향을 미치는 원리는 단연코 경제적 세계화와 정보화이다. 세계화와 정보화로 인해 거의 모든 국가 경제들이 급속하게 하나의 시장으로 통합되어가는 시점에 만일 한국은행이 준칙에 근거한 통화정책을 내세운다면 이는 시대착오적인 것이 아닐 수 없다. 한국은행이 준칙에 집착할 경우 세계

---

36 양재천, " 'BOK 워처'를 보고 싶다", 『이코노미스트』, 2010. 6. 29.

화와 정보화를 통해 빠르게 변화하면서 불안정해지고 있는 세계 경제에 신축적이고 선제적으로 대응할 수 없기 때문이다.

그런데 문제는 앞에서 오트마르 이씽이 지적한 바와 같이 재량적 통화정책 혹은 금리정책이 정치집단의 압력에 효과적으로 대처할 수 있는지에 있다. 하지만 이 문제는 준칙을 통해서만 해결될 수 있는 것은 아니다. 중앙은행의 독립성으로도 상당 정도 극복해나갈 수 있다. 한국은행이 제도적으로 완전히 자율적인 기관으로 자리 잡을 경우 재량적 통화정책을 구사한다고 하더라도 정치권의 입김에 그리 쉽게 좌우되지는 않을 것이다.

참고 문헌

1장

강인철,『한국의 개신교와 반공주의』, 서울: 도서출판 중심, 2007.

김경재, "'철저 유일신관'에서 본 한국교회의 선교신앙비판", 김경재 · 김창락 · 김진호 외,『무례한 복음』, 서울: 산책자, 2007.

김지방,『정치교회』, 서울: 교양인, 2007.

노치준,『한국의 교회조직』, 서울: 민영사, 1995.

노치준,『한국 개신교사회학』, 서울: 도서출판 한울, 1998.

류대영, "2천 년대 한국 개신교 보수주의자들의 친미 · 반공주의 이해",『경제와사회』62호 (2004).

목회사회학연구소, "개종자 심층 면접 조사 1", 조성돈 · 정재영 편,『그들은 왜 가톨릭교회로 갔을까?』, 서울: 예영커뮤니케이션, 2007.

박득훈, "교회의 암 덩어리, 리더십 세습",『아웃사이더』12호(2003).

박종신,『한국교회를 향해 통곡하시는 예수』, 서울: 도서출판 기드온, 2007.

백찬홍, "미국제 복음주의와 한국교회", 최형묵 · 백찬홍 · 김진호,『무례한 자들의 크리스마스』, 서울: 평사리, 2007.

시민의 신문,『한국시민사회연감 2003』, 서울: 시민의 신문사, 2003.

오경환, "가톨릭 신자의 괄목할 만한 증가와 그 요인", 조성돈 · 정재영 편,『그들은 왜 가톨릭교회로 갔을까?』, 서울: 예영커뮤니케이션, 2007.

윤평중, "종교의 권력화와 종교성의 망실",『철학과 현실』75호(2007).

이원규,『한국교회의 현실과 전망』, 서울: 성서연구사, 1994.

______,『한국교회 무엇이 문제인가』, 서울: 감리교신학대학교출판부, 1998.

______,『한국교회 어디로 가고 있나』, 서울: 대한기독교서회, 2000.

______,『기독교의 위기와 희망』, 서울: 대한기독교서회, 2003.

이진구, "개신교와 성장주의 이데올로기",『당대비평』12호(2000).

______, "한국 개신교와 친미반공 이데올로기",『아웃사이더』12호(2003).

장석만, "한국 종교, 열광과 침묵 사이에서",『당대비평』12호(2000).

______, "우리의 종교가 이 모양인 까닭",『인물과 사상』51호(2002).

정재영 · 이승훈, "개종자를 통해 본 한국인의 종교성", 조성돈 · 정재영 편,『그들은 왜 가톨릭

교회로 갔을까?』, 서울: 예영커뮤니케이션, 2007.

조현범, "핍박받는 대형종교, 작은 것이 아름답다", 『사회비평』 33호(2002).

피터 버거, 이양구 역, 『종교와 사회』, 서울: 종로서적, 1981.

2장

김호기, "NGO 주도의 사회개혁의 방향", 이화여대 사회과학연구소-가버넌스교육연구단 제5
　　　차 학술심포지움, 『구조조정과 사회개혁의 과제』(2000).

______, "한국 시민운동의 현주소", 조효제 편, 『NGO시대의 지식 키워드 21』, 서울: 아르케,
　　　2003.

박상필, 『NGO를 알면 세상이 보인다 - N세대를 위한 NGO특강』, 서울: 도서출판 한울,
　　　2001.

______, 『NGO와 정부 그리고 정책』, 서울: 도서출판 아르케, 2002.

시민의 신문, 『한국시민사회연감 2003』, 서울: 시민의 신문사, 2003.

오경환, 『종교사회학』, 서울: 서광사, 1990.

이혁배, 『개혁과 통합의 사회윤리』, 서울: 대한기독교서회, 2004.

정종권, "시민운동에 대한 비판적 평가", 유팔무·김정훈 편, 『시민사회와 시민운동 2』, 서울:
　　　도서출판 한울, 2001.

조효제, "한국 시민사회의 개념과 현실", 『창작과 비평』 123호(2004년 봄).

조희연, 『비정상성에 대한 저항에서 정상성에 대한 저항으로』, 서울: 도서출판 아르케, 2004.

Rich, A., *Wirtschaftsethik I - Grundlagen in theologischer Perspektive*, 4. Aufl., Gütersloh
　　　1991.

______, *Wirtschaftsethik II - Marktwirtschaft, Planwirtschaft, Weltwirtschaft aus
　　　sozialethischer Sicht*, 1. Aufl., Gütersloh 1990.

3장

강원돈, "한반도 평화와 통일에 대한 평화윤리적 접근", 『한국기독교신학논총』 61집(2009).

김수정, "한국 기독교계의 대북지원에 관한 연구", 이화여자대학교 대학원 석사학위논문,
　　　2008.

남궁영, 『분단 한반도의 정치경제 - 남한·북한·미국의 삼각퍼즐』, 서울: 도서출판 오름,
　　　2010.

박정란·강동완, "한반도 정세변화와 북한선교 - 미래로의 '통찰적' 전략 모색", 『한국기독교신

학논총』 61집(2009).

손기웅·김영윤·김수암,『한반도 통일대비 국내 NGOs의 역할 및 발전방향』, 서울: 통일연구
　　원, 2007.

양문수,『북한경제의 시장화 – 양태·성격·메커니즘·함의』, 파주: 도서출판 한울, 2010.

양문수·이남주, "한반도경제 구상 – 개방적 한반도경제권의 형성", 한반도사회경제연구회 편,
　　『한반도경제론 – 새로운 발전모델을 찾아서』, 파주: 창비, 2007.

이삼열, "기독교 대북 NGO의 활동과 전망", http://www.theveritas.co.kr/contents/arti
　　cle/sub.html?no= 3506.

임수호,『계획과 시장의 공존』, 서울: 삼성경제연구소, 2008.

조인석, "경제체제의 제유형", 한국비교경제학회 편,『비교경제체제론』, 서울: 박영사, 1998.

조한범·김성철·김규륜·김형석,『비정부기구(NGO)를 통한 남북한 교류·협력 증진 방안
　　연구』, 서울: 통일연구원, 2000.

Lampert, H., *Die Wirtschafts- und Sozialordnung der Bundesrepublik Deutschland*, 12.
　　Aufl., München und Landsberg am Lech 1995.

Poser, G., *Wirtschaftspolitik: Eine Einführung*, 5. Aufl., Stuttgart 1994.

Rich, A., "Sozialethische Kriterien und Maximen humaner Gesellschafts-
　　gestaltung", in: Th. Strohm (Hg.), *Christliche Wirtschaftsethik vor neuen
　　Aufgaben*, Zürich 1980.

______, *Wirtschaftsethik I - Grundlagen in theologischer Perspektive*, 4. Aufl., Gütersloh
　　1991.

______, *Wirtschaftsethik II - Marktwirtschaft, Planwirtschaft, Weltwirtschaft aus
　　sozialethischer Sicht*, 1. Aufl., Gütersloh 1990.

4장

강준만,『대중문화의 겉과 속 I·II』, 서울: 인물과사상사, 2006.

남경태,『개념어사전』, 파주: 도서출판 들녘, 2007.

마셜 맥루한, 김성기·이한우 역,『미디어의 이해 – 인간의 확장』, 서울: 민음사, 2004.

박종균,『소비사회·대중문화·기독교』, 서울: 도서출판 한들, 1997.

박치영,『텔레비전 영상과 커뮤니케이션』, 서울: 커뮤니케이션북스, 2003.

원용진,『텔레비전 비평론』, 파주: 도서출판 한울, 2007.

윌리엄 포어, 신경혜·홍경원 역,『매스미디어 시대의 복음과 문화』, 서울: 대한기독교서회,

2002.

이기현, "텔레비전과 일상문화", 일상문화연구회 편, 『일상 속의 한국문화』, 서울: 나남출판, 1998.

장 보들리야르, 하태완 역, 『시뮬라시옹』, 서울: 민음사, 2007.

정백, 『텔레비전 사피엔스』, 서울: 창경사, 2006.

정준영, 『텔레비전 보기 - 시청에서 비평으로』, 서울: 책세상, 2005.

주형일, 『영상매체와 사회』, 서울: 도서출판 한울, 2004.

퀸틴 슐츠, 김성웅 역, 『거듭난 텔레비전』, 서울: IVP, 2002.

피에르 부르디외, 현택수 역, 『텔레비전에 대하여』, 서울: 동문선, 2005.

Höhns, M., (Hg.), *Chancen und Risiken in der Mediengesellschaft. Ein Lese- und Arbeitsbuch*, München 2000.

Kirchenamt der Evangelischen Kirchen in Deutschland und Sekretariat der Deutschen Bischofskonferenz (Hg.), *Chancen und Risiken in der Mediengesellschaft*, Hannover 1997.

Spiegel, Y., *Wirtschaftsethik und Wirtschaftspraxis: ein wachsender Widerspruch?*, Stuttgart 1992.

5장

에른스트 프리드리히 슈마허, 이상호 역, 『작은 것이 아름답다: 인간 중심의 경제를 위하여』, 서울: 문예출판사, 2002.

이영희, 『과학기술의 사회학: 과학기술과 현대사회에 대한 성찰』, 서울: 도서출판 한울, 2000.

이정전, 『환경경제학』, 서울: 박영사, 2004.

조용훈, 『기독교환경윤리의 실천과제』, 서울: 대한기독교서회, 1997.

Breidenstein, G., *Das Eigentum und seine Verteilung: Eine sozialwissenschaftliche und evangelisch-sozialethische Untersuchung zum Eigentum und zur sozialen Gerechtigkeit*, Stuttgart 1968.

Heorschelmann, T., Kreutzer, T. und Weiß, T. (Hg.), *Problemwahrnehmungen: Aufsätze zu den Aufgabenstellungen der Theologischen Ethik*, Weimar 1997.

Rendtorff, T., *Ethik II - Grundelemente, Methodologie und Konkretionen einer ethischen Theologie*, 2. Aufl., Stuttgart 1991.

Rich, A., *Wirtschaftsethik I - Grundlagen in theologischer Perspektive*, 4. Aufl., Gütersloh

1991.

______, *Wirtschaftsethik II - Marktwirtschaft, Planwirtschaft, Weltwirtschaft aus sozialethischer Sicht*, 1. Aufl., Gütersloh 1990.

Spiegel, Y., *Wirtschaftsethik und Wirtschaftspraxis: ein wachsender Widerspruch?*, Stuttgart 1992.

6장

앤서니 기든스, 한상진 · 박찬욱 역,『제3의 길』, 서울: 생각의 나무, 1998.

이근식,『자유주의 사회경제사상』, 서울: 한길사, 1999.

이혁배,『개혁과 통합의 사회윤리』, 서울: 대한기독교서회, 2004.

장세진, "밀튼 프리드먼과 시카고학파의 신자유주의", 안병영 · 임혁백 편,『세계화와 신자유주의 - 이념 · 현실 · 대응』, 서울: 나남출판, 2000.

Breidenstein, G., *Das Eigentum und seine Verteilung: Eine sozialwissenschaftliche und evangelisch-sozialethische Untersuchung zum Eigentum und zur sozialen Gerechtigkeit*, Stuttgart 1968.

Enderle, G., "Einkommen", in: G. Enderle, K. Homann u.a. (Hg.), *Lexikon der Wirtschaftsethik*, Freiburg im Breisgau 1993.

Föhl, C., Wegner, M. und Kowalski, L., *Kreislaufanalytische Untersuchung der Vermögensbildung in der Bundesrepublik und der Beeinflußbarkeit ihrer Verteilung*, Tübingen 1964.

Honecker, M., *Grundriß der Sozialethik*, Berlin 1995.

Kirchenamt der Evangelischen Kirche in Deutschland (Hg.), "Eigentumsbildung in sozialer Verantwortung: Eine Denkschrift zur Eigentumsfrage in der Bundesrepublik Deutschland", in: *Die Denkschriften der Evangelischen Kirche in Deutschland*, Bd. 2/1, 2. Aufl., Gütersloh 1986.

Kirchenamt der Evangelischen Kirche in Deutschland (Hg.), "Leistung und Wettbewerb - Sozialethische Überlegungen zur Frage des Leistungsprinzips und der Wettbewerbsgesellschaft: Eine Denkschrift der Kammer der Evangelischen Kirche in Deutschland für soziale Ordnung", in: *Die Denkschriften der Evangelischen Kirche in Deutschland*, Bd. 2/2, Gütersloh 1992.

Rich, A., *Wirtschaftsethik I - Grundlagen in theologischer Perspektive*, 4. Aufl., Gütersloh

1991.

______, *Wirtschaftsethik II - Marktwirtschaft, Planwirtschaft, Weltwirtschaft aus sozialethischer Sicht*, 1. Aufl., Gütersloh 1990.

Segbers, F., "··· so lernen die Völker des Erdkreises Gerechtigkeit (Jes 26,9): Bibel-Ökonomie-Ethik", in: K. Füssel und F. Segbers (Hg.), ··· *so lernen die Völker des Erdkreises Gerechtigkeit: Ein Arbeitsbuch zu Bibel und Ökonomie*, Luzern 1995.

Spiegel, Y., *Wirtschaftsethik und Wirtschaftspraxis: ein wachsender Widerspruch?*, Stuttgart 1992.

7장

「경향신문」, 2007. 10. 18.

곽정수 외, 『한국경제 새판짜기』, 서울: 미들하우스, 2007.

김유선, 『한국노동자의 임금실태와 임금정책』, 서울: 후마니타스, 2005.

김진수, "공공부조의 제도 및 재정변화와 발전과제", 이정우 외, 『소득분배와 사회복지』, 서울: 여강출판사, 2003.

김태동 · 김헌동, 『문제는 부동산이야, 이 바보들아』, 서울: 궁리출판, 2007.

노대명, "신빈곤 극복의 대안적 복지체제 모형 연구", 신영복 · 조희연 편, 『민주화 · 세계화 '이후' 한국 민주주의의 대안 체제 모형을 찾아서』, 서울: 함께읽는책, 2006.

무하마드 유누스, 정재곤 역, 『가난한 사람들을 위한 은행가』, 서울: 세상사람들의 책, 2002.

박덕배, "서민도 금융이 필요하다", 「중앙일보」, 2007. 5. 14.

손규태, "한국 개신교 평화윤리 서설", 『한국기독교윤리학논총』 4집(2002).

신동식, "목회자 소득세 신고는 이웃사랑의 실천" http://www.cemk.org/_zb/ zboard.php?no=85&id=CLM_02_CH.

심상정, "국방예산 줄여 복지 확충해야", http://app.yonhapnews.co.kr/YNA/ Basic/ article/Press/YIBW_showPress.aspx?contents_id=RPR20071116020100353.

안두순, 『경제정책론』, 서울: 숲과나무, 1998.

유시민, 『대한민국 개조론』, 파주: 돌베개, 2007.

유종일, "노 대통령 경제 브레인 유종일 교수의 쓴소리", 『신동아』, 2005년 12월.

______, "양극화 극복을 위한 정책 방향", 신기남 외, 『새로운 진보의 나침반』, 서울: 도서출판

느루, 2007.

윤상철 외, 『더불어 사는 지혜 함께 푸는 양극화』, 서울: 국정홍보처, 2006.

윤수영, 『세속 경제학』, 서울: 삼양미디어, 2007.

윤진호, "소득 양극화의 원인과 정책대응 방향", 서울사회경제연구소 편, 『한국경제: 세계화, 구조조정, 양극화를 넘어』, 서울: 도서출판 한울, 2006.

이강국, 『가난에 빠진 세계』, 서울: 책세상, 2007.

______, "한국경제, 구조적 저성장과 양극화를 넘어서", 신기남 외, 『새로운 진보의 나침반』, 서울: 도서출판 느루, 2007.

이정우, 『소득분배론』, 서울: 비봉출판사, 1997.

______, "경제위기 이후의 분배정책 방향", 이정우 외, 『소득분배와 사회복지』, 서울: 여강출판사, 2002.

______, "양극화냐 동반성장이냐?", 이병천 편, 『세계화 시대 한국 자본주의 – 진단과 대안』, 파주: 도서출판 한울, 2007.

이혁배, 『개혁과 통합의 사회윤리』, 서울: 대한기독교서회, 2004.

정건화, "2000년대 한국경제의 쟁점과 민족경제론 – '외국자본 지배론' 비판을 중심으로", 유철규 편, 『혁신과 통합의 한국경제모델을 찾아서』, 서울: 함께읽는책, 2006.

조흥식, "빈곤의 심화와 사회복지 – 정책 대안", 이병천 편, 『세계화 시대 한국 자본주의 – 진단과 대안』, 파주: 도서출판 한울, 2007.

「중앙일보」 2007. 11. 2.

Lampert, H., "Verteilungspolitik", in: O. Issing (Hg.), *Allgemeine Wirtschaftspolitik*, München 1993.

Spiegel, Y., *Wirtschaftsethik und Wirtschaftspraxis: ein wachsender Widerspruch?*, Stuttgart 1992.

8장

가네코 마사루 · 앤드류 드윗, 이승녕 역, 『세계금융위기』, 서울: 지상사, 2009.

김균 · 박순성, "자본주의 경제의 신자유주의적 재편과 사회민주적 대안", 전창환 · 조영철 편, 『미국식 자본주의와 사회민주적 대안』, 서울: 당대, 2001.

김병권, "전국민 고용보험제로 고용대란 방어해야", 『창비주간논평』(2009. 2. 25).

김종수, "제자리로 돌아가자", 「중앙일보」, 2008. 12. 17.

변상근, 『위기와 기회 – 세계 동시 불황, 한국에는 기회다』, 서울: 민음사, 2009.

새로운사회를여는연구원, 『신자유주의 이후의 한국경제』, 서울: 시대의창, 2009.

서지우, 『공황전야』, 서울: 지안출판사, 2008.

신장섭, "돈 빼가는 외국인, 보고만 있을 것인가", 「중앙일보」, 2009. 3. 5.

안종범, "맞춤형 복지로 효율성 높여야", 『월간 NEXT』(2004년 3월).

윌리엄 슈바이커, 문시영 역, 『책임윤리란 무엇인가 - 책임의 개념, 역사 그리고 과제』, 서울: 대한기독교서회, 2000.

유종일, 『위기의 경제』, 서울: 생각의나무, 2008.

유팔무, "한국의 시민사회론과 시민사회 분석을 위한 개념틀의 모색", 유팔무·김호기 편, 『시민사회와 시민운동』, 서울: 도서출판 한울, 1995.

이병천, "내우외환 위기와 한국경제의 진로: MB노믹스의 위험과 그 너머", 『시민과 세계』 14호(2008년 하반기).

이혁배, 『개혁과 통합의 사회윤리』, 서울: 대한기독교서회, 2004.

자크 아탈리, 양영란 역, 『위기 그리고 그 이후』, 서울: 위즈덤하우스, 2009.

장상환, "글로벌 경제위기와 이명박 정부 경제정책 비판", 『시민과 세계』 14호(2008년 하반기).

장진호, "미국식 금융자본주의는 한국의 미래가 될 수 있는가?", 사민+복지 기획위원회 편, 『한국사회와 좌파의 재정립』, 서울: 산책자, 2008.

장하준, "미국식 신자유주의 끝장났다", 『사회공헌과 시민사회』 26호(2008년 겨울).

장하준·이종태, "시장을 시장주의자에게 맡겨둘 수는 없다", 사민+복지 기획위원회 편, 『한국사회와 좌파의 재정립』, 서울: 산책자, 2008.

전병유, "신자유주의와 사회적 양극화", 최태욱 편, 『신자유주의 대안론』, 파주: 창비, 2009.

전창환, "스웨덴 사민주의, 금융위기 그리고 유럽통화동맹", 전창환·조영철 편, 『미국식 자본주의와 사회민주적 대안』, 서울: 당대, 2001.

정운찬, "금융위기와 한국경제", 『지식의 지평』 5호(2008).

조영철, 『금융세계화와 한국경제의 진로 - 민주적 시장경제의 길』, 서울: 후마니타스, 2007.

존 메이나드 케인스, 정명진 역, 『설득의 경제학』, 서울: 부글북스, 2009.

최혁, 『2008 글로벌 금융위기』, 서울: K-books, 2009.

홍성국, 『글로벌 위기 이후』, 파주: 이콘출판, 2008.

Holslag, J., "The Rise of the Beijing Consensus", http://www.project- syndicate.org/commentary/holslag1

Meyerson, H., "Building a Better Capitalism", http://www.washingtonpost.com/w

p-dyn/content/article/2009/03/11/AR2009031103218.html

Rich, A., *Wirtschaftsethik I - Grundlagen in theologischer Perspektive*, 4. Aufl., Gütersloh 1991.

______, *Wirtschaftsethik II - Marktwirtschaft, Planwirtschaft, Weltwirtschaft aus sozialethischer Sicht*, 1. Aufl., Gütersloh 1990.

9장

김동호,『깨끗한 부자』, 서울: 규장문화사, 2001.

김영봉,『바늘귀를 통과한 부자』, 서울: IVP, 2003.

디트리히 본회퍼, 손규태 역,『기독교윤리』, 서울: 대한기독교서회, 1995.

리처드 포스터, 김영호 역,『돈, 섹스, 권력』, 서울: 두란노서원, 2006.

마르틴 헹엘, 이정희 역,『초대교회의 사회경제사상』, 서울: 대한기독교서회, 1981.

앙드레 비엘레, 박성원 역,『칼빈의 사회적 휴머니즘 - 칼빈의 경제신학』, 서울: 대한기독교서회, 2003.

이상원, "청부론과 청빈론을 넘어서",『한국기독교윤리학논총』6집(2004).

쟈크 엘룰, 양명수 역,『하나님이냐 돈이냐』, 서울: 도서출판 대장간, 1991.

황호찬,『돈, 그 끝없는 유혹』, 서울: IVP, 1996.

Lehmann, K., "Geld - Segen oder Mammon? Biblische Aspekte", in: H. Hesse und O. Issing (Hg.), *Geld und Moral*, München 1994.

10장

양재천, "'BOK 워처'를 보고 싶다",『이코노미스트』, 2010. 6. 29.

Adam, H., *Wirtschaftspolitik und Regierungssystem der Bundesrepublik Deutschland*, 3. Aufl., Opladen 1995.

Aristoteles, *Politik*, 7. Aufl., München 1996.

Büsching, T., *Unabhängigkeit und Zinspolitik der Deutschen Bundesbank im Prozeß der deutschen Vereinigung (1989-1992)*, Frankfurt am Main 1997.

Creutz, H., *Das Geld-Syndrom: Wege zu einer krisenfreien Marktwirtschaft*, München 1993.

Dewes, R., *Das Zinsproblem in der deutschsprachigen Moraltheologie*, Tübingen 1976.

Franke, G., "Notenbank und Finanzmärkte," in: Deutsche Bundesbank (Hg.),

Fünfzig Jahre Deutsche Mark, München 1998.

Galbraith, J. K., *Die solidarische Gesellschaft: Plädoyer für eine moderne soziale Marktwirtschaft*, Hamburg 1998.

Häring, B., *Frei in Christus: Moraltheologie für die Praxis des christlichen Lebens*, Bd. 3, Freiburg im Breisgau 1981.

Honecker, M., *Grundriß der Sozialethik*, Berlin 1995.

Issing, O., "Ethik der Notenbankpolitik - Moral der Notenbanker?", in: H. Hesse und O. Issing (Hg.), *Geld und Moral*, München 1994.

―――, "Geldpolitik", in: O. Issing (Hg.), *Allgemeine Wirtschaftspolitik*, 3. Aufl., München 1993.

―――, "Unabhängigkeit der Notenbank und Geldstabilität", in: *Auszüge aus Presseartikeln*, Nr. 79/1992.

Kerber, W., *Sozialethik*, Stuttgart 1998.

Kramer, R., *Arbeit: Theologische, wirtschaftliche und soziale Aspekte*, Göttingen 1982.

―――, R., *Ethik des Geldes*, Berlin 1996.

Mankiw, N. G., *Grundzüge der Volkswirtschaftslehre*, Stuttgart 1999.

Pawlas, A., "Luther zu Geld und Zins", in: *Zeitschrift für Betriebswirtschaft*, 66. Jg. 2/1996.

Rich, A., *Wirtschaftsethik I - Grundlagen in theologischer Perspektive*, 4. Aufl., Gütersloh 1991.

Schlesinger, H., "Deutsche Währungsgeschichte als Lehrstück für eine Europäische Währungsunion", in: *Auszüge aus Presseartikeln*, Nr. 85/1991.

Schrey, H-H., "Kapital und Zins VII: Kapital und Zins als ethisches Problem", in: *Evangelisches Soziallexikon*, 7. Aufl., Stuttgart 1980.